新理念·新模式·新路径：

应用型本科高校转型发展探索

叶美兰　编　著

南京大学出版社

图书在版编目(CIP)数据

新理念·新模式·新路径：应用型本科高校转型发展探索 / 叶美兰编著. — 南京：南京大学出版社，2018.3(2018.6 重印)
ISBN 978 - 7 - 305 - 20115 - 8

Ⅰ. ①新… Ⅱ. ①叶… Ⅲ. ①高等学校－教育改革－中国－文集 Ⅳ. ①G649.21－53

中国版本图书馆 CIP 数据核字(2018)第 070488 号

出版发行　南京大学出版社
社　　址　南京市汉口路 22 号　　　　邮　编　210093
出 版 人　金鑫荣
书　　名　**新理念·新模式·新路径:应用型本科高校转型发展探索**
编　著　叶美兰
责任编辑　薛 艳　官欣欣　　　　　编辑热线　025 - 83593947
照　　排　南京南琳图文制作有限公司
印　　刷　江苏凤凰数码印务有限公司
开　　本　718×1000　1/16　印张 17.75　字数 257 千
版　　次　2018 年 3 月第 1 版　2018 年 6 月第 2 次印刷
ISBN 978 - 7 - 305 - 20115 - 8
定　　价　78.00 元

网　　址　http://www.njupco.com
官方微博　http://weibo.com/njupco
官方微信　njupress
销售热线　(025)83594756

序

盐城工学院是江苏省属地方本科高校,学校坚持走与行业区域融合发展之路,面向地方经济社会发展,培养高素质应用型人才。地方产业发展和行业科技创新,对地方高校人才培养的层次、规格、流程提出新要求,为回应地方需求,面向江苏沿海产业由劳动密集型向技术集约型的转型,以及盐城主导产业向中高端发展的趋势,地方高校人才培养的路径要进行相应的变革。以人才培养方案改革为抓手,坚持校地联合、产教融合、知行耦合,对应用型人才培养的目标定位、培养标准、课程体系、教学环节进行相应变革,建立了"一条主线、二层架构、三厢对接、四维并重"的应用型人才培养体系。

按照地方产业价值链分工,调整专业,"二层"架构,优化人才培养结构。据盐城地方产业仍然处"中低端"以及加快向"中高端"迈进的价值链分工,设定"应用型创新人才"和"技术技能型人才"两个层次的人才培养定位,并以此统筹教育教学改革;对接地方产业链与创新链,调整专业方向,优化专业设置。早在2005年,面向盐城汽车制造及零部件产业发展,在机制类专业设置制造业数字化、模具设计方向;2011年依托国家"专业自主调控机制改革",策应地方的汽车制造、新能源、海涂环保和新型建材等产业发展战略,优化专业设置。

策应产业结构的转型升级,校地联合,"梯次"打造,共建协同育人平台。校地共建了1个省级协同创新中心、2所行业学院、2个教育联盟和14个省级以上实践基地,构建了梯次有序、功能互补、资源共享的协同育人平台。

满足行业创新与企业需求,产教融合,"三厢"对接,调整人才培养规格。以专业评估(认证)标准融通专业培养标准,土木工程、给排水科学与工程通过住建部专业评估;环境工程专业、材料科学与工程专业通过中国工程教育专业认证;

按行业专业标准优化课程体系与教学内容。例如，机制类专业与德国西门子公司合作，将行业标准软件融入教学内容，出版"教育部—西门子产学合作综合改革"项目教材 6 部；对接职业技能标准，选取知识点与设计实训内容，实施"职业资格证书"学分奖励办法，近三年，毕业生双证获取率逐年提升，2013 级获得"职业资格证书"学生 1 311 人，占年级总数的 24％。

面向企业技术与管理一线，知行耦合，"四维"并重，优化人才培养流程。社会需求与学生发展并重，按照社会需求设置专业方向的同时，架构适应学生未来发展的四个自主学习平台；专业教育与修为教育并重，坚持立德树人，将"铁军精神""海盐文化""工匠精神"等内容融入专业教育，利用？"感恩家书""五四讲坛""书香盐工"以及科技专业文化节等活动载体，培育学生"下得去、耐得住、肯吃苦、有作为"的盐工品质；知识教育与技能训练并重，以提升实践技能为重点，架构知识教育相辅相成的、螺旋式上升的技能训练体系；学校教育与企业培养并重，以提升解决复杂问题能力为重点，设置企业培养方案，构建针对应用型创新人才的"项目式"实践模式和面向技术技能人才的企业"预就业"实践模式。

应用型人才培养体系重构提升了盐城工学院对地方经济社会发展的贡献度，学校形成了紧密对接区域产业链、创新链的学科专业体系，人才培养与盐城的汽车、环保、机械、化工、纺织、建筑、海洋等产业发展高度契合；学校服务地方经济社会发展的能力得到增强，人才培养质量和毕业生就业率得到提升，实现了学校与地方经济社会的"同频共振"。

本书收录了学校近几年的教育教学改革研究成果，以期为兄弟高校的转型发展提供借鉴。

叶美兰

2018 年 3 月

目　　录

促进转型升级　建设高水平应用型大学

——奋进中的盐城工学院

　　盐城工学院是江苏省属全日制普通本科院校,1996 年 5 月由原盐城工业专科学校与盐城职业大学合并组建而成,2000 年 2 月,原盐城会计学校并入。盐城工学院秉承"笃学格致、厚德重行"的校训,弘扬新四军"铁军精神",确立"质量立校、人才强校、科研兴校、依法治校"的办学思路,围绕建材行业和地方经济社会建设,不断提高应用型创新人才培养质量,为国家输送了 6 万多名高素质人才,为地方经济和行业产业发展做出了重要贡献。

　　学校建有两个校区,占地面积 2 266 亩,校舍建筑面积 57 万平方米。设有 18 个二级学院,64 个本科专业,面向全国 31 个省(市、自治区)招生,现有全日制普通本科生 21 500 多人,联合、全程培养全日制研究生 161 人。固定资产总值 16 亿元,教学科研仪器设备总值近 3 亿元,图书馆藏书 170 多万册。《盐城工学院学(社科版)》是全国高校优秀社科期刊。

　　学校不断推进教育教学改革,积极创建应用型本科教学质量名校,已成为"全国本科教学工作水平优秀学校"、教育部"卓越工程师教育培养计划"试点高校、"国家教育体制改革"试点高校。目前拥有 3 个国家级特色专业建设点、4 个教育部"卓越计划"试点专业、7 个省级重点专业(类);建有 1 个国家级工程实践教育中心、1 个国家级大学生校外实践教育基地、1 个全国高校学生科技创业实习基地,9 个省级实验教学与实践教育中心(含建设点)、1 个江苏省大学生创业示范基地。学校获得国家级教学成果奖 1 项,学生代表队获得"挑战杯"全国大学生课外学术科技作品竞赛一等奖和交叉创新一等奖,获得"创青春"全国大学生创业大赛金奖。校"梦之声"合唱团多次在国内外大赛中获奖,2011 年应邀赴维也纳参加"中奥建交40周年金色大厅庆典音乐会"演出。学校毕业生考研率达12％以上,毕业生就业率保持在98％以上,用人单位满意度和社会美誉度不断提高。

学校加大教师培养和引进力度,加强高水平师资队伍建设。现有教职工1500多人,专任教师1200多人,其中"千人计划"国家特聘专家1人、正高职称147人、副高职称465人,占专任教师总数的50％;博士415人,占专任教师总数的36％。聘请特聘教授、兼职教授190多人。拥有国务院和省、市政府特殊津贴获得者、省"333工程"、"青蓝工程"、"六大人才高峰"培养人选等120多人,省级教学名师、省市有突出贡献中青年专家等12人。与江苏大学等20所高校联合培养研究生,99名教师受聘研究生导师。

学校主动适应江苏沿海开发、建材行业和地方发展需要,加强学科建设,拥有4个一级省重点建设学科,建有"生态建材与环保装备"江苏高校2011协同创新中心,拥有江苏省新型环保重点实验室等6个省级重点实验室和5个省级科技服务中心、1个省级大学科技园、1个省级技术转移转化中心。近两年,获批国家自然科学基金、国家社会科学基金项目49项,国家科技支撑计划、星火计划等国家级项目24项,省部级项目187项,其中省自然科学基金24项,省科学技术奖11项,授权专利190多件,SCI等三大检索收录论文580多篇。

学校先后与美国、加拿大、英国、德国、澳大利亚等国家和地区的30所高校建立了友好联系和长期合作关系。与英国格林威治大学、美国底特律大学举办3项中外合作办学项目,与韩国江陵原州大学等合作开展互认学分、互发文凭校际交流项目。

学校党委被表彰为江苏省"高校先进基层党组织",学校荣获全国"五四红旗团委"、全国"大学生社会实践先进单位"、全国"高校后勤十年社会化改革先进院校"、全国"高校节能管理先进院校"、江苏省"文明单位"、江苏省"文明学校"、江苏省"高等学校和谐校园"、江苏省"平安校园"、江苏省"高校思想政治教育工作先进集体"、江苏省"科技工作先进高校"、江苏省"高校毕业生就业工作先进集体"等荣誉称号。

　　面向未来,学校将汇聚全校师生的智慧和力量,进一步抓改革、促转型、提水平,全面加强内涵建设,努力提升教育质量,为把学校建设成为特色鲜明的高水平应用型大学而努力奋斗。

（盐工）

原文载《江苏高教》,2015 年第 4 期:156

地方应用型本科高校转型发展的思考

李海莲　叶美兰　洪　林

摘　要：以江苏省11所省属普通本科高校、5所市属本科高校等地方应用型本科高校为样本，从高校办学目标、服务面向、学科专业、人才培养、教学模式、科学研究等方面入手，归纳其办学定位和办学特色，剖析其办学定位、办学特色的形成过程及个性特征，并从高校自身视角出发，对地方应用型本科高校转型发展做了理性思考：更新理念、统一认识，是地方应用型本科高校转型发展的前提；拓宽视野、准确定位，是地方应用型本科高校转型发展的基础；整合资源、打造特色，是地方应用型本科高校转型发展的关键；突出应用、强化实践，是地方应用型本科高校转型发展的重点；以研促教、以教促研，是地方应用型本科高校转型发展的保障。

关键词：地方应用型本科高校；办学定位；办学特色；转型发展

2013年11月党的十八届三中全会《关于全面深化改革若干重大问题的决定》对高等教育提出"创新高校人才培养机制，促进高校办出特色争创一流"的要求，2014年2月国务院做出"引导一批普通本科高校向应用技术型高校转型"的重要部署，2015年10月教育部、国家发展改革委、财政部又联合发布了《关于引导部分地方普通本科高校向应用型转变的指导意见》（教发〔2015〕7号），对地方普通本科高校向应用型转型的指导思想、基本思路和主要任务做出明确指示。各地相继出台文件和政策，引导部分地方本科高校向应用型发展。作为高等教育大省的江苏,2014 年 3 月在南京市召开由全省 21 所应用型本科院校和 25 所独立学院代表出席的"江苏省应用型本科院校人才培养工作会议",提出加快应用型本科院校发展是当前和今后一段时期江苏高等教育改革和发展的主攻方向,从而拉开了江苏应用型本科高校的高等教育改革序幕[1]。笔者以江苏省 16 所应用型本科高校为案例,通过透视其办学定位、分析其办学特色,在此基础上思考其转型发展的路径,从而为我国地方应用型本科高校的转型发展提供有价值的参考。

一、地方应用型本科高校办学定位透视

江苏共有地方本科高校 35 所[2],在自身定位为"应用型本科高校"的 21 所高校中,1 所(南京森林警察学院)为部委所属,2 所(三江学院、无锡太湖学院)为民办高校,2 所(南京体育学院、江苏警官学院)为行业背景明显的高校,为便于进行比较研究和属性分析,本文主要以 11 所省属普通本科高校和 5 所市属本科高校共 16 所地方应用型本科高校为样本进行研究。这些高校分布在江苏省各中心城市,它们既是江苏高等教育的重要组成部分,也是培养地方经济结构转型和产业升级需要的应用型人才的重要基地。然而随着经济结构的调整和产业升级的加快,高等教育的结构性矛盾也日益突出,人才培养的同质化日益凸显,应用型本科高校特色化、错位发展已成为迫切需要和普遍共识。

1. 办学目标定位

办学目标定位既是高校制定发展规划、确定人才培养目标的基础,也是高校调整专业设置和落实人才培养模式的前提。江苏地方应用型本科高校可分为三种类型,即理工院校(10 所)、师范院校(5 所)和财经院校(1 所),其中,理工科院校占 62.5%、师范院校占 31.3%。统计发现,地方应用型本科高校目标定位的基本特点:一是定位中充分体现了"特色化"和"应用型",表明地方应用型高校对"特色"和"应用型"的认识达到高度一致;二是具有行业背景、特色明显的高校,其目标定位更加清晰,特色也更加鲜明,如南京审计大学作为国内外唯一以"审

计"命名的全日制普通本科院校,明确提出"为审而立、因审而存、依审而兴、靠审而强",建设国内外有重要影响的特色大学;三是新建地方本科高校目标定位也比较明确,如南京金陵科技学院确定为"以软件类为主导特色的多学科专业协调发展的新兴应用科技大学"。而升本时间较长的高校在目标定位上却相对比较笼统,大多定位为"特色鲜明的高水平应用型大学"。

2. 服务面向定位

围绕区域经济建设与社会发展的需求,为地方发展培养大批急需的、高层次应用型人才是应用型本科高校的主要职能之一。因此,高校办学所在地对高校服务面向定位具有重要的导向作用。统计表明,省会城市南京的高校数量占绝对优势,达到31.8%。地方应用型本科高校的特性决定了所有高校对服务区域经济和行业发展都有较强的意识,如图1所示,地方应用型本科高校的服务面向定位呈现如下特点:一是服务面向尚不明晰。相当一部分高校未能十分明确地定位其自身的服务面向,这一比例约占总数的44.4%,这些高校只是笼统地提到要面向基层、面向区域经济、面向行业,具体哪个基层、哪个区域、哪个行业并不具体。只有3所高校明确了行业和区域定位。二是服务区域的范围普遍较广。多数高校倾向于为全省或省以上大区域服务,仅有1所高校的定位是为所在城市服务,而且这一城市还是省会城市。苏南和省会城市的高校大多倾向于为全省服务,而苏北地区高校除了2所选择为"沿海区域",其余则未能明确定

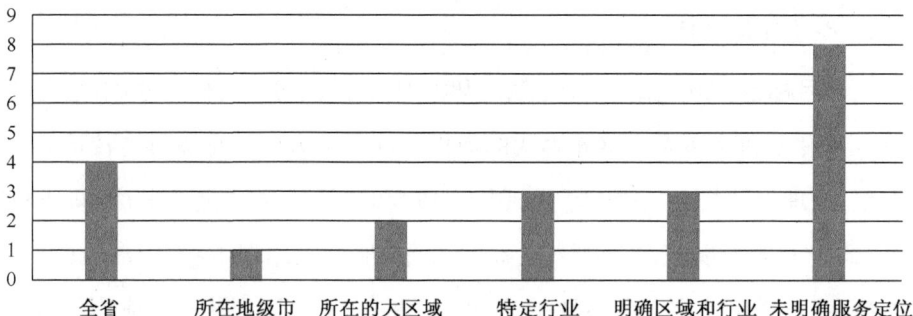

图1　地方应用型本科高校服务面向定位

资料来源:据16所地方应用型高校官网最新资料整理而成

位。三是行业定位与高校办学的行业背景密切相关。与高校所在地相比,高校办学的行业背景对其服务行业定位影响更大。6所明确行业定位的高校都具有行业办学背景,而且都有自身特点,未出现重复现象。

3. 学科专业定位

学科专业定位是高校发展的战略核心问题之一,是高校发展目标得以实现的基础。对地方应用型本科高校来说,学科专业定位是服务面向及其目标实现的前提,品牌专业和特色专业建设更是地方高校特色化发展的基础。综观16所样本高校,一是优势学科数量还偏少,目前仅有4所学校建设有优势学科;除了南京体育学院和2013年新建的泰州学院仅有一个省重点建设学科以外,其余高校都建有3~5个省重点建设学科[3][4]。二是学科门类比较集中。如图2所示,16所地方应用型本科高校设置的专业,涉及除了军事学以外的所有12个学科门类,有超过10所高校同时设有经济学、法学、教育学、文学、理学、工学、管理学和艺术学等学科门类,其中,文学和管理学两个学科门类为16所高校所涉及。三是品牌特色专业建设得到高度重视。有10所高校建有国家级特色专业,其余高校建有国家级特色专业建设点。此外,所有高校都有江苏省重点专业、特色专业和品牌专业。

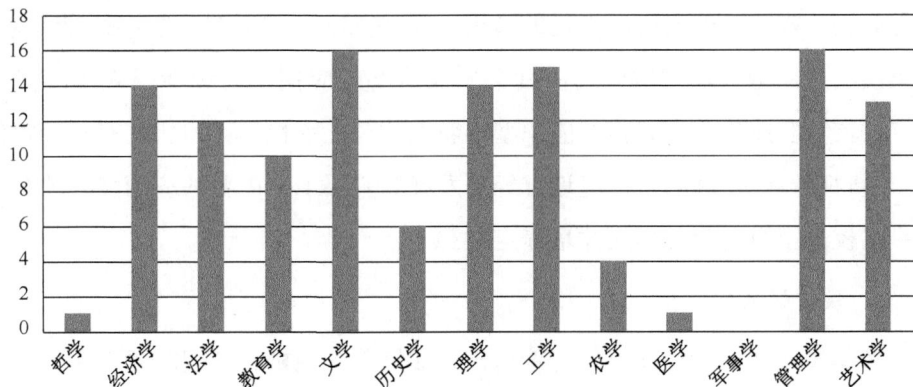

图2　地方应用型本科高校学科门类分布情况

资料来源:16所地方应用型高校官网最新资料整理而成

4. 人才培养定位

人才培养是高等教育的根本。人才培养定位则是办学主体对究竟"培养什么样的人"的理想设计,是"合目的性与合规律性的辩证统一"的办学理念的具体呈现[5]。人才培养定位是高校人才培养活动的前提和基础。应用型本科高校人才培养规模、培养层次、培养目标和规格的定位,体现了各个高校人才培养的定位,指导着高校人才培养体系特色化的发展路径。从 16 所样本高校来看,其人才培养定位有如下特点:一是 16 所高校的全日制在校本科生均超过 5 000 人,其中超过 15 000 人的高校就有 14 所[6],按照《普通高等学校设置暂行条例》提出的标准,这些高校均达到"大学"的规模。二是高层次人才培养经验丰富,追求人才培养上层次的愿望十分强烈。除了 6 所具有硕士点的高校之外,其余高校均与其他高校联合培养研究生,如盐城工学院自 2001 年起就与其他高校联合培养硕士研究生,至今已累积了十多年经验,联合培养研究生的在校生数已近 200 人。三是人才培养定位的表述还比较模糊。除了南京晓庄学院明确提出培养"基础教育师资和各类专门人才"以外,大部分高校都是用概括性词语来描述的,如"基础扎实、视野开阔、适应性强,具有创新精神和实践能力的应用性人才""高素质应用型高级专门人才""适应地方经济社会发展需要的专业基础扎实、职业素养好、实践能力强、发展后劲足的高级应用型人才""厚基础、善实践、能创新、高素质的应用型人才""适应经济社会发展需要的应用型高级专门人才""高素质、有特色,实践创新能力强的应用型创新人才""上手快、后劲足、具有社会责任感、创新精神和实践能力,适应地方经济发展和基层工作需要的应用型人才"等。个别高校甚至没有明确的人才培养定位。

5. 教学模式定位

教学模式在很大程度上决定着高校人才培养的规格、层次和类型,有什么样的教学模式,就会培养出什么样的人才[7]。因此,构建应用型人才培养的教学模式,以及符合本校自身发展需求的办学模式的探索与实践,是实现应用型人才培养目标的关键。对此,16 所样本高校都进行了有益探索,并取得了显著成效。

一是建立了各级各类教学实践基地。如南京审计大学的"金融学专业复合型应用性金融人才培养模式创新实验基地"为江苏省高等教育人才培养模式创新实验基地;二是积极参与"卓越工程师""卓越教师"培养计划,以及专业综合改革试点、教育部 CDIO 教育模式改革试点、IO 教育模式改革试点等改革试点项目;三是主动寻求与地方合作,共同创建行业学院、工程技术中心、大学科技园等,如盐城工学院与市政府、地方行业企业合作,共同成立了盐城悦达汽车学院、江苏沿海新能源研究院、盐城工学院环保科技学院、江苏科技金融研究院、盐城市大学生创业孵化基地等一批适应地方经济发展需要的教育机构或研发机构;四是高度重视应用型人才培养模式的探索与实践,如南京审计大学的"审计高等教育理论探索与实践创新"、盐城工学院的"能力导向,多元培养地方本科高校工程教育模式的探索与实践"等成果获得国家教学成果二等奖;五是重视教学团队建设,重视对教学名师、教学团队、优秀青年骨干教师的培育,重视各级各类"教学名师""教学团队""优秀青年骨干教师"的申报,重视高层次人才的引进,各校高级职称和具有博士学位教师人数都在逐年增加。

6. 科学研究定位

科学研究是高等学校的重要职能之一,是衡量高校学科水平和体现专业能力的关键指数[8]。地方应用型本科高校的科研工作,更多地服务于教学,从而达到"教研相长"的目的,为实现应用型人才培养目标而展开。同时,地方应用型本科高校的"地方性",又决定其科研定位必须与地方经济建设和社会发展需求相适应,为地方经济和行业发展服务;地方应用型本科高校的"应用型",还决定其科研工作应侧重于应用性研究,高度重视科技成果的转化。从 16 所样本高校的科研情况看,大致有以下主要特征:一是科研能力持续提升,科研热情较高。就2016 年国家自然基金委公布的"2016 年度国家自然科学基金申请项目评审结果"而言,16 所样本高校都参与了项目申报,且都有项目资助。其中,盐城工学院获得资助项目 25 项,资助经费 804 万元,排全国高校第 398 位,这也从一个侧面体现了地方应用型本科高校的科研实力和科研热情。二是重视应用性研究。仍以盐城工学院为例,2015 年该校获批江苏省政策引导类计划(产学研合作)项目 39 项，资助经费 590 万元，立项数排全省所有高校第一[9]；横向课题的质量也有明显提升，比如，盐城工学院 2013—2015 年横向课题数分别为 175 项、146 项和 199 项，但课题经费从 1 677.2 万元增长到 3 272.2 万元，经费增加了一倍；专利工作是衡量高校创新能力的指标之一，实用新型专利更是应用性研究的重要成果之一，由图 3 可见，近三年来，16 所样本高校获得的专利数在持续增长，尤以实用新型专利增长最为迅速，由 2013 年的 828 件增长到 2015 年的 1 732 件，增长了一倍多。其中有 4 所高校的实用新型专利数超过 200 件，这 4 所高校的总计数占 16 所样本高校专利数的 73.5%。三是科技转化能力尚需进一步提升。除了南京工程学院的校办产业康尼机电股份有限公司于 2014 年 8 月成功上市，实现销售总额年均产值近 17 亿元，在全国高校科技产业中名列前茅，其他 15 所样本高校的成果转化依然任重道远。

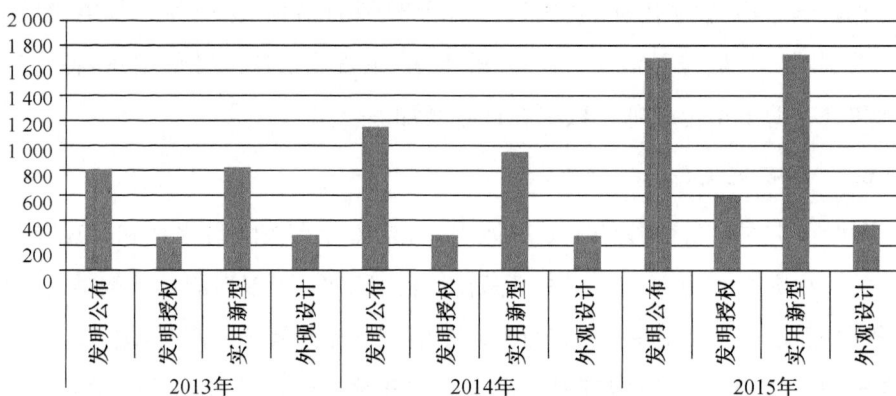

图 3　2013—2015 年江苏地方应用型本科高校获得专利情况

资料来源：国家知识产权局，中国专利公布公告查询结果

二、地方应用型本科高校办学特色分析

1. 以"区域或行业"为主导

无论从目标定位还是服务面向定位来看，16 所样本高校在其发展过程中都留下深深的区域或行业"烙印"。具有行业背景办学特色的高校，其"目标定位"

和"服务面向定位"明显比其他高校更清晰；同时，高校所在地的经济状况也影响到其办学定位，省会城市和经济发达的苏南地区高校，在定位上主要是面向"全省"，而经济欠发达的苏北地区高校，其定位往往显得犹豫不决；此外，高校的行业定位还与其办学的行业背景有关，与办学所在地的关联度并不是很大，这一方面说明高校在办学过程中更多地注重其自身的"内在"，而忽略了区域的需求，未能很好地发挥其社会服务功能；另一方面，由于样本高校大多为理工院校，对文科的重视程度不如理科，纯粹的"理工思维"并不利于高校的创新发展。

2. 以"专业"为主线

高校在进行专业建设时，要以学科为基础。专业建设以学科为背景，但落脚点是专业[10]。作为应用型本科高校，本文所选取的 16 所样本高校对培养"应用型"人才的定位都很明确，这些高校十分重视国家级、省级重点专业建设，十分重视品牌专业和特色专业建设，大多数应用型本科高校还都是教育部"卓越计划"试点单位。以"专业"建设为主线，打造特色学科，提升办学水平，办成特色高校，是地方应用型本科高校的共同愿望。

3. 以"应用"为主体

地方应用型本科高校以"应用"为主体，人才培养定位为"应用型"；教学模式改革的主体方向是提高学生的实践能力和应用能力。比如，盐城工学院的"能力导向，多元培养，地方本科高校工程教育模式的探索与实践"教学成果就是以"应用"贯穿始终的。从科研方面看，也在向产学研合作项目发展，实用新型专利授权增长迅速，这都是地方应用型本科高校以"应用"为主体的现实表现。

4. 以"教学"为中心

地方应用型本科高校，明确提出要以"教学"为中心，这些高校参与国家、省级各种培养计划和专业综合试点的积极性很高，热衷于应用型人才培养模式的探索与实践，并取得了明显成效，许多成果获得了国家、省级教学成果奖。同时，这些高校重视与地方行业企业合作，成立具有地方产业、行业特色的教育机构，以寻求新的突破，形成新的特色。当然，也有少数高校在建立行业学院时有跟风趋势,未能充分整合高校资源和匹配行业人才需求,从而出现行业学院虽已成立但运行状况并不乐观的被动局面。

5. 以"实践"为载体

地方应用型本科高校在培养学生的实践能力上有其独特的"地方性",高校周边的行业企业为学生的实践教学提供了有利条件,以"实践"为载体,与地方政府和企业共建协同创新中心、大学科技园,在行业企业建立实习、实训基地和科技创新平台等,既为培养学生的实践能力提供了重要条件,又体现了地方高校服务地方的社会功能。

三、地方应用型本科高校转型发展的思考

地方应用型本科高校转型的号角已吹响,但无论是国家层面、社会层面还是高校内部,反响大差异性也大。同时,学术界对于职业型、技术型、应用型的讨论也从未间断。从对地方应用型本科高校的调研可见,这一类型的高校已经或远或近地走在转型的路上,但也遇到不少障碍。基于对江苏省16所地方应用型本科高校办学定位的透视和办学特色的分析,我们从高校视角提出地方应用型本科高校转型发展的基本路径。

1. 更新理念、统一认识,是地方应用型本科高校转型发展的前提

理念是行动的先导。发展理念不是固定不变的,发展环境和条件变了,发展理念就自然要随之而变[11]。随着社会改革的步伐不断加快,随着产业结构调整和产业的转型升级,作为以服务区域经济发展为重要职能的地方应用型本科高校,其发展理念也要随之转变。然而,笔者在调研中发现,一些地方应用型本科高校的办学目标、服务面向和人才培养定位还不够明确,其主要障碍表现在:部分高校对于转型持观望态度,对转型发展的前景信心不足;部分高校管理者和教师对"应用型"的认识还不够到位,对转型发展持消极态度;长期以来,向"985""211"高校看齐、向"研究型"发展的理念在他们心里已打上深深的烙印,部分师生甚至学校领导认为应用型高校"低人一等",家长们也担心孩子将来毕业"不如

别人"。因此,地方应用型本科高校的转型发展,首要任务是更新理念、统一认识。高校管理者要深入了解应用型高校转型的内涵,树立转型发展的信心;要在校内广泛宣传,使师生充分理解学校转型发展深刻内涵;同时要积极营造有利于深入贯彻转型发展理念的校园文化氛围,提振师生对学校转型发展的信心,激发他们投身于转型发展的工作热情。只有全校上下深入理解转型发展理念,并为转型发展努力工作,才不至于使地方应用型本科高校转型发展成为一纸空谈。

2. 拓宽视野、准确定位,是地方应用型本科高校转型发展的基础

从地方应用型高校的办学定位透视和办学特色分析,可以发现地方应用型高校之所以办学特色不够凸显,其根本原因就在于其办学定位不明确或者不够明确。地方高校的办学定位与其所处的地方社会经济环境密切相关,而地方社会经济发展对高等教育培养的人才也提出越来越专业化的要求。在知识经济时代,大学的知识生产已逐渐摆脱过去封闭性的象牙塔方式,不但强调知识生产的情境性、跨界性、应用性和多方评估,而且强调高等教育要服务于社会经济发展的需求[12]。而地方应用型高校定位不明确的一个重要原因是:地方高校在寻求办学特色,制定办学目标,往往只盯着学校内部学科结构,或者是局限于高校所处的地区需求,未能以跨界的眼光,将视野拓宽到学科的融合和全球的维度。因此,找准学校定位,首先,要明确学校在国内外高校中所处的位置,在国家培养人才的战略任务中所处的位置;其次,要切实分析学校一切可以利用的资源,并将这些用在最能体现学校特色、最能体现学校学术优势、最具有发展潜力的学科专业的建设上,以形成学校的品牌、提升学校的核心竞争力;最后,要以学科定位为基础,与地方经济社会发展相结合,遵循高等教育规律,遵循人才培养规律,从战略高度提出学校长期发展目标,引导学校科学发展。只有坚持以社会需求为导向,拓宽视野,在为地方社会经济服务中找准学校的定位,才能更好地突出自己的办学特色,拓展学校的发展空间,提高人才培养的质量和水平,更好地发挥地方高校的社会服务功能。

3. 整合资源、打造特色,是地方应用型本科高校转型发展的关键

地方应用型本科高校转型发展的高校品牌专业、特色专业、优势学科是地方

高校特色的体现,打造特色专业是高校转型发展必经之路。而学校品牌专业、特色专业、优势学科的建设都需要大量的教育资源作为支撑。地方应用型高校相对于"985""211"高校来说,教育资源比较匮乏。同时,笔者调研中发现,地方高校的教学和科研体系中分布着各种各样的资源,在通常情况下,学校内部的各种零碎资源在应用中并未能够发挥其最大效能,相当一部分资源还存在严重浪费现象。因此,整合教育资源,强化内涵建设,合理配置高校有形资源、无形资源,积极拓展国际教学资源,对于地方应用型高校来说尤为重要。首先,从三个方面着手整合有形的教育资源:一是人力资源,即合理安排教师岗位,发挥教师作为高校办学治校组织体系中主体的最大效用;重视教师对知识的再学习。二是物力资源,对分散在各个部门和二级学院的硬件设施和软件资源实现共享,充分发挥其有效利用率,切实降低资源闲置率;同时要注重对现有物力资源的周期性维护,保障其正常发挥作用。三是财力资源,对财力资源的优化整合,既可推动学校正常运行,又能降低运营成本;制订合理的短期财务计划、中期财务计划和长期财务计划,并按计划开展教学、科研以及学校各项建设活动,是学校正常运行和可持续发展的根本保障。其次,重视开发无形的教育资源。学校所拥有的校园文化、学校在社会上的形象、校友以及学校的品牌等构成了学校无形的资源。这种无形资源隐性地包含社会对该校的认可程度,关乎学校生源质量的高低,影响着学校办学层次和学校竞争力的提升。要整合校园文化资源,彰显校园文化特色,提升校园文化品质,引导学校无形资源朝着正确的方向发展;重视对校友资源的开发,校友是高校的宝贵资源,对母校有特殊的感情,往往从不同的视角更能了解学校的现状和相关行业与学校契合点,构建校友参与高校建设的长效机制,对拓展高校无形的教育资源不可估量,但是,在调研中发现地方应用型高校对于校友工作往往不够重视。同时建立健全相关督查制度,及时发现并解决资源利用中存在的问题。最后,不断拓展先进的国际资源。借鉴国外先进的教育理念和教学模式,改进我们的教育教学方法,使我们的教师和学生具有从更高的高度来看世界的能力;进一步扩大开放,开展全方位、多层次、宽领域的教育国际交流与合作,加大引进国外智力和优质教育资源的力度,提升地方应用型本科高校的国际影响力和竞争力；努力搭建教育教学国际化合作平台，积极参加国际教育科研，不断拓展国际师培资源，提高教师的教学能力。

4. 突出应用、强化实践，是地方应用型本科高校转型发展的重点

地方应用型本科高校以"应用"为主体，人才培养定位为"应用型"。对应用型人才的培养，学以致用才是根本[13]。正如波兰尼对于"技能的实践"描述那样：一门本领的规则可以是有用，但这些规则并不决定一门本领的实践。它们是准则，只有跟一门本领的实践知识结合起来时，才能作为这门本领的指导。它们不能代替这种知识[14]。要培养出真正的应用型人才，必须紧紧围绕以"应用"为主体，强化实践，在实践中使得所学的知识和实际应用结合起来，才能作为本领的指导，才能达到学以致用。教学模式是应用型人才培养目标实现的关键，大多数高校也在积极地进行教学模式改革与探索，收获了一定的成效。在调研中，应用型人才培养模式改革比较成功的南京审计大学和盐城工学院正是基于以"应用"为主体，紧扣每个培养环节，强化实践环节，同时，重视对于教师队伍的实践能力的培养。然而，目前都只是在个别专业或者学院进行探索，而实现应用型高校的转型，需要这些教学培养模式在全校不同专业之间甚至同类院校之间的推广应用。

5. 以研促教、以教促研，是地方应用型本科高校转型发展的保障

地方应用型本科高校大多是以教学为主，培养"应用型"人才。因此，科研常常被弱化，甚至一些学者认为这一类高校的教师就应该专注于教学，而不应该让科研分散其教学的精力，影响教学质量。其实，正如德国著名哲学家、教育家雅斯贝尔斯所说，教学要以研究成果为内容，教学与研究并重是大学的首要原则。按照我们的大学理想，最好的研究者才是最优秀的教师。只有这样的研究者才能带领人们接触真正的求知过程，乃至于科学的精神。只有自己从事研究的人，才有东西教给别人，而一般教书匠只能传授僵硬的东西[15]。教师只有通过应用性科研，才能真正掌握解决实际问题的关键技术，从而将这一技能传授给学生。同时，在科研的过程中，掌握科学技术发展的前沿；通过与企事业单位开展合作

应用性研究，既提升自身的服务能力，也为学校发展开拓空间，从而更好地服务于应用性教学，服务于应用型人才培养，并在服务于教学、服务于人才培养的同时，服务于行业企业、服务于社会。当然，笔者在调研中发现，虽然大多数地方应用型本科高校科研底子比较弱，但科研的热情仍然比较高，科研能力持续提升，为高校的办学水平和专业、学科建设发挥了重要作用。往往科研能力比较强的高校，其学科建设也比较强，品牌专业和特色专业的数量也比较多，师资力量也比较强。此外，应用性科研的一个终端是培养应用型人才，另一个终端则是直接对接市场，直接与社会发生联系，直接与社会产生互动。然而，调研表明，应用型本科高校的科研成果转化能力相当弱，亟须寻求突破的途径，也是转型发展突破的一个难点。尤其要强调的是，应用型高校在进行"应用性"研究的过程中，往往忽视了自身的研究，有必要加强院校研究，研究学校自身、研究相关行业、研究区域发展规划，不盲目跟风，不断寻求符合自身实际的新突破。另外，地方应用型本科高校的转型还需要在制度上进行改革，真正重视教师的实践能力培养、学生的应用型实践、科研成果的实际转化以及对教学、科研和其他人员的分类管理；在学科建设方面，既重视新兴学科，又要重视文科发展，从而有利于学科交融，有利于文科、理科综合思维，有利于激发全校师生不断创新。

地方应用型本科高校的"地方性"和"应用型"决定了其转型发展必须在我国百花齐放的高校竞争中树立起自己的"旗帜"，并主动融入地方经济社会发展中，使人才培养与地方经济社会需求相共鸣，由于我国省域之间存在经济发展的不平衡，同样，不同省域教育发展也存在不平衡，江苏省的经验也会有地域局限性，因此，我国地方应用型高校应在借鉴欧美国家或我国其他地区成功经验的基础上，因地制宜，摸索出适合当地应用型高校发展的新路径，从而促进地方应用型本科高校的长远发展。

原文载《黑龙江高教研究》，2017 年第 10 期：78-83

参考文献

[1] 江苏省教育厅.江苏将全面深化应用型本科院校人才培养改革[EB/OL].[2017-02-21].http://www.js.xin-huanet.com/2014-03/25/c_119936895.htm.

[2][6] 江苏省教育厅.江苏教育年鉴(2014)[M].南京:江苏凤凰教育出版社,2015:568-570,574-581.

[3] 江苏省教育厅.关于公布"十二五"期间省重点学科名单的通知[Z].苏教研〔2011〕14号.

[4] 江苏省教育厅.关于公布新增一级学科"十二五"省重点学科名单的通知[Z].苏教研〔2012〕2号.

[5] 刘焕阳,韩延伦.地方本科高校应用型人才培养定位及其体系建[J].教育研究,2012(12):67-70.

[7] 潘懋元,车如山.做强地方本科院校——地方本科院校的定位与特征研究[J].中国高教研究,2009(12):15-18.

[8] 高金祥.试析地方高校的科研职能及其定位[J].黑龙江高教研究,2013(3):47-48.

[9] 江苏省财政厅,江苏省科学技术厅.关于下达2015年省级政策引导类专项资金(第二批)的通知[Z].苏财教〔2015〕106号.

[10] 刘献君.大学之思与大学之建[M].武汉:华中科技大学出版社,2013:20.

[11] 习近平.发展理念是发展行动的先导[J].党的建设,2016(3):5.

[12] [英]迈克尔·吉本斯.知识生产的新模式:当代社会科学与研究的动力学[M].陈洪捷,等,译.北京:北京大学出版社,2011.

[13] 高杨,赵冬冬.部分地方本科高校转型的目的就是更好地服务地方经济社会发展——访应用技术大学(学院)联盟理事长孟庆国教授[J].河南教育:高教版,2014(3):24-25.

[14] [英]迈克尔·波兰尼.个人知识——迈向后批判哲学[M].许泽民,译.贵阳:贵州人民出版社,2000:74.

[15] [德]雅斯贝尔斯.什么是教育[M].邹进,译.上海:上海三联书店,1991:52.

编者按：2016 年 6 月 30 日，盐城工学院召开"七一"表彰大会暨"两学一做"学习教育党课。会议对照中央"两学一做"要求和学校建设发展实际，分析了党员干部中存在的六大方面亟待解决的问题，并结合"十三五"事业发展规划，提出了加快建设特色鲜明的高水平应用型大学的目标要求。应用型大学建设是当下许多地方本科高校发展的方向，但如何理解高水平应用型大学、制约高水平应用型大学建设的关键问题是什么、如何推进高水平应用型大学建设，都是高校管理者在顶层和中层设计中必须思考的问题。为此，本刊编辑部就这些问题采访了盐城工学院党委书记葛世伦教授。

把握机遇，科学谋划，全面建设高水平应用型大学

葛世伦

摘　要：《盐城工学院"十三五"事业发展规划》将"特色鲜明的高水平应用型大学"确定为自身转型发展目标，在紧密对接地方产业链、创新链中错位发展，凝练"特色"；在全面支撑服务区域经济社会中彰显"高水平"。高水平应用型大学建设，涉及高校治理结构、专业体系、课程教学、师资结构等各个方面的变革，但其瓶颈依然是教育观念、人才资源、办学经费等问题。作为一所地方应用型本科高校，盐城工学院必须紧紧围绕"地方性、应用型、特色化"，努力突破发展瓶颈，积极探索具有自身特色的应用型大学建设与发展之路。

关键词：应用型大学；"十三五"规划；转型发展

"十三五"开局之年，我校党员干部自觉践行"三严三实"，团结带领全校师生员工，脚踏实地、勤奋工作，办学核心指标取得新的突破，学校事业呈现强劲、快

速发展势头，成绩喜人。在"两学一做"活动中，全校党员干部抓落实、求突破，学校重点工作得到有效推进。"七一"前夕，校党委召开全校党员干部大会，要求全体党员紧紧围绕特色鲜明的高水平应用型大学建设目标，凝聚共识、真学实做、开拓进取。会后，学报编辑部负责同志（以下简称编辑部）就高水平应用型大学建设问题采访了党委书记葛世伦教授。葛书记的阐述深入浅出，许多表述具有前瞻性，对于推进地方本科高校转型发展具有启发意义。

一、高水平应用型大学的内涵及其定位

编辑部：葛书记，您好！听了您的党课，受益匪浅，尤其是您提出的在"十三五"期间，盐城工学院要具备独立升格"高水平应用型大学"的基本条件更是令人振奋。请您简要诠释一下什么是应用型大学？

葛书记："应用型大学"是伴随 20 世纪中叶高等教育大众化而兴起和发展起来的一种新的大学类型，它以应用型本科教育为目标，侧重应用技术、重视实践教学。例如，美国的四年制工程教育、德国的应用技术大学，等等。要准确理解"应用型大学"内涵，首先必须弄清什么是科学研究、什么是工程应用。

什么是科学研究？科学研究是指为了增进知识包括关于人类文化和社会的知识以及利用这些知识去发明新的技术而进行的系统的创造性工作。科学研究是发现现象、探究规律，也就是发现、探索和解释自然现象，深化对自然的理解，并寻求自然界的普遍规律。所以，科学研究强调的是"首创"和"原创"。什么是工程应用，这其实要涉及有关工程、技术的定义问题。关于"工程"，目前国内外定义较多，一般认为，"工程"有两个基本含义：一是将自然科学的理论知识用于规划、研制、加工、实验和创建人工系统的实践活动；二是将自然科学的理论应用到具体生产部门中形成的各学科的总称，如：水利工程、化学工程、土木建筑工程、遗传工程、系统工程、生物工程、海洋工程、环境微生物工程，等等。技术是人类利用自然、改造自然的方法、技能和手段，它与工程的区别在于：工程具有集成、综合的性质，任何工程都涉及多项技术的综合应用。

依照工程与科学的关系，工程的各个分支领域都有研究、开发、设计、施工、

生产、操作、管理等多种职能。因而,就科学研究与工程应用的关系来说,应用型大学虽然有别于研究型大学,但事实上,绝大多数高校都应该属于应用型大学范畴,研究型大学还不足 10%;即使是研究型大学,也从事技术开发方面的研究,它与应用型大学的不同则是在工程应用阶段,比如,机械设计 AUTOCAD,高层次的工程应用往往偏向于通用技术,侧重培养研究、设计与开发人才;而下一层次的工程应用则注重如何运用上一层次的研发成果,来解决具体领域的工程问题或者解决某一具体的工程问题。

盐城工学院是以工科为主的地方本科院校,工程应用是其突出的特点。从人才培养的角度而言,学校的发展定位就是应用型本科教育,培养设计与施工、设计与生产阶段的高级专门人才。

编辑部:从大学功能和作用来把握应用型大学的内涵,可谓是抓住了问题的本质,我校"十三五"规划提出的"特色鲜明的高水平应用型大学"目标。你能否解释一下"特色鲜明"与"高水平"的具体表现?

葛书记:在大学的建设与发展中,"特色"是与"水平"相生相伴的概念。大学的发展要避免同质化,就要做到"人无我有,人有我优",其中"人无我有"就是特色,"人有我优"便是高水平。地方本科高校最大的特色就体现在"地方",盐城工学院的"地方性"特色,就是紧紧围绕地方经济社会发展,紧密对接地方产业链和创新链,注重错位发展,其人才培养、科学研究、服务社会、文化传承,能始终如一地让人感到"海风"和"盐味",形成自己的"盐海特色";"高水平"是相对的概念,它有两层含义:一是与其他高校相比,可能是某一领域或某一具体方面的比较优势,这是"特色"方面的高水平;二是在服务区域经济和社会方面的高水平,正如张大良司长所说的,高等教育与经济社会发展的关系存在主动服务、全面支撑和创新引领"三种境界",地方本科高校能够全面支撑或者创新引领地方经济社会发展,这就是高水平。

编辑部:盐城工学院曾于"十二五"期间在不同场合提到"建设特色鲜明的高水平应用型大学"目标,特别是学校第二次党代会后,又进一步明确了这一发展方向。您能简要回顾一下,"十二五"期间,特色鲜明的高水平应用型大学建设进展如何？

葛书记：盐城工学院是典型的地方应用型本科高校，"建设特色鲜明的高水平应用型大学"是学校第二次党代会提出的奋斗目标，也是学校章程所确定的发展方向。"十二五"期间，我校策应江苏沿海开发战略和盐城市城市创新驱动发展规划，有针对性地加强学科专业建设、人才培养、应用科学研究工作，全面支撑和创新引领地方经济社会发展的能力不断提升。比如，学校成为教育部"卓越计划"高校，与盐城地方行业、企业合作，建立盐城悦达汽车学院、盐城卓越环保学院等行业学院；"十二五"期间建设的绿色建材、环境保护、新能源、海洋生物化工、信息化与智能制造、新能源汽车、现代金融与物流等学科专业群，特色鲜明，紧密对接江苏省产业链、创新链；邀请行业企业参与学校治理和人才培养过程，建设国家级工程实践教育中心、国家级大学生校外实践教育基地、全国高校学生科技创业实习基地等校外实践、实训基地，应用型人才培养模式改革成果获得国家级教学成果二等奖；在应用研究与成果转化中，也领先大多数同类高校，学校建有江苏省高校协同创新中心，依托这一平台，学校"十二五"期间获批的国家级、省部级项目列全省同类院校首位，特别是 2015 年，所获省产学研联合创新项目位列全省高校第一，发明专利授权达 60 件，列全国高校第 129 位，省级技术转移中心成为国家级技术转移示范机构。

二、高水平应用型大学建设面临的瓶颈

编辑部：地方本科高校向应用型大学转型升级，涉及原有的办学思路、办学定位和办学模式的调整。请您谈谈当下高水平应用型大学建设面临的瓶颈问题有哪些？

葛书记：地方本科高校向应用型大学转型升级，所面临的困难和问题很多，比如，地方产业行业发生了变化，人才培养的环境、内容、方式如何变化？学科专业布局不适应变化了的外部环境，我们应当如何调整？学校的发展基础已经达到要求，而硕士点建设尚未取得实质性突破，等等。而且高水平应用型大学建设，还涉及高校的组织模式、管理模式、教学模式、科研模式、治理模式、专业体

系、师资结构等方方面面的变革问题，但总体而言，制约高水平应用型大学建设面临的瓶颈主要有三个：教育观念、人才资源、办学经费。

编辑部：教育观念"看不见摸不着"，我们以往都说要转变教育观念，其实大多数人都认为这是泛泛而谈的东西，为什么就会成为制约高水平应用型大学的瓶颈问题？

葛书记：高等教育观念是长期形成的对高等教育目的与价值取向的基本认识和看法，教育观念对高校的教育行为具有支配作用。教育观念要随着高等教育的发展变化适时调整或更新，但是，新的教育观念的形成，要能使全校教职工认同并内化于心外化于行，成为指导教育教学工作的新的理念。地方本科高校的传统理念是以综合性、研究型大学为标杆，强调所谓的"高大上"，不接地气，觉得向应用型高校转型降低了学校的"档次"。因此，在推进应用型大学转型发展中，如何转变教育观念、统一思想，进而形成全校师生员工的合力至关重要，这也是我校"高水平应用型大学"建设首先要突破的瓶颈。

从本质上讲，转变观念、统一思想、凝聚力量，更是应用型大学存在与发展的关键性问题，也就是应用型大学得以成立的首要问题。在这方面，我们可以从高等教育内外部的发展环境出发，来分析一下建设和发展应用型大学的社会意义和教育价值。从外部环境看，我国所处的时代已经从工业 1.0 升级到工业 4.0，按照国家"2025 计划"蓝图，我国要在新一轮的工业化、信息化、网络化世界经济改革大潮中居于领先地位，与我国的世界第二大经济体相匹配，就必须要有大量的中高端应用技术人才掌握经济发展的"核心技术"，在模仿和创新的基础上引领世界技术的发展。因此，培养大量的高水平应用技术型人才，既是高校应该履行的职能，也是高校转型发展的重要机遇。从高等教育内部来看，由精英教育到大众化教育再到普及化教育，不仅是数量、规模的发展，更重要的是高校内部类型定位的分化和高校的多样化发展，我国高校只有更好地适应社会发展和获取社会资源，走特色化的发展道路，才能在高等教育体系中站稳脚跟、立于不败之地。当我们认识到应用型大学的独特价值之后，我们不仅要有理念自信，更要有转化为学校改革与发展的实践自觉。

编辑部：地方本科高校在近年来的发展中引进了许多博士、教授等高层次人才，但人才为何还存在缺口？

葛书记：人才是立校之本、强校之基、兴校之源，人才状态决定学校的状态，人才高度决定学校发展的高度。人才资源是应用型大学发展的基础，无论是高质量的应用型人才培养，还是高水平的应用科学研究，人才都是第一位的资源。地方本科高校的比较优势是"地方性"，但是"地方性"也同样是地方本科高校汇聚高层次人才资源的比较劣势。目前，地方本科高校引进了不少年轻博士，但同时也应当看到，与大城市的高校特别是部属高校、省属重点高校相比，高水平人才资源缺乏的劣势很难改变，我们缺乏学科领军人物，缺乏高水平教学科研骨干。如何吸引人才、留住人才，建设高层次、高水平教学科研团队，这是我们高水平应用型大学建设中必须解决的问题。

编辑部：地方本科高校的办学经费主要来自哪些方面，怎样看待地方本科高校办学经费不足的问题？

葛书记：办学离不开办学经费，高校的办学经费是以政府投入为主，主要包括基本的生均拨款和上水平的项目经费两部分，其中生均拨款部分，地方本科高校与其他性质的高校差别不大，但项目经费的差异就很大了。对于地方本科高校，项目经费存在着"被平均"的现象。目前，江苏上水平项目通常称为"1＋4"，所谓"1"，就是指"双一流"，即一流大学与一流学科，大多数地方本科高校与此无缘；所谓"4"，包括特色优势学科、协同创新、品牌专业、特聘教授，其中特色优势学科投入最大，申报门槛较高，特聘教授的投入也难以获得。以盐城工学院为例，获得协同创新、品牌专业的专项经费，在同类高校还是比较好的。所以上水平项目的专项投入，地方本科高校很难争取到平均值。任何一项改革，都拉大了地方本科高校与一流高校的差距，地方本科高校办学经费目前主要是靠政府的财政投入与学生的学费。地方本科高校建设中的办学经费来源渠道单一、竞争力不强、服务区域经济发展能力薄弱等原因而导致办学经费的不足，仍是制约高校转型发展的最大瓶颈问题。盐城工学院就是要在这些方面打破传统的资源依赖路径，创新创业，在转型发展中争取办学资源，在开发和拓展办学资源中转型升级，就是要在创业中发展，在发展中创业。

三、推进高水平应用型大学建设的路径

编辑部：学校"十三五"事业发展目标是继续建设特色鲜明的高水平应用型大学，要具备独立升格为应用型大学的条件。"十三五"要从哪些方面来推进，有哪些具体的措施？

葛书记：地方本科高校由于发展环境、现有基础、学科专业特色等方面的差异，在推进高水平应用型大学建设的路径选择上也各不相同。盐城工学院以工学为主，在应用型办学方面积累了一定基础，在江苏沿海经济社会发展中有着不可替代的地位和作用。我们要围绕地方性、应用型、特色化的特点和优势，探索具有盐工特色的应用型大学的建设与发展路径。"十三五"期间，我们的工作重点是：对接江苏地方的产业链、创新链，优化现有的学科专业群；完善多层次的人才培养体系，在提高人才培养质量的同时，形成应用型高校的人才培养特色；加大高层次人才引进力度，建设高水平教学科研团队；整合、优化现有教学科研资源，提高资源利用率；规范高校管理，完善内部治理结构。

编辑部：应用型大学也需要学科建设，学科建设是龙头。"十三五"期间，学校学科建设的目标和重点是什么？

葛书记：学科建设是高校内涵建设的核心内容，学科建设水平是高校综合实力、学术地位和发展潜力的重要标志。我校的学科建设虽也取得了一定成绩，但学科建设起步较晚，基础比较薄弱。"十三五"期间，要进一步突出学科建设的龙头地位，要对接区域产业链、创新链，优化现有学科专业布局；要围绕盐城产业结构调整和新兴产业发展，统筹规划学科建设，突出学科的"沿海"特色、"环境"特色。重点是立足我校现有学科实际，以服务盐城构建绿色高端融合发展的现代产业体系为目标，整合现有学科资源，优化学科专业布局，培育具有特色的、新的学科生长点，重点发展绿色建材、新能源及环保科技、智能制造及高端装备、海洋生物化工、经济与管理等与行业密切相关的五大特色学科群。

编辑部：应用型人才培养与应用技术研究是应用型大学的重要职能，按照学

校"十三五"事业发展规划,学校发展有哪些具体的措施?

葛书记:人才培养是根本。"十三五"期间,我们计划以本科教育为中心,积极发展研究生教育,探索多层次应用型人才培养体系。首先,要保持普通本科生22 000人的在校生规模,围绕应用型人才培养目标,进一步提高人才培养质量;其次,按照国家建设现代职业教育体系要求,继续实施"3+4"中职本科与"3+3"高职本科教育,创新本科职业人才培养模式,强化应用技能培养;第三,在力争获得硕士学位授予权的基础上,积极发展研究生教育,重点扩大专业硕士培养规模。

要处理好教学与科研的关系。要依托产教融合,推进教学科研一体化。应用技术研究要以特色培育为重点,凝练研究方向,在服务沿海蓝色经济带、市域绿色产业群、区域高端装备产业链过程中,形成自己的研究特色。学校计划每年划拨专门经费对特色研究方向实施重点投入,连续滚动建设五年,力求在特色研究方向上的研究成果达到行业一流、省内领先的水平。在这方面,关键是我校教学科研人员科研取向的转变。由于我校教师主要来源于研究型大学的培养,容易将研究型大学的科研定位和价值取向迁移到地方应用型大学中来。这就要求我们广大教学科研人员树立创业的思想,能够将自己的研究方向与地方经济发展紧密结合起来,融入地方发展。既要重视"学",更要重视"术";既要求"真",更要求"用",能够深入基层、深入企业,到工农业、服务业一线去开展调查研究。我记得提出威斯康星理念的范海斯校长有这样一句名言:"鞋子上沾满牛粪的教授是最好的教授。"我想,如果我校的广大教学科研人员都秉持这种理念,我校建设高水平应用型大学的目标就一定能够实现。

编辑部:我校人才队伍状况如何? 学校"十三五"事业规划对人才队伍建设有哪些考虑?

葛书记:最近两年学校的发展态势很好,其中很重要的原因之一,就是前几年对人才引进的高度重视。以往有人习惯于否定前任,我觉得任何现实都是历史的积累。我们要讲创新,也要讲传承。对于前任领导,应该更多地看到他们的成绩与贡献,并与时俱进地发展。我校近几年的国家自科项目和 SCI、高影响因子论文等,绝大多数是年轻博士的贡献,而这些博士正是前任领导班子高度重视人才队伍建设的结果。2015 年底,我校有博士 300 多名,"十三五"期间,我们还将每年补充 50 名博士,培养 10 名博士,每年净增 60 名博士,即整个"十三五"期间计划净增博士 300 名,到"十三五"期末,使盐城工学院的博士超过 600 人。在人才队伍建设中,我们还是坚持一句老话,就是"感情留人、事业留人"。盐城地处苏北,缺乏地域优势。薪酬待遇,固然是留住人才的重要条件,但并不是唯一的砝码。为人才插上坚强有力的翅膀、拓展自由翱翔的空间,才是留住人才的根本。在我校的人才队伍建设中,要以梯队培养为原则,建设好教学科研创新团队;要通过制度创新和政策调控,加大高层次急需人才引进的力度,加大中青年学科带头人和学术骨干培养的力度,加大博士引进和教师在职攻读博士学位的力度,加大教师实践能力培养的力度,建设起年龄结构合理、知识结构科学、科研成果突出的教学科研梯队。

编辑部:资源是高水平应用型大学建设的重要支撑,在现有的高校经费投入体制机制中,我校如何获取更多发展资源,以确保"十三五"规划所确定的发展目标如期实现?

葛书记:教育资源的确是目前制约地方本科高校向应用型大学转型发展的瓶颈之一。创建高水平应用型大学,其本质上是一个创业的过程,就是美国学者伯顿·克拉克所说的创业型大学。在伯顿·克拉克看来,多元化的资源来源渠道是建设创业型大学的一个重要条件。这就要求我们打破传统的资源来源渠道,全面加强对外合作,与企业和地方开展深度合作,精准服务,形成多元化的资源来源方式。"十三五"期间,我们要着重做好三个方面的工作:一是加强校企合作,建设教学科研平台。学校将加大包括重点实验室、工程中心等在内的各类科研平台资源的社会共享力度,以此加强与企业的合作,共建科研、教学平台,以社会力量共建教育资源,通过"共建共享",实现资源建设的良性循环。二是加强校地合作,在服务地方经济社会发展中获取资源。比如,学校已计划成立"盐城产业技术研究院",以策应盐城市委、市政府实施产业创新"十大工程"重大部署,吸引校友、政府和社会资源投入,拓展我校的办学资源。三是注重现有资源的优化利用，对南北两校区的功能布局进行调整优化。例如，针对北校区教学科研用房整体不足、学生密度较大的具体实际，北校区拟多安排低年级学生，将个别学院调至南校区，以缓解北校区教学实验的压力；同时，也为按需培养人才，进行系列改革营造环境和氛围。

编辑部：经过您对应用型大学的阐释以及对我校"十三五"发展规划的描绘，我们对建设特色鲜明的高水平应用型大学更加充满了自信。最后请您对我校"十三五"期间的预期办学成果作一概括，以结束我们的专访。

葛书记：高水平应用型大学应该为社会提供高水平的办学成果，而高水平的办学成果应该是一个系统化的产出，包括培养高质量的应用型人才、为地方和区域经济社会发展提供高水平的科技服务、为推进人才培养模式改革提供新的改革路径，等等。这里的每一项改革和成果都是一篇大文章，需要学校在顶层设计方面进行改革，也需要各二级学院和职能部门的中观层面的改革，更需要教学科研管理人员在微观层面进行探索和创新，只有上下一致，同心合力，学校的转型发展目标才能实现。成果是目标，成果是导向，成果是引领盐工人开拓进取、努力奋斗的"牵引器"。我们在"十三五"期间，希望取得的成果是：综合实力跻身全国高校前 300 位，具备独立更名大学的基本条件，基本建成"特色鲜明的高水平应用型大学"。

原文载《盐城工学院学报(社会科学版)》，2016 年第 3 期：1-6

校地联合、产教融合、知行耦合:面向地方产业的应用型人才培养路径探索

方海林

摘　要:面向地方产业培养应用型人才是地方本科高校"地方性、应用型、特色化"办学理念的具体体现,从校地联合、产教融合、知行耦合三者的相互关系中,重构高素质应用型人才培养的层次、规格和流程,是应用型人才培养路径的创新。盐城工学院在这条路径的探索与实践中形成的"一条主线、二层架构、三厢对接、四维并重"的面向地方产业的特色化应用人才培养方式,可以为其他高校的转型发展提供借鉴。

关键词:校地联合;产教融合;知行耦合;应用型人才

地方本科高校是人才培养的主力军,其培养的应用型人才在支撑我国走中国特色新工业化道路中发挥了重要作用。"中国制造2025""一带一路"以及各种不同层次、不同类型的区域发展战略,在促进地方产业结构调整和转型升级的同时,也为地方本科高校的发展带来了新的机遇与挑战。立足地方、面向产业、服务区域,突破传统的"学术性"人才培养的"藩篱",培养"地方性、应用型、特色化"的应用型人才,是地方本科高校深化教育教学改革的方向。审视传统培养路径以及由此形成的人才培养过程中存在的缺陷,在此基础上探索一条适合地方本科高校面向地方产业的人才培养新路径,成为当下地方本科高校转型发展必须解决的关键问题。为此,作为省属地方本科高校的盐城工学院,进行了十多年的探索与实践,其经验或可对同类高校的改革与发展有

所借鉴。

一、按照"学术性"路径来培养"应用型"人才的缺陷

按照国际通用教育标准分类方法，高等教育的人才培养可以分成学术研究型、知识应用型、职业技术型三种类型，所以潘懋元认为，研究型的专业主要从事基础理论研究，应用型专业与行业联系密切，而与职业密切联系的是与高职相对的专业[1]。地方本科高校人才培养与行业、企业密不可分，在地方本科高校转型发展的趋势下，与职业教育之间也存在相互的关联。

但是，由于大多数地方本科高校是在教育大众化背景下脱胎于原有的专科高校，在人才培养路径选择上是"模仿"学术研究型高校的成法，"同质化"现象比较严重。上不能"顶天"，培养出高水平的学术研究性人才，下不能"立地"，打造出高素质的应用型人才，这是许多地方本科高校普遍存在的问题。

由此传统的以"学术性"路径来培养"应用型"人才的缺陷已经成为地方本科高校融入地方经济社会发展的瓶颈：其一，专业或者专业方向的设置与地方经济社会发展相关度不高，培养的应用型人才层次结构不能满足区域产业发展层次化和产业结构多元化对人才的需求，不能有效支撑区域经济社会发展；其二，培养过程缺乏行业企业的有效参与，课程体系与教学内容滞后于区域产业结构和技术结构的变化，培养的应用型人才在规格上不能适应区域的产业转型升级和创新发展的要求；其三，培养流程忽视"知"与"行"之间的耦合关系，学生在综合素质和实践能力方面，既不能"顶天"具备处理复杂问题的能力，又不能"立地"具有基层应用操作能力，培养的应用型人才缺乏竞争优势。

二、坚持"地方性、应用型、特色化"培养人才的思考

"地方性"是地方本科高校的标识，服务区域经济社会发展是其存在的基本前提。因此，地方本科高校的科学研究、人才培养都需要立足地方实际，"根据区域的地缘优势、资源优势、产业优势以及经济社会发展的实际需求，主动与地方

经济社会发展相结合"[2],在服务与支撑地方产业发展中拓展自己的生存空间。"应用型"是地方本科高校的特质,培养面向岗位一线的应用型人才是其根本任务。囿于师资、设施、经费以及生源质量的制约,地方本科高校要培养出高水平的"学术性"人才不切实际,"以就业为导向,以掌握专业基本知识和实践能力为要求,以强化实践教学为手段的培养模式",培养满足地方经济社会发展要求的"应用型创新人才"[3],符合地方本科高校的办学定位。"特色化"是地方本科高校的优势,特色发展是地方本科高校持续发展的核心逻辑。"地方高校培养应用型人才的主要标准有二,一是顺利就业,二是持续发展"[4],特色化的人才培养可以避免人才结构、规格的"同质化",提高人才在劳动力市场竞争中的比较优势,实现充分就业、优质就业。

如何做到按照"地方性、应用型、特色化"培养人才,关键是立足地方经济社会发展要求,按照高等教育教学发展规律,创新地方本科高校应用型人才培养体系。盐城工学院从"校地联合、产教融合、知行耦合"三者之间的相互关系入手,探索可资借鉴的新路径。一是以融入区域经济社会发展为主线,紧紧围绕地方经济社会发展的新增长点,校地联合、产教融合,按需重组人才培养结构;二是主动对接行业企业人才培养和区域技术创新需求,产教融合、知行耦合,按需调整人才培养规格;三是以培养学生的综合素质和实际能力为重点,知行耦合,产教融合,理论教学与实践教学互为促进,按需优化人才培养流程。

三、面向地方产业的应用型人才特色培养的顶层设计

应用型人才特色培养的顶层设计既要立足地方本科高校的办学实际、面向地方产业的发展现状,同时还要兼顾学生未来发展和地方产业发展趋势。盐城工学院在应用型人才特色培养的设计过程中,首先是把握江苏沿海开发战略、"中国制造 2025"、长三角城市群发展规划等战略机遇下的区域经济发展走向,围绕能够成为支撑地方产业发展和行业科技创新的重要支柱这一视角,统筹设计人才培养的层次、规格和流程。从 2005 年与美国优集(UG)公司联合成立"优集学院"开始,到实施国家教育体制改革"本科院校专业自主调控机制"试点、教

育部"卓越计划"试点，经过十多年的改革与实践，形成"一条主线、二层架构、三厢对接、四维并重"的高素质应用型人才特色培养之路。

一条主线：以服务地方产业结构调整和转型升级为主线，调整专业结构与专业方向，并以此设计人才培养改革的总体思路和发展方向。

二层架构：针对产业发展对中、高端不同层次人才的需求，面向企业一线培养技术技能型、应用创新型双层次高素质应用型人才。

三厢对接：对接行业专业标准、专业评估（认证）标准、国家职业技能标准"三厢"，重构应用型人才培养规格，并以此调整教育教学内容。

四维并重：从人才培养的取向、目标、内容、模式等四个"维度"，优化培养流程，注重社会需求与学生发展、专业教育与素质培养、知识教育与技能训练、学校教育与企业培养等四个并重。

四、高素质应用型人才特色培养的路径探索

按照面向地方产业的应用型人才特色培养的顶层设计，盐城工学院积极推进教育教学改革，在实践中逐步探索与积累经验。

一是依据地方产业结构调整和转型升级，调整专业方向，优化专业结构。2005年针对盐城制造业向中、高端发展，在机制类专业设置制造业数字化、模具设计方向；2011年，依托国家教育体制改革"专业自主调控机制"项目，面向盐城汽车、环保、海洋产业以及金融高地建设，全面调整专业方向，对接盐城战略性新兴产业，增设5个新兴产业专业。

二是按照地方产业价值链传递过程，设定培养层次，校地共建教育平台。服务盐城向中、高端产业转型升级，围绕研发、设计、生产、服务等产业价值链传递全过程，设定应用型创新人才和技术技能型人才两个层次培养结构；校地联合共建支撑高素质应用型人才培养的协同创新中心、行业学院、教育联盟、实践基地等产教融合平台。

三是满足职业岗位及技术创新需求，"三厢"对接，调整人才培养规格。按照专业服务面向及人才培养层次，课程体系和教学内容与行业专业标准、专业评估

（认证）标准、国家职业技能标准"三厢"对接，重构应用型人才的知识、能力和素质。具体包括：课程体系与教学内容改革对接行业专业标准，如机制类专业将行业软件（NX 系统）融入教学内容，出版"教育部—西门子产学合作综合改革"项目教材 6 部；以专业评估（认证）标准融通应用型人才培养标准，引入第三方评价机制，土木工程、给排水科学与工程通过专业评估，材料科学与工程、环境工程通过工程教育专业认证；知识点的选取与实训内容的设计对接国家职业技能标准，建立"职业资格证书"学分奖励制度，目前毕业生职业资格证书比例占毕业生总数的 26％。

四是依托产教融合发展工程，"四维"并重，优化人才培养流程。围绕培养面向行业企业一线工程技术与管理人才，知行耦合，重构人才培养的全过程。即社会需求与学生发展并重，按照社会需求设置专业方向的同时，架构适应学生未来发展的学习教育平台，如"尔雅"通识平台、"天空教室"平台、"爱课程"校内SPOC 平台和清华大学"学堂在线"平台，实现优质课程覆盖所有主干课程；专业教育与素质培养并重，以培养职业精神为重点，利用"五四讲坛"及科技文化节、专业文化节、社团文化节等载体，将"铁军精神""海盐文化"融入专业教育；知识教育与技能训练并重，以提升实践技能为重点，将实训实习课时的比例增加到总学时 35％，以专业前沿知识指导学生生产实践；学校教育与企业培养并重，以提升解决复杂问题能力为重点，设置独立的企业培养方案，构建针对应用型创新人才的"项目式"成果导向教育模式和面向技术技能人才的企业"预就业"实践模式。

五、高素质应用型人才特色培养效果的反思

盐城工学院面向地方产业的高素质应用型人才特色培养，紧扣"校地联合、产教融合、知行耦合"逐层展开。此项改革历时十多年，覆盖全部专业，并影响到同类高校，培养效果可以从四个方面反映出来。

一是在地方本科高校人才培养方面。学校形成了紧密对接区域产业链、创新链的学科专业体系，应用型人才培养与盐城的汽车、环保、机械、化工、纺织、建

筑、海洋等产业发展高度契合；毕业生年底就业率已经连续6年达到98％以上，实现了毕业生的充分就业。学校多次被表彰为"江苏省高校毕业生就业工作先进集体"；地方支柱产业和大中型企业建立了全方位、多层次的紧密合作关系，学生的能力素质得到提升，近三年，获得省级以上大学生创新创业训练计划项目233项，屡获"挑战杯""创青春"等各类大赛奖项；周边多所高校借鉴该成果，所编写的应用型创新教材被多所应用型本科高校使用，反映效果良好。

二是在用人单位、社会赞誉方面。近三年开展的用人单位对毕业生满意度调查结果显示，用人单位满意度均达到85％以上，多数用人单位认为学校毕业生专业基础知识扎实，职业素养较高，职业能力较强；成果得到业内专家赞许，2016年学校承办教育部"2016年度高等学校科学研究优秀成果奖"评审会期间，50多位顶级权威专家对学校改革成果进行考察，并给予高度评价；《光明日报》《人民日报》《中国教育报》等权威媒体集中报道高素质应用型人才培养路径的创新。例如，《新华报业网》2014年4月12日报道我校学生不拼爹妈、靠实力敲开就业之门；《新华日报》2015年6月24日教育版头条"名校英萃"栏目报道我校"预就业"实践模式；《新华日报》2016年6月28日专版头条刊发的《苏北"小清华"让每一颗"盐粒子"自信高飞》也是对盐城工学院对接地方经济实现精准就业的报道。

三是在行业协会、地方政府的认同方面。例如建材行业的专家认为，特色人才培养改革路径能够立足建材及装备行业实际，形成了比较完备的以建材及其装备为背景和特色的学科专业体系，特色鲜明；学校与中国建材机械工业协会合作共建了全国首家"国家建材机械工程师培训中心"。地方政府领导多次考察学校的人才培养工作，认为盐城工学院能够"发挥比较优势，打响服务品牌"，将学校的发展全面融入地方经济社会发展中。

四是在推广预期方面。新路径解决了地方本科高校转型发展中应用型人才培养定位问题。在转型发展的大趋势下，地方本科高校的发展面临面向"综合大学"与"本科职业"的两难选择。按照地方产业、行业企业发展需求，架构"双层次"人才培养结构，解决了地方本科高校对转型发展的目标定位与价值取向存在的"困惑"。

六、结语

地方本科高校要实现在高素质应用型人才培养路径上的创新,必须围绕"地方性、应用型和特色化"的办学理念,坚持将服务地方经济社会发展作为人才培养的逻辑起点,重构和优化人才培养的结构、规格和流程。从盐城工学院的实践经验来看,以下几点可以给同类高校提供借鉴。

一是构建应用型创新和技术技能型"双层次"人才培养结构。从地方产业发展、行业对人才的要求以及企业岗位需求出发,明确"双层次"人才培养结构,使应用型工程人才培养更加适应地方经济社会发展的层次性、多元化的趋势,实现了人才培养全面融入地方产业链与创新链,促进应用型人才培养结构对接地方经济社会发展需求。

二是重构满足行业企业要求的对接"三厢"的人才培养规格。人才培养规格与行业专业标准、专业评估(认证)标准、国家职业技能标准"三厢"对接,重构应用型人才的知识、能力、素质结构,使课程体系与教学内容更加契合行业、企业岗位实际,真正摆脱传统的学科教育束缚。

三是实施"预就业"和"项目式"成果导向两种企业实践模式。适应企业的真实技术和流程,面向行业企业的一线岗位,设置独立的企业培养环节,并针对"双层次"人才培养,分别实施两种企业实践模式,使培养过程与企业的实际生产过程有机结合,实现学生的知识、技能与从事的职业岗位要求接轨,在源头上破解大学生就业难困境。

四是将"铁军精神""海盐文化"地域文化资源融入人才培养过程。围绕培养能够"下得去、耐得住、肯吃苦、有作为"的一线岗位人才,专业教育与素质培养并重,坚持"立德树人",将地域文化的精髓融入学生职业精神的培养,促进专业能力和综合素质的同步提升。

原文载《盐城工学院学报(社会科学版)》,2017年第1期:77-80

参考文献

[1] 潘懋元.潘懋元高等教育论述精要[C].福州:福建教育出版社,2015:14.

[2] 彭旭.新建本科院校专业设置与调整研究[M].北京:光明日报出版社,2012:113.

[3] 杜才平.地方性本科高校专业结构调整与人才培养[M].重庆:西南师范大学出版社,
2013:81.

[4] 郭勇义,何云景,韩如成.特色和培养能力是地方高校持续发展的核心逻辑[J].中国高教
研究,2009(3):64-67.

苏北地区地方本科高校创新能力提升策略研究

洪　林　李海莲

摘　要: 地方本科高校创新能力的有效提升,对区域创新具有重要作用,经济欠发达地区尤其如此。文章以知识管理理论为视角,通过对苏北地方本科高校自身知识创新资源、创新产出以及高校与区域环境之间的知识配置能力、创新环境支撑能力等创新能力要素进行深度剖析,提出地方本科高校提升创新能力的可行性策略。

关键词: 欠发达地区;江苏北部地区;地方本科高校;创新能力;提升策略

地方本科高校作为区域经济主要的人才和智力资源库,在区域创新中应主动承担起新时期人才培养、科学研究、社会服务和文化传承的主要责任。尤其在经济欠发达地区,由于长期以来受历史和地理环境等因素的影响,无论在经济上还是教育上,其与发达地区都存在或大或小的差距,这就更需要地方本科高校在区域创新中提供人才和智力支撑。然而,经济欠发达地区的地方本科高校自身也面临着创新资源匮乏、创新产出质量不高、知识配置能力不足等困境,如何突破这些困境,实现其创新能力的提升,已成为地方本科高校迫切需要解决的问题。因为,放眼全国或某一个省、市、自治区,在整个区域创新发展过程中,欠发达地区显然成了"水桶效应"的短板,这在江苏的南部、北部(以下分别简称苏南、苏北)地区差异就十分明显,苏北成了江苏经济发展的短板。要实现这一现状的逆袭,迫切需要调动和整合各方面的创新要素,积极开展协同创新,走特色发展之路。

创新,是知识创造、转移和应用的过程。地方高校正是地方创新的起点,也是知识创造的主要承担者,知识创新贯穿了创新的全过程。因此,地方高校创新能力如何,对区域创新的成就至关重要。时至今日,我国对高校创新能力的研究大多还是从高校自身切入,而忽视了高校作为社会的一个群体,其生存和发展与其所处的环境息息相关。所以,对高校创新能力进行评价的指标体系,往往并不适合于对地方本科高校的考量。为此,文章从知识管理理论视角,以苏北地方高校为样本,通过对苏北地区地方本科高校自身的知识创新资源和创新产出、地方本科高校与区域环境之间的知识配置能力以及创新环境支撑能力等创新能力要素进行深度剖析,为经济欠发达地区地方本科高校创新能力提升、探寻发展出路提供可靠的事实依据。

一、苏北地区地方本科高校知识创新资源现状

知识创新资源是高校进行知识创新的内在存量,包括与创新有关的人才存量、科技经费和物化资本存量等。高校创新资源是高校知识创新的前提和基础,它体现了高校作为创新主体本身可以为区域创新提供多大正能量。文章通过分析发现,苏北地区地方本科高校知识创新资源现状大致有如下特征。

(一)人才存量日益丰富

1. 师资队伍人数稳步增长,苏南、苏北差距却在拉大。人才是知识创新的前提和关键要素,没有一定的人才储备,科研就无从谈起,更谈不上创新。统计表明,自 2009 年以来,苏北地方本科高校的师资队伍不断壮大。一是从整体看,2009—2013 年,苏北地方本科高校的专任教师从 7 713 人增至 8 143 人,其中,徐州医学院、淮阴工学院和盐城工学院 3 所高校专任教师增长数均超过 10%,淮海工学院、徐州工程学院专任教师则出现了负增长。二是师资队伍的增长点主要表现在高级职称和高学历人群的扩大,所有高校具有高级职称和博士学位人数增长率都超过了本校专任教师增长率,即使是专任教师出现负增长的两所

高校,其高级职称和博士学位教师数也呈增长态势,尤其是具有博士学位教师,从 890 人迅速增加到 1 784 人,增幅达 100.45%。其中,盐城工学院从 2009 年的 76 人增加到 2013 年的 249 人,徐州工程学院从 2009 年的 40 人增加到 2013 年的 133 人,均增加了 2.3 倍。究其原因,与各高校重视师资队伍建设、大力引进博士、鼓励教师深造的政策有关,同时也表明了高校教师对提升自身科研、业务水平的积极性和迫切性。大量博士的引进,给各校科研注入了强大动力和活力,奠定了苏北地方本科高校的人才基础。三是从横向上看,苏北地方本科高校的师资建设仍相对薄弱。数据表明,近年来在苏北地方本科高校发展的同时,江苏全省的本科高校也都在迅猛发展(如表 1 所示)。2011—2013 年,苏北地方本科高校无论是专任教师中具有高级职称比例还是博士学位教师比例,与全省普通本科高校之间都存在一定差距。而且,除了正高职称教师比例与全省差距略有缩小外,副高职称、博士学位教师比例的差距还在扩大。四是生师比相对稳定,但整体仍然偏高。由表 1 可见,截至 2013 年底,苏北地方本科高校的生师比仍然比全省平均值高出 1.50:1,其中徐州工程学院作为 8 所高校中升格相对较晚的高校,生师比高达 21.30:1,其余高校均在 15.00:1 和 19.00:1 之间,结构也比较不合理。合理的生师比有利于学校合理调配人力资源,从而有利于师生提高自身的创新能力,进而提升整个高校的创新能力。

表 1 高层次师资队伍结构比较分析

高校类别	专任教师中具正高职称比例(%)		专任教师中具副高职称比例(%)		专任教师中具博士学位比例(%)		生师比
	2011 年	2013 年	2011 年	2013 年	2011 年	2013 年	2013 年
苏北地方本科高校	11.09	12.09	30.18	31.10	16.55	21.61	17.49:1
全省普通本科高校	17.07	17.73	31.09	33.89	34.22	39.97	15.99:1
苏北高校与全省差距	5.98	5.64	0.91	2.79	17.67	18.36	1.50:1

数据来源:根据丁晓昌主编《2012 年江苏教育发展报告》、江苏省教育厅编《江苏教育年鉴》(2012)和江苏省教育厅《2013 年江苏普通高校本科教学质量报告》整理而成。

2. 研究生规模偏小,地区结构不平衡。研究生人数常常被视为学院甚至整个大学取得成就的标志[1]。不论是国内还是国外大学,都把培养的研究生数量作为学校的重要标志之一,因为研究生队伍在导师科研中具有举足轻重的地位。地方本科高校的教师,在完成一定教学工作量的同时,科研任务也不轻。而导师的精力总是有限的,研究生作为新一代学术群体,他们掌握的往往是当下前沿的科学技术,同时又更容易接受新生事物,他们的加入,一方面要求导师自身不断更新知识,另一方面在师生的相互交流中又最容易碰撞出科学的火花。换句话说,导师指导研究生的过程,也是自身学术成长的过程。大量事实表明,带研究生的教师更容易在科研道路上坚持和创新,而这恰恰是科学探索中必不可少的品质。然而,苏北地方本科高校中具有博士点的高校—江苏师范大学和徐州医学院,两所高校都在徐州;连云港和淮安分别有一所高校具有硕士点,但研究生数量较少,未能形成一定规模。作为江苏面积最大、人口第二、具有丰富自然资源和独特文化环境的盐城,虽有两所升本近20年的高校——盐城工学院和盐城师范学院,但至今没有硕士点,这无疑是地方本科高校发展过程中的一大缺失。调查发现,苏北没有硕士点的高校都与省内外具有博士、硕士学位授予权的高校联合培养研究生,且在没有研究生培养经费资助的情况下,专门从自身建设经费中拨出一定数额用于研究生联合培养,这充分表明了地方本科高校对研究生培养的渴望和对教育创新的热情。

3. 人才类型全面,但拔尖人才和复合型人才欠缺。学科分布状况直接反映人才队伍的结构。学科在地方本科高校建设中的龙头地位已形成共识,而高校的特色发展、差异性发展,恰恰也就体现在学科的特色和学科的差异上,学科特色的建设过程,就是一所高校人财物统筹的过程。因此,高校的学科建设状况最能体现高校的特色和差异。苏北地方本科高校的学科建设状况主要表现为一是优势学科数量少,学科优势不明显,急需拔尖人才和复合型人才。苏北具备硕士学位授予权的地方本科高校仅有3所,优势学科建设明显较弱。比如,苏政办发〔2014〕37号文件显示,2014年江苏省立项的高校优势学科137个,其中重点序列学科28个,从院校分布看,部属院校67个,省属院校70个,苏北地方本科高校优势学科仅为 7 个,只占省属本科院校的 10%,其中重点序列学科只有 1 个,仅占 3.5%,数量明显偏少。从学科分布看,全省优势学科中一级学科 113 个,交叉学科 24 个,而苏北地方本科高校中的交叉学科就占据了一半,这就表明其单个学科的优势并不明显。尽管如此,优势学科仍可结合区域需求,通过整合学校有限资源集中打造。如徐州医学院的"医药生物学"、淮海工学院的"海洋科学与技术"以及江苏师范大学的"区域新型城镇化发展",都是紧贴地方经济发展和自身特色打造的交叉学科。从优势学科情况看,苏北地方本科高校缺乏人才优势,亟须一批拔尖人才引领学科建设,同时为适应交叉学科建设新常态,亟须引进和培养一批复合型人才。二是学科门类较广,理工科人才远多于人文社科类人才。从重点学科数量看,苏北地方本科高校的省重点学科数量很少,仅占省属高校的 4.35%,这表明苏北地方本科高校的整体学科基础还比较薄弱,学科建设任重而道远。

同时,从一级学科省重点(培育)学科和省重点建设学科比例看,虽然苏北地方本科高校学科基础相对薄弱,但对学科建设充满自信,学科建设热情高涨。在 2013 年 188 个参加中期考核的学科中,评估结果为"优秀"的有 14 个学科,其中苏北地方本科高校占 4 个,优秀率达 11.42%,高于全省平均水平 7.4%。而且徐州医学院的"麻醉学"被确定为国家重点学科(培育)建设点学科,为苏北高校打造学科特色树立了典范。从学科结构门类分布看(这里依据《学位授予与人才培养学科目录》2011 版进行分类),苏北地方本科高校的重点建设学科涉及 9 个门类,并主要分布于工学和理学两大类学科(工学占 46%,理学占 23%),这与苏北地方本科高校的自身属性有关(在苏北 8 所地方本科高校中,有工科院校 4 所,师范院校 3 所,医学院校 1 所)。统计显示,在占据苏北高校重点学科半壁江山的工科门类中,机械工程、化学工程与技术、生物工程这 3 个学科占了 62.5%,这与高校错位发展、特色发展的要求还有一定差距,还需要苏北高校密切协同起来,从个体创新走向协同创新,建立联盟,分类发展,避免低水平重复建设,更好地发挥高校社会服务职能,推动区域经济和高校自身的可持续发展。分析表明,苏北地方本科高校的人才结构偏重于理工科类,高校在规划自身特色学科发展时要兼顾人才结构,避免一方面花大量资金引进人才,一方面置自身人才资源于不顾,造成经济和人才双重浪费。

(二)科技经费存量持续增长

高校科技经费存量包括上级主管部门下拨的科研经费、高校自身申请的各项课题经费以及社会提供的科研经费等,它是高校创新的财政保障。苏北地方本科高校由于学科基础相对薄弱,而上级主管部门主要依托学科建设下拨科研经费,所以苏北地方本科高校从财政获得的科研经费相对较少。同时,因地处经济欠发达地区,其地方本科高校从社会获得的科研经费也十分有限。有鉴于此,文章主要以高校获得的国家级、省级基金项目数为对象进行研究。一是从高校自身看,2009 年以来,苏北地方本科高校获得的自然科学基金资助项目数明显高于社会科学基金资助项目数,2010 年之后更是得到大幅提升。统计显示,除淮海工学院外,苏北其他地方本科高校的增幅都超过了100%。而社会科学基金项目数则出现了较大波动,而且基金项目中的一半左右为江苏师范大学获得,表明其他高校人文社科基础还有待加强。二是从横向比较看,表 2、表 3 分别列出了 2009—2013 年间苏北地方本科高校获得的社会科学、自然科学基金项目情况。就所获得的社会科学基金项目数而言,不论是占全省地方本科高校的比例,还是其自身的增幅,都远高于获得的自然科学基金数。

另外,就苏北地方本科高校获得的国家自然科学基金项目来说,2012 年的71.5%和 2013 年的 59.4%均来自两所具有博士学位授予权的高校。基金项目获资助情况再一次表明,高层次人才的多寡和有无博士点、硕士点对高校创新至关重要。诚然,苏北地方本科高校在人才和资源有限的情况下,科技经费存量的发展也是十分显著的,如盐城工学院 2013 年与 2009 年相比,所获得的国家基金资助项目增加了 7.5 倍。这些基金项目的获得,不仅为高校创新提供了有力的经济支撑,而且在很大程度上提升了教师的科研热情和创新动力。

表 2　2009—2013 年国家、省社会科学基金资助项目统计分析

高校类别	2009 年		2010 年		2011 年		2012 年		2013 年	
	国家社科基金数(项)	省社科基金数(项)	国家社科基金数(项)	省社科基金数(项)	国家社科基金数(项)	省社科基金数(项)	国家社科基金数(项)	省社科基金数(项)	国家社科基金数(项)	省社科基金数(项)
全省地方本科高校	101	89	101	97	130	108	139	119	103	144
苏北地方本科高校	12	17	11	12	16	25	22	32	20	35
苏北占全省比例(%)	11.88	19.10	10.89	12.37	12.31	23.15	15.83	26.89	19.42	24.31

数据来源:根据国家社会科学基金项目数据库数据整理而成。

表 3　2009—2013 年国家、省自然科学基金资助项目统计分析

高校类别	2009 年		2010 年		2011 年		2012 年		2013 年	
	国家自科基金数(项)	省自科基金数(项)	国家自科基金数(项)	省自科基金数(项)	国家自科基金数(项)	省自科基金数(项)	国家自科基金数(项)	省自科基金数(项)	国家自科基金数(项)	省自科基金数(项)
全省地方本科高校	597	151	909	184	1 246	261	1 512	436	1 624	858
苏北地方本科高校	32	14	52	20	93	29	130	38	138	68
苏北占全省比例(%)	5.36	9.27	5.72	10.87	7.46	11.11	8.60	8.72	8.50	7.93

数据来源:根据国家自然科学基金委资助项目统计报告整理而成。

（三）物化资本存量明显改善

物化资本是指与高校创新有关的实验仪器设备、图书、实验室、研究中心、大学科技园等设施,是高校得以创新的物质基础。近年来,苏北地方本科高校物化资本存量明显扩大。一是实验仪器设备条件有了较大改善。江苏省教育厅公布的《2013 年江苏普通高校本科教学质量报告》显示,苏北地方本科高校的生均仪器设备值已经达到 11 271.60 元。当然,这个数字比全省地方本科高校平均值 12 951.00 元还低 679.4 元。二是图书馆建设成绩显著。苏北部分地方本科高

校生均图书达到了 88.98 册,超过了全省地方本科高校生均 85.82 册的平均值。这说明苏北高校在自身建设中对于图书馆建设十分重视,如盐城工学院通过自身努力成功获批教育部部级科技查新工作站,成为江苏沿海城市和周边地区首家拥有教育部颁发资质的科技查新工作站,不仅为周边地区高校、企业、科研院所的科研工作提供了便利,节约了成本,而且也为高校创新提供了重要的价值判断标准。当然,苏北地方本科高校中也有 2 所高校生均图书仅 50 册左右,这就需要其有一个持续改进的过程。三是科研平台有了突破性进展。2014 年苏北地方本科高校中有 2 个实验室被确定为国家重点实验室培育建设点,并已建有 5 个"江苏高校 2011 协同创新中心"。其中,分别以盐城工学院和淮阴师范学院为依托的协同创新中心成为江苏省同类高校中仅有的 2 个省级协同创新中心,另有国家级大学科技园 1 个。这些高层次科研平台的建设,为高水平科研和创新成果转化及产业化提供了重要的设施保障。

二、苏北地区地方本科高校知识创新产出状况

高校作为创新主体,创新产出是衡量高校创新能力的重要标志之一。对于地方本科高校来说,创新产出的主要表现形式为科研论文和专利。文章通过 CNKI、SCI、EI 数据库和国家知识产权局中国专利公布公告等途径,对苏北 8 所地方本科高校的核心期刊论文数,SCI、EI 收录数以及专利授权数进行统计,并对结果分析如下。

(一)论文质量明显提升,工程研究成长迅速

从表 4 看出,2009 年以来,苏北地方本科高校在科研论文的产出数量上成绩喜人,论文质量明显提升。其中,自 2012 年开始,高层次论文发表数量迅速增长,但同时在国内核心期刊发表的论文数量反而出现下降。一方面,这与目前高校的科研评价导向有关;另一方面,这也与高校人才结构调优、人才队伍层次提升、物化资本存量增加有关。在工程研究方面,EI 收录的论文从 2009 年占全省地方本科高校的 8.08%,上升到了 2013 年的 12.28%,表明苏北地方本科高校在工程方面的研究成长较快。在自然科学方面,SCI 收录的论文也在持续增长。但从横向上

看,除 EI 收录论文数占全省的比例有所提高外,其他成果的比例均无增长。

表4 2009—2013 年苏北地方本科高校科研论文产出情况统计

年度	高校类别	全省地方本科高校(篇)	苏北地方本科高校(篇)	苏北占全省比例(%)
2009 年	SCI	4 700	575	12.23
	EI	10 233	827	8.08
	核心	23 016	3 210	13.95
2010 年	SCI	5 429	688	12.67
	EI	10 233	827	8.08
	核心	24 615	3 377	13.72
2011 年	SCI	6 741	765	11.35
	EI	16 233	1 133	6.98
	核心	25 077	3 545	14.14
2012 年	SCI	8 197	1 027	12.53
	EI	10 126	1 232	12.17
	核心	22 372	2 899	12.96
2013 年	SCI	10 597	1 316	12.42
	EI	10 467	1 285	12.28
	核心	22 989	2 778	12.08

数据来源:根据 CNKI、SCI、EI 数据库查询结果整理而成。

(二) 专利申报意识不强,创新质量有待提升

专利授权同样是衡量高校创新能力的重要指标之一。2009 年苏北 8 所地方本科高校的发明专利、实用新型专利和外观设计专利数分别为 35 件、43 件和 0 件,这表明高校对专利申请的重视程度还远远不够。这种状况一直持续到 2012 年才有所改观,且实用新型专利授权数居多,其次是发明专利,外观设计最少。这一状况与张群研究的结论"高校专利申请总体结构是发明专利比重最高,实用新型专利位居其次,外观设计专利最少"[2]出现了明显差异。究其原因,张

群所研究的对象是全国排名前 20 的高校，这些高校办学实力雄厚，人才和科研经费存量充沛。由于三种专利中以发明专利技术含量为最高，对人才和科研经费的投入要求也比较高。而对于经济欠发达地区的地方本科高校来说，其人才和科研经费有限，往往更倾向于申请实用新型专利。从 2011 年起，苏北地方本科高校师资队伍中高级职称、博士学位教师比例以及国家基金获批数大幅增加，为高校创新能力的提升奠定了重要基础，使发明专利的授权数量呈现出持续增长的态势。这一事实也充分表明，苏北地方本科高校的创新意识在逐渐增强，创新能力在持续提升。

总之，苏北地区的地方本科高校，近年来在知识创新方面的成果产出数量和质量都在逐步提升，但创新意识有待进一步加强。此外，创新资源的存量是高校创新产出的基础，两者呈正相关。一是高层次论文的数量在明显增加，而在国内核心期刊发表的论文数量却相对减少。这说明随着高校教师学历和职称的提升，他们更倾向于申请高难度的课题，发表高水平的论文。由于受学科设置的影响，与全省地方本科高校相比，苏北地方本科高校在工程研究方面的成果数量提升比例较大。这说明苏北地方本科高校教师更倾向于应用研究，而基础理论研究相对较弱。二是授权专利的知识含量还不够高，数量明显不足。究其原因，这首先与苏北地方本科高校教师的专利意识不强有关，苏北地方本科高校本就倾向于应用性研究，理论上应当申请更多专利，但由于教师专利意识不强，错失了许多可以申请专利的机会。其次是近年来引进的大量年轻博士，他们都是从学校到学校，理论功底较为厚实，但实践经历和经验较为缺乏，这是所获专利数量不足、质量不高的重要原因。因此，苏北地方本科高校一方面要重视人才的引进，另一方面也要加强教师实践能力的培养。

三、苏北地区地方本科高校的知识配置能力与创新环境支撑能力

（一）苏北地区地方本科高校的知识配置能力

知识配置反映的是促进所创造出的新知识或已有的知识在区域内部不同创新主体间的交流或互动，以达到知识共享的状态，其最基本的特征在于动态性和

交互性[3]。作为经济欠发达的苏北地区地方本科高校,由于其自身的创新资源相对较少,科技经费存量不足,往往难以单独创造出满足自身需要的知识或产品。而知识配置不仅体现在知识的创新过程,也贯穿于创新产品应用过程中创新主体之间的相互配置。相对于部属高校,地方本科高校更需要与其他创新主体合作,以便整合优势资源,提升创新能力。因此,知识配置能力对地方本科高校创新能力的提升来说十分重要,它主要体现在高校与企业、科研院所以及政府之间的合作,其表现形式为协同开展课题研究、联合发表高水平论文和共同申请专利等。

在对论文和专利成果的查询中发现,以联合署名发表的论文和专利较少。作者曾就政产学研协同创新问题,以座谈、走访和问卷调查等形式,与企业法人、科技平台负责人、政府科技管理部门领导以及高校教师交流,发现企业、高校和政府对政产学研可能产生的创新结果都表示认同,80%的企业认为政产学研合作可以解决企业发展中存在的许多技术瓶颈问题。但实际上,企业与当地高校联合开展技术研发的情况并不乐观,企业在开展技术研发时往往首选自主研发,其次是选择与知名高校合作,尤其是达到一定规模的企业,愿意与地方高校合作的并不多。

总之,苏北地区地方本科院校知识配置能力还十分有限。究其原因,一是自身创新资源不足,技术高度不够,难以满足企业需要;二是教师往往满足于申请纵向课题、发表论文,既为考核,又为职称,与企业合作常常担心利益纠纷,主动合作愿望并不强烈;三是高校和教育主管部门在教师评价体系中对校企合作没有予以应有重视,教师参与校企合作的动力不足;四是虽然地方本科高校在其社会服务历程中已进入创新发展阶段,但还未真正成为地方经济发展的人才支撑和智力保障[4],因而没有引起地方政府的足够兴趣;五是校企之间沟通不够,企业对地方高校创新能力信心不足,在合作对象的选择上更重视学校知名度而不是匹配度;六是协同创新的机制体制还不完善,在合作过程中知识产权纠纷、利益分配不均衡等现象时有发生,这也是阻碍政产学研合作的关键因素之一。然而,知识配置过程正是地方本科高校有效利用社会资源填补自身资源不足的过程,知识配置能力的提升有利于知识创新,有利于促进创新成果转移及其产业化,有利于发现创新点,从而实现创新的良性循环,实现高校、企业和社会创新能力的全面提升,应当引起高校、企业、政府和社会各方的高度重视。

(二)苏北地区地方本科高校的创新环境支撑能力

地方本科高校作为社会的一部分,其创新能力的发展与其所处的环境息息相关。高校的创新环境包括硬件环境和软件环境,其中硬件环境是指学校的科研设备、创新所需要的技术支持、学校所处地区的地理环境和交通设施等;软件环境指学校的人才评价体系、科研政策、创新文化氛围、教育主管部门支持创新的政策、所在地区与创新有关的政策措施以及区域经济本身的创新需求等。硬环境有可以进行量化的指标,而软环境则难以量化,但软环境对于高校的创新来说却相当重要。正因为如此,莫法特(Andrea Moffat)指出,创新环境中软环境能力的发挥将会起到独特作用,应当引起相关学者的高度重视[5]。优良的创新环境是高校创新的重要支撑,高校的创新活动只有紧密结合环境需求,才更有利于知识创新成果的应用。应用,是创新的终极目标。调研表明,苏北地方本科高校的创新环境支撑能力可大致概括为以下两个方面:

1. 政府重视,政策环境日益宽松。在软环境中,最重要的是政策环境。日益宽松的政策环境能够引导人们的创新意识,营造良好的创新文化;能够改善创新条件,激发创新才能。近年来,江苏省委、省政府对加快苏北发展十分重视,2001年起先后出台了《关于进一步加快苏北地区发展的意见》《关于加快苏北振兴的意见》《关于支持南北挂钩 共建苏北开发区的政策措施》《关于促进苏北地区又好又快跨越发展的若干政策意见》等一系列政策文件,并强调指出:"加快苏北发展,是'十二五'时期我省深入实施区域协调发展战略的迫切需要,也是全面建设小康社会、率先基本实现现代化的关键所在,事关江苏发展的全局和长远。"[6]2013年省政府又推出"六项工程"等系列措施支持和刺激苏北经济发展[7]。江苏省教育厅则积极推动"江苏对口支持苏北高校"工作,首批12所高校参与合作,地方政府对高校的重视程度也在不断提升。这一变化,无疑给苏北地区地方本科高校的创新环境建设提供了重要保障。

2. 条件改善,创新积极性提高明显。从城市建设来看,近年来苏北地区的经济综合实力明显提高,环境交通基础设施条件明显改善,工业化进程明显加快,发展活力明显增强[6]。从高校自身来看,办学条件也都有了明显改善,科研平台的数量和质量都有了明显提高。创新产出的成果也表明,教师们创新的积极性明显提升。苏北地区地方本科高校正处在创新发展的关键时期,需要更加充分地利用当前环境,继续改善创新条件,不断营造创新氛围,努力激发教师的创新积极性,以进一步提升高校的创新能力。

四、苏北地区地方本科高校创新能力的几点建议

高校创新能力的提升不可能一蹴而就,它需要政府、高校、教师、企业和社会的共同努力。如何提升经济欠发达的苏北地区地方本科高校的创新能力,作者有如下建议。

(一)准确定位,实现学校科学发展

苏北地区地方本科高校要提升创新能力,首先要准确定位。这是因为,在经济欠发达地区,其地方本科高校的人力、财力、物质资源都相对有限,这就决定了这些高校的发展必须坚持"有所为,有所不为"的方针,集中打造品牌特色,结合行业发展、地区需求、高校学科现状,认准学校优势,发扬学校优势,推进学校发展。当然,这就更需要学校主办者和管理者的大智慧。学校定位是否准确,决定着这所学校能否特色发展和发展什么特色的问题,也决定着学校的发展方向和发展潜力。学校定位是否准确,关键是学校管理者是否具备敏锐的洞察力、准确的判断力和高效的决策力。一方面,地方高校的管理者在品牌建设、特色发展中具有决定性的导向作用;另一方面,地方高校的管理者们视野越宽阔,信息渠道越广泛,就越容易站在全局的视角来判断和决策,因而其准确性也就会更高。此外,特色发展,需要高校的管理者们有高效的决策力,在准确定位的基地上,先行先试,把握发展先机。同时,学校如何发展,必须制定科学的规划,必须有一个紧密的布局。学校在制定各项政策时,要优先考虑特色学科、优势学科,从人才引

进、资源配备、经费划拨、实验室建设等方面予以倾斜，紧紧围绕学科而不是围绕院系进行投入和建设；鼓励其他学科发展，以品牌学科带动学科群的建设和发展。

（二）高端先行，盘活学校人才存量

人才存量结构如何，决定了学校学科的未来布局和发展潜力。高校人才资源丰富，教师学习能力较强，人才要在使用中实现其自身价值，学校的政策导向是关键。什么样的政策导向，就会将教师塑造成什么样的人才。因此，在进行人才评价时，要坚持"高端先行，盘活人才存量"的原则，制定有利于人才向高端发展、有利于学科向高端发展、有利于人才成长和队伍稳定的人才评价体系；要不断优化人才结构，提高人才培养的效能，避免踏入人才培养与使用脱节、人才短缺和闲置并存、人才流失和浪费同步的怪圈。

（三）协同创新，提升知识配置能力

苏北地区地方本科高校知识配置能力相对较弱，这已成为阻碍学校创新能力提升的一个重要因素。知识配置能力不足，一方面影响着现有创新成果的转化和应用，另一方面也影响着高校对前沿知识的认识和使用。提升苏北地区地方本科高校的知识配置能力，已成为教育主管部门和高校自身迫切需要解决的问题。以协同创新为媒介，建立知识创造、转移和应用的大通道，助力高校知识配置能力的提升显得尤为重要。韩国浦项工业大学在短时间内能够立足于世界名校之林，就是高校与企业协同创新的结果，如今该校已成为协同创新的成功典范。然而，正如前文所述，高校知识配置能力的提升，需要政府、企业、高校和教师们的共同努力。首先，政府需要在政策和资金上给予支持，来提升政产学研合作的深度和广度。其次，企业需转变观念，要进一步加深对地方高校的了解，正视地方高校的优势，从企业需求与高校学科的匹配度而不是从高校的名气出发决定合作与否。再次，高校要主动寻找与企业、行业合作的机会，找准合作的切入点和关键点。同时，学校与学校的协同也是高校提升创新能力的重要措施，目前地方本科高校的协同都倾向于选择比自己办学实力强的高校，而实力相当的同地区高校之间的协同常常被忽视。事实上,同一地区或周边地区高校,由于地理条件相同,彼此之间了解,教师之间渊源较深,相互之间在协同过程中更易使观念、理念达成共识,减少认识上的分歧。不仅如此,同一地区高校之间的协同创新,还有利于优势学科的产生,避免办学投入的重复,减少教育资源的浪费,实现区域高校间的共同繁荣。最后,高校教师要勇于尝试,敢于创新,主动去企业挂职、到"985 工程""211 工程"高校做博士后,积极寻求与行业、企业的合作,拓展科研空间。

(四)注重沟通,打造协同创新环境

协同创新环境对高校创新能力的提升具有重要作用,不具备一定的科研条件,再好的人才也难以创新;没有良好的创新政策,创新也会成为空中楼阁,难以持续发展。然而,良好的协同创新环境需要政府、企业和高校之间加强沟通,共同打造。政府方面应加强对地方高校的关注和支持,多给地方高校成长的时间和空间。高校方面一是要积极主动走出去,与政府、企业沟通,让政府、企业了解学校的优势,并及时了解社会所需;二是要努力在校内营造良好的创新氛围,避免急功近利。正如卡恩(Dominique Strauss-Kahn)所说:"创新需要自由的环境。"[8]教师的创新也需要自由的灵魂,保护教师对学术自由的追求,是高校不可碰触的底线。

原文载《高校教育管理》,2016 年第 2 期:61 - 69

参考文献

[1] 萨拉·德拉蒙特,保罗·阿特金森,奥德特·帕里. 给研究生导师的建议(第 2 版)[M]. 彭万华,译. 北京:北京大学出版社,2011:2.

[2] 张群. 从专利申请看高校科研创新能力的提升[J]. 图书情报工作,2006,50(8):120 - 123.

[3] 贺灵. 区域协同创新能力测评及增进机制研究[D]. 长沙:中南大学商学院,2013:51.

[4] 李海莲,洪林. 地方工科院校服务区域经济社会发展实践研究——以江苏省为例[J]. 高校教育管理,2014,8(1):10 - 16.

[5] Moffat A，Auer A. Corporate Environmental Innovation［J］. Journal of Cleaner production，2006，14(6)：589－600.

[6] 江苏省政府促进苏北发展的若干政策措施新闻发布会［EB/OL］.(2011－05－12)［2015－02－25］. http：//www. scio. gov. cn/xwfbh/gssxwfbh/xwfbh/jiang-su/ Document/911049/911049. html.

[7] 江苏省重推"六项工程"支持苏北全面小康［EB/OL］.(2011－07－30)［2015－02－25］. http：//www. chinanews. com/df/2013/07－30/5102350. shtml.

[8] 周政华.卡恩:创新需要自由的环境［J］.中国新闻周刊,2012(1):67.

地方高校二级学院院务公开路径探析

韩同友　孙　雷

摘　要：地方高校二级学院在快速发展的同时,不能忽视和淡化民主办学,应重视并强化院务的公开,发挥师生员工在学院民主管理中的积极作用。在阐述院务公开的必要性基础上,剖析了存在的问题,论述了师生员工在院务公开工作的表达权、知情权、参与权、监督权和得益权,提出了院务公开"五权"工作新方法,以期推进院务公开工作。

关键词：地方高校；院务公开；"五权"工作法

院务公开是高校二级学院民主治院的基本工作方法,是广大师生民主权利的集中体现。习近平总书记在十八届中纪委三次全会强调:"要强化制约,科学配置权力,形成科学的权力结构和运行机制。要强化监督,着力改进对领导干部特别是一把手行使权力的监督,加强领导班子内部监督。要强化公开,依法公开权力运行流程,让广大干部群众在公开中监督,保证权力正确行使。"这些要求落实到地方高校二级学院,要求我们必须建立健全民主科学的决策运行机制,强化权力运行的制约和监督,阳光操作,公开透明,保证决策有效实施,而深入推进院务公开是实现上述要求的根本之策。

一、地方高校二级学院推进院务公开面临的新形势和新要求

地方高校快速发展的迫切需要。在高等教育快速发展大背景下,许多地方高校二级学院虽有发展的要求和良好愿望,但由于受经费和人员等条件限制,在

想方设法完成教学科研任务同时,难以在民主决策和民主管理等方面进行深入思考和投入更多精力,出现了一些重规模轻质量、讲发展淡民生、求效益弱管理等发展中问题,院务公开情况不尽如人意。

深入推进校务公开的需要。所谓校务公开,就是在法律、法规条例规定的范围内,通过教职工代表大会这一基本载体及其他形式,将涉及学校决策、学校建设和发展、教职工和学生切身利益、干部廉洁自律等方面的一些重要情况,实时、规范地向教职工和学生公布的一种形式。院务公开作为校务公开的延伸和拓展,是校务公开在二级学院的主要体现形式。深入推进院务公开,实质是校务公开的具体化,是实现决策民主化、科学化的重要举措,是调动教职工积极性、维护其合法权益、深化教育改革、创建和谐校园的有效途径,也是学院民主行政的有效途径。

民主治校、和谐校园建设的需要。我国《教育法》《教师法》《高等教育法》《工会法》等相关法律法规对高校民主办校做出了明确规定,高校必须依法办校,民主治校,这样才能顺利实现高等教育的目标任务。地方高校二级学院作为地方高校实施人才培养、科学研究、社会服务和文化传承创新的基本单位,力求通过自身的改革发展,在竞争激烈的教育大潮中争得一席地位。改革必然涉及师生员工的切身利益。为了维护师生切身利益,调动师生工作积极性,必须广泛倾听并吸收师生员工有益意见和建议。同时,随着校院二级管理模式的推进和深化,二级学院管理权限和职能越来越强化,迫切需要建立健全更加科学合理的民主决策机制,保证学院各项权力的规范运作和阳光行使。因此,推进院务公开,依法将广大师生员工普遍关注的院务运行情况公布于众,让师生员工参与民主管理和监督,是民主办学、依法治校的具体实践,是高校加强依法行政、建设和谐校园的一项重要举措。

学校党风廉政建设与反腐败斗争的需要。新形势下,高校反腐倡廉的任务更艰巨,对象更复杂,要求更高,只能加强,不能松懈。二级学院作为高校抓党风廉政建设的前沿阵地,必须重视党风廉政建设的意识培养,强化党风廉政建设责任,规范党风廉政行为,才能培养更多更好地、将来能够经得住"糖衣炮弹"的社会有用之才。对地方高校二级学院来说,党风廉政建设主要方法就是推进院务公开,让师生群众来评价和监督,促进权力阳光运作,管理规范透明。

深入推进群众路线教育的需要。中共中央决定从 2013 年 6 月起,利用一年左右的时间,自上而下在全党深入开展党的群众路线教育实践活动。高校作为基层单位,按照中央要求开展了群众路线教育活动。群众路线的要义是"从群众中来,到群众中去",从群众中来,就是要集聚群众的智慧,充分听取群众的意见和建议,以便于我们做出科学决策;到群众中去,就是要向群众公开,让群众来评价和检验我们的决策科学性。对地方高校来说,深入开展好群众路线,必须将群众路线教育的内涵和精神实质落实到二级学院党组织,广泛发动群众,充分倾听群众的声音。

二、地方高校二级学院推进院务公开存在的问题

认识不到位。地方高校虽然在院务公开方面做出了一些有益尝试和努力,但仍存在一定程度的思想认识不到位的问题。主要表现为:一是对重要性认识不足。二级学院与机关职能部门相比较,其工作涉及的人、财、物等重要环节不多,一些人认为抓党风廉政建设,搞院务公开与自己关系不大,不把其视为重点。二是存在"怕麻烦"思想。由于二级学院教职工人数相对较少,教学、科研和学生管理任务一般较重,一些同志担心重视院务公开工作会影响自身的工作效率,影响到学院重点工作的开展推进,给自己添麻烦。三是领导干部怕"分权"。一些学院的主要领导干部一直都是个人说了算,认为自己就是学院"主人",自认为一心为学院谋发展,没有私心,实施院务公开大家意见难统一,会影响到个人威信的树立。

公开不到位。院务公开核心在"公开",如何公开?公开是否到位?里面大有文章。从地方高校实施情况来看,许多二级学院表面上响应上级号召,实施了院务公开,但在公开的内容、形式、过程等方面不到位。

制度不到位。地方高校二级学院院务公开工作机制需要健全完善。对院务公开工作内容是否真实、全面,公开是否及时,程序是否符合规定,教职工反映的

意见是否落实等,虽然许多二级学院都有一些院务公开方面的规章制度,但存在制度缺失或制度不全的现象,而且制度具体执行环节缺少有效监督,甚至许多事项根本没有人来监督,直到问题出来后,才想法弥补挽救。有的二级学院虽然设置了督导组,建立了《教职工代表大会制度》,也定期召开教代会和工代会,但没有落到实处,监督流于形式。学院工会机构虽有监督权,但由于地位和身份的特殊性,难以发挥监督作用。

经费不到位。院务公开工作必须有一定的经费支撑,学院领导要重视并落实,但有的学院本身经费就紧张,将有限的财力投入到学院重要发展事项上,导致许多工作没人愿意做,或者没法做。有的领导甚至以少开会、经费紧、没专项为借口,将落实院务公开工作"靠边站"影响到院务公开的有效推进。

三、地方高校二级学院推进院务公开的主要内容

院务公开主要内容包含五个方面:目标、内容、形式、过程和结果,结合上述问题剖析,笔者认为,要想较好地推进二级学院院务公开工作,必须从以下几个方面加以推进:

理念公开。思想是行动的先导。没有观念的突破,便没有行动的自觉。提高广大师生对推行院务公开工作的思想认识,是做好地方高校二级学院院务公开的前提。强化师生在学院发展中的主人翁意识,调动他们参与学院工作的积极性与主动性,鼓励他们为学院事业发展做出努力和贡献。理念公开的关键在于领导干部,核心在制度健全。领导干部能否贯彻执行好规章制度、重视并推进院务公开工作,对院务公开工作有效实施起着决定性作用。学院应该有目的、有计划地开展关于社会主义民主法制和民主治校方面的宣传教育,提高认识,统一思想。通过不断的学习、参与和思考,使大家充分认识推进院务公开的重要意义。推进院务公开不仅是民主办院、科学办院的根本,也是凝聚人心、构建和谐学院的重要途径。

实务公开。理念公开主要解决认识上的问题,实务公开则主要解决公开内容形式方面不到位的问题。高校二级学院是一个知识分子相对集中的特殊群

体,大家的民主意识较强,希望得到尊重,讲求务实。推行院务公开,必须讲求实效,务必杜绝搞形式、走过场。在院务公开的内容选择上,一定要抓住重点、热点和难点,及时公开那些涉及学院改革发展的重要决策,及时公开涉及师生切身利益的问题,包括干部选聘、职称评定、福利待遇、考核评优、进修深造,等等,不仅要公开起因结果,更要公开决策思路和方法,这样才能得到师生的理解和支持。公开要到位,必须事先充分酝酿,广泛征求师生意见。院务公开必须实实在在,不能表面公开而是实质公开,不能局部公开而是整体公开,不能只公开结果而不公开过程。

经费公开。院务公开的一项重要内容是经费公开,这是师生员工关注的热点之一。二级学院的经费有限,如何用好经费,如何将有限经费用在刀刃上,教职工关注度较高。二级学院财权相对独立,在预算框架下二级学院有一定的自主支配权。经费公开主要包含:学院财务收支情况、涉及教职工津贴等人头经费、大额经费的使用、预算执行情况、教职工福利等。

制度公开。院务公开必须有制度支撑,制定完善相关公开制度是二级学院推进院务公开首先要做好的工作。二级学院可以根据工作需要制定《党政联席会议制度》《教职工代表大会制度》《党委(或总支)会议事规则》《学术委员会会议》《教学委员会会议》《学位评定委员会会议》等一系列规章制度,通过制度的全面和完善,保障院务公开的实施。这些制度是学院进行民主管理、实现学院决策公开和接受群众监督的基本保证。有了制度,还要考虑制度的宣传和实施,要将制度向师生进行广泛宣传,让大家了解制度的内容和要求,便于大家监督制度的实施。

渠道公开。院务公开的渠道很多,选择应是多环节、全方位的。从目前情况看,基本形成了以教代会为主体,其他形式多方补充的公开模式。坚持教代会(或教职工大会)制度,教代会(或教职工大会)作为学院民主管理和监督的基本组织形式,已经形成了一整套较为完备的规章制度和操作程序,具有较高的规范性、严肃性和权威性。学院管理中的一些重要问题在教代会(或教职工大会)上公开,既有利于集中群众的智慧,又有利于充分调动广大教职工的积极性。坚持党政联席会议制度,将学院重要事项、规章制度、重点工作通过党政联席会议形式,集体商议,集体决策,党政共同负责,共同担责。定期召开各种类型的会议,通报情况,听取意见,解答问题。开辟院务公开栏,要充分利用学院网和短信平台来开展院务公开工作,特别是利用好网络媒介,建好网络公开平台,扩大公开的范围和速度,提升公开效率。

四、围绕"五权"探索地方高校二级学院院务公开新途径

院务公开较好地体现了师生群众"五权"。院务公开是地方高校二级学院管理工作的民主化要求,是学院领导能够真正发挥作用的基础性工作,是尊重民意、赢得民心、还政于民并进而发挥师生员工积极性、创造性的富有政治意义的重要工作,它较好地体现了师生群众的表达权、知情权、参与权、监督权、得益权。院务公开的目的体现了群众路线的群众表达权。坚持院务公开,让广大师生员工了解院务,关注院务,参与监督。把表达权交给群众,有利于发挥师生群众的主人翁和民主参与意识,强化共同目标任务意识,增强凝聚力和战斗力,提高办学效益。院务公开的内容体现了群众路线的群众知情权。院务公开的内容是看得见摸得着的,围绕学院中心工作,把师生群众最关心、最需要了解的问题实行公开,让群众及时知晓学院的重点、热点问题,知情善思,方能提出好的意见和建议,便于正确决策。院务公开的形式体现了群众路线的群众参与权。院公开的形式多种多样,不管是哪一种形式,目的都是一致的,让群众知悉公开的目的和内容,让群众参与进来,依靠集体和群众的智慧,科学决策,有效实施。院务公开的过程体现了群众路线的群众监督权。群众是院务公开的积极参与者,也是监督院务公开的主要力量。院务公开的过程,就是解决群众普遍关心的热点、难点问题,为群众办好事、办实事的过程。院务公开的结果体现了群众路线的群众得益权。院务公开的结果是院务公开目的、内容、形式和过程的最终呈现,直接或间接地体现了师生群众的利益,不管是显性的物质经费利益,还是隐性的政策发展利益,都会受到师生的关注,师生都会从院务公开中得益。

师生群众"五权"工作法是一个递进的过程,从行使表达权,到最终得益权,从征求意见→通报情况→参与议事→监督实施→体现利益,循序渐进,逐层深入;也是一个循环的过程,得益后,又可以进行反馈,听取师生意见,全程发挥师生群众的主体意识和责任感,调动师生群众参与表达的积极性主动性。

原文载《国家教育行政学院学报》,2015年第7期:32-35

美国高等教育阶段学生资助制度分析及启示

姚 军

摘 要:美国有着世界上最为发达的高等教育资助体系,其大学生资助工作呈现资助理念多元化、资助法制健全化、资助性质多样化、资助效益最优化、资助覆盖面广等特点,这大大增加了大学生的受助机会,为高等教育发展提供了强大的物质保障,有效地促进了教育公平。文章在介绍分析美国高等教育学生资助制度的同时,探讨了借鉴美国高校学生资助工作的经验,进一步提高我国高校学生资助工作水平的多种可能性。

关键词:美国高等教育;教育公平;学生资助

美国高等教育在世界上最为发达,其学生资助工作体系也最为复杂和发达。在美国,无论公立还是私立高等院校,全部实行收费制,且高校收费差距很大:公立和私立有别,名牌和普通有别,热门专业和冷门专业有别,州内和跨州有别。大学学费占总支出的40%,少则几万美元,多达十几万美元。面对高昂的学费,经济困难学生接受高等教育可以说是望而却步。为解决贫困大学生入学问题,保障教育机会均等,美国政府从优化资助法制环境入手,多层面积极探索有效的学生资助模式,其资助工作成功经验成为世界众多国家借鉴的范例。

一、多元、效率、公平:美国高等教育学生资助制度的特点

美国大学生资助工作呈现出资助理念多元化、资助法制健全化、资助性质多

样化、资助资金多渠道、资助项目多层次、学科分布差异化等特性,这种"混合资助模式"大大增加了大学生的受助机会,为高等教育的健康发展提供了强大的物质保障,有效地促进了教育公平。

（一）资助理念多元化

美国的高等教育资助理念呈现"宗教、慈善"、"人人生而平等,为了国家利益"、"人力资本投入"和"高等教育机会均等"、"扩大选择自由"、"成本分担"等多元并存的局面,其中教育成本分担理念是目前占主流的理念。教育成本分担受多种因素制约:一是国家经济发展状况,二是家庭收入水平,三是高校培养学生成本,四是学生毕业后社会收入差别。政府在制定学杂费标准的过程中,会充分考虑学费占人均收入的比重及学生生活成本,在制定资助政策的过程中,坚持高等教育受益各方责权统一原则,受益多的多分担,受益少的少分担。

（二）资助法制健全化

美国每项高校资助计划都以立法的形式,以法令法案带动资助,保证了资助工作的公正性、合法性和社会参与性。同时,国家根据社会发展的实际需求,会不断修改完善相关资助政策。1965 年通过的旨在促进教育公平的《高等教育法》在美国高校资助事业发展中具有里程碑意义。这是第一部完全以学生经济需要为基础决定资助的法律,它授权提供了多种资助方案,从而构筑了美国多元资助模式的基本框架[1]。1972 年通过的《高等教育法修正案》扩大了高校资助对象,将中等收入家庭列入其中;1978 年,国会通过了《中等收入家庭的学生助学法》(MISAA),提高申请"基本教育机会助学金"的上限,取消申请"国家担保贷学金"的家庭经济状况调查的限制,这样使得学生资助的范围得到更大的扩展;《高等教育法 1980 年修正案》设立了"学生家长贷款计划";《高等教育法 1986 年修正案》设立了"学生补充贷款计划";美国教育部分别在 1986 年、1989 年和 1991 年提出了新的学生贷款的管理细则;2007 年通过了《大学成本节俭法案》(CCRAA)。2009 年美国教育部修订了"根据收入还款计划"(Income Based Repayment,IBR),简化贷款程序,降低还款上限、设置年限及服务行业免除贷款政策等,这一修订案于 2014 年 7 月 1 日正式生效。最近,美国涉及教育资助改革的最新法案主要有两个,一是《2009 年美国经济复兴和再投资法》,加大贷款投放,增加资助标准[2];二是《2010 年医保与教育协调法》中的 SAFRA,即《学生资助和财政责任法》。这些法律的颁布为大学生享有更多的受资助机会及公平资助权利提供了法律上的保障。

(三)资助形式多样化

美国资助形式多元混合表现在:资助机构多层次、资金来源多渠道、资助性质多样化、资助项目层次化、学科分布差异化。美国政府、民间机构、慈善机构、公司企业以及成功人士都设立了不同金额的奖助学金,投资高等教育已成为全社会共同关注和参与的行为,从而保证了资助资金的丰富来源。其中,政府投入最大,占主导地位,资助标准大大高于我国,且没有指标限额。贷款形式多样:既有政策性贷款,也有商业性贷款;既有面向特困学生的贷款,也有面向一般贫困生的贷款,更有面向中产阶级家庭的贷款。资助从性质上可以分为"赠予性资助"和"延迟付费性资助"两大类,奖学金、助学金及勤工助学都属于"赠予性资助",而助学贷款则属于"延迟付费性资助"。贷款还款充分考虑大学生毕业后的收入情况,形式灵活,期限长,并且还设置合理有效的贷款减免、代偿制度。当然,责权一致,美国也借助网络技术建立相对完善的诚信体系,对学生的就业去向、收入状况、偿还记录及信用等级进行追踪,以避免大学生"贫而获助,助而失志,无志不学"的现象出现。同时,还设置较为严厉的惩罚制度,如不按合同及时还款会受到以下处罚:一是失去申请延期还款及债务免除的资格。二是将其情况报告给信用局,其信用评价受到损害。严重者交专门的追债机构进行追讨,对恶意拖欠者诉诸法律,申请法院强制执行。对于学生贷款拖欠率达 40%,或连续三年拖欠率达到 25% 的高校令其失去获得贷款的资格。美国通过比较完备的偿还机制发挥作用,其高校助学贷款还款率达 85%,是世界上还款率高的国家之一。

(四)资源效益最优化

美国大学生资助金额实行量化计算,"资助包"配置。"资助包"是将大学生所有受资助的项目整合打包,按照其经济资助需求来安排供给,使所有资助资源统筹考虑,合理配置,从而发挥其最大效用。经济资助需要＝上学成本－预期家庭贡献。如学生获得其他资助,就必须主动报告,以便及时调整。联邦政府法律规定:禁止联邦政府资助获得者的资金超过他们的实际需要,一旦发现报告不准确,该学生就可能被取消全部资助资金。同时,学生资助机构完善,从而为资助资源的优化配置提供了保障。美国联邦政府成立专门的学生贷款中心和催还款机构,各高校均成立了学生贷款办公室,对学生经济资助工作进行服务和管理,并进行咨询和指导。

（五）资助覆盖面广

总体来看,在美国公立学校就读的全日制本科学生近50％可以接受各种各样的资助;研究生的资助覆盖面更大:硕士研究生达到85％以上,而博士研究生达到95％以上。另外,缘于美国多元混合资助模式及资金来源渠道多元化,其各类学生资助总额度大大高于我国高校各类学生资助总额。美国研究生获得的资助不仅可以抵付全部学杂费,并且还能满足大部分生活费,在很大程度上弥补了学生经济上的困难,可以不被经济问题所困扰,使学生全身心地投入到学业中去。20世纪中叶以来,美国高等教育经历了精英化、大众化阶段,现已达到较高水平的普及化阶段,贫困大学生资助模式实现了"以政府投入为主"到"政府主导、多方投入"的转变,从"以无偿资助为主"到"有偿资助"的转变。

二、美国高等教育学生资助制度对我国高校学生资助制度的启示

我国高校学生资助制度从1987年开始,历经数次重大变革。2007年《国务院关于建立健全普通本科高校高等职业学校和中等职业学校家庭经济困难学生资助政策体系的意见》为我国高校资助工作提出了方向和原则。经过数年的实践和不断努力,目前,我国已经初步形成了"奖、贷、助、补、减"及入学"绿色通道"六位一体的资助体系[3]。我国大学生资助金额从2007年的416.08亿元逐年增长到2012年的547.84亿元,资助水平不断提高。但是相关专家、学者的研究指出:我国高校学生资助体系覆盖面虽高,但是资助力度不够、资助人的认定界线

不清,学生存在"等、靠、要"的惰性思想、受资助人责任不明确等,这些问题影响了资助政策的实施效果[4]。美国高等教育学生资助制度,为我们结合国情进一步做好贫困生资助工作提供了有益启示。

(一)构建政府主导、投资多元的资助模式

根据成本分担理论,着力构建以政府资助为主、社会及学校资助为辅、家庭和学生自助的多位一体的资助体系。政府的主导作用不能弱化,哈贝马斯曾对美国联邦政府把高等教育推向市场、逐步弱化资助责任的趋势进行了无情的批评,他指出这是"把精心考虑的公共领域残余出售给追求利润最大化的金融投资者,把文化和教育的命运交付给随着市场波动而变化的资助者的利益和情绪"[5]。我国政府应在加大教育投入的同时,通过相关资助法律法规、优惠政策,鼓励和吸纳各种社会资源参与到资助工作中来。社会资助主要是非政府组织或个人面向高校设立的奖、助学金。美国高校根据企业需要,要求受企业资助学生到这些企业工作一定年限的做法值得我们借鉴。我国也有一部分高校在这方面作了积极探索和有益尝试。我国的各高校也应通过校企联合办学,扩大特殊技术专业学生定向培养,争取更多的国家科研基金等方法,扩展和吸纳多种助学渠道及资金,形成立体的资助格局,为贫困大学生顺利完成学业提供保障。

(二)"家庭经济困难学生认定"需要进一步规范

美国有一个"家庭预期贡献"公式,经济资助需要=上学成本-预期家庭贡献。上学成本=学杂费+书费文具+食宿费+交通费+其他费用;预期家庭贡献=(家庭收入+财产+学生个人积蓄)-(平均生活开支×家庭人口)。计算虽然复杂,但能比较客观真实地反映学生的家庭经济状况。高校学生资助管理部门要建立健全贫困生信息库,动态掌握其学习、经济状况和诚信状况。另外,还应该搭建网络平台,使政府民政部门、高校资助部门和勤工助学用人单位的信息能够共享,对贫困生进行定期普查或跟踪回访,及时更新管理信息,提高资助工作效率及透明度。

(三)加大贫困生资助覆盖面

2009年美国大学的各类奖助学金达到2 300多种,每年大约75%的学生受到不同形式资助,其中45％属于助学贷款,55％属于奖助学金及税务减免。我国国家奖学金资助面大约为0.3％,国家励志奖学金资助面大约为3％,国家助学金资助面大约为20％。至于助学贷款,2008年的资助面仅为3.14％(张燕军,2010)。总的来说,我国高校贫困生资助工作存在资助品种少、资助面低等现象。

(四)最大化发挥资助资金效益

当前,我国高校各项资助措施的资助目标和标准,以及它们在对学生整个资助体系中应处的位置、应担当的职能、所占的资金比例等界限不清。如何将这些资助尽量帮助学生解决困难,尽量帮助更多的学生解决困难,而尽量减少出现过度资助和资助不到位现象,发挥资助资金的最大化"效益",可以借鉴美国的"资助包"做法。从而解决资助项目组合与贫困生阶层相对应的问题,使资助政策与贫困生阶层相适应,同时使学校复杂的资助工作变得简单易行,更加便于操作。

(五)有偿资助为主,增强育人功能

美国赠予性资助比例较少,有偿资助比例较高,这有利于使贫困大学生在感受来自政府和社会关怀的同时,增强社会责任感及感恩意识,实现资助育人功能。相反,我国资助方式中赠予性的比例偏多,我们应借鉴美国的做法,向有偿资助转化,弱化无偿资助。同时加大助学贷款力度,推行贷款减免和代偿制度,由政府和高校共同出资,设立高校勤工助学岗位,使更多的贫困生能自助。相关调查表明,大学生对资助方式的倾向率依次为:勤工助学→助学贷款→减免学费→奖学金→困难补助→社会资助,说明绝大多数贫困生具有自立自强意识,更倾向于接受有偿资助模式。另外,还要加强对学生的诚信教育,国家助学贷款要按时还款,和社会资助单位签订的就业协议要严格履行。

原文载《江苏高教》,2017年第10期:153-155

参考文献

[1] 许桂清.试谈美国高等学校的大学生资助方式[J].沈阳师范学院学报(社会科学版)，2001(6):77-80.

[2] 王志强.2009美国复苏与再投资法案教育项目解读[J].比较教育研究,2010(4):62-66.

[3] Yang，P. Who gets more financial aid in China：A multilevel analysis[J]. International Journal of Educational Development，2010,30(6)：560-569.

[4] 杨钋.高校学生资助影响因素的多水平分析[J].教育学报,2009,5(6):80-90.

[5] 蓝汉林,高靓,金帷.美国联邦学生资助体系的变革[J].教育发展研究,2010(7):58-65.

地方本科院校构建现代大学制度的思考

宋晓蕾

摘　要：地方本科院校在构建现代大学制度的过程中，要运用哲学思维，从关系的角度来系统分析和整体把握，找到切入点和落脚点。在坚持共同内核和突出个体特征之间保持张力，在优化内部治理与推进外部治理之间互动耦合，在遵循育人规律和彰显办学特色之间兼顾统筹，在展示现代性与确保有效性之间切合匹配，在追求应然价值与解决实然困境之间缩小裂痕。

关键词：地方本科院校；现代大学制度；思考

　　构建现代大学制度既有"规定动作"也有"自选动作"，不同类型的高校面临的难度、复杂性也不相同。从数量上看，地方本科院校是我国高等院校的主力军；从招生数看，地方本科院校承担了大众化高等教育的主要任务。与其他类型的高校相比，地方本科院校具有与众不同的历史和现状，其构建现代大学制度的状况如何直接影响我国高等教育构建现代大学制度的整体水平，更是贯彻党的十八届三中全会提出"创新高校人才培养机制，促进高校办出特色争创一流"的迫切要求。地方本科院校在构建现代大学制度的具体操作中，应运用系统性、综合性、辩证性的全域分析方法，探索构建现代大学制度的方法和途径。

一、在坚持共同内核与突出个体特征之间保持张力

　　现代大学制度是由共同内核和个体特征组成的复合体。在高等教育国际

化、大众化、现代化的历程中,我国已经初步建立并形成了多元化的高等教育体系。不同层次、不同类型和不同运行机制的大学,其办学理念、师生规模、内部结构、对外关系等存在巨大差异,不可能用某种具体的大学制度去管理形态迥异的大学。

在我国,"党委领导、校长负责、教授治学、民主管理"是所有高校构建现代大学制度必须坚持的共同内核,现代大学制度的构建不能脱离现行政治体制和教育管理体制的框架。地方本科院校以大学的本质和特性为根基,以地方历史文化传统为土壤,在坚持共同内核的基础上,应该根据学校的定位、层次、归属等个体特征探索适合自身发展需求的具有个性特色的大学制度,突出地方性和校本性,赋予制度以现实的力量,实现自我发展、自我管理、自我约束的有机统一。如探索建立董事会制度,由地方政府中的教育部门、财政部门、发改委、人社局和学校党委、行政等负责人担任董事会成员,由学校党委书记担任董事长和法人代表,与党委领导下的校长负责制一致。校长相当于企业的 CEO,具体贯彻落实董事会决议,这样就解决了"权责不清"问题,理顺了学校内部关系,决策责任由一把手负责,即党委书记、董事长负责,执行责任由校长负责,这种探索对地方本科院校来说具有一定优势。又如地方本科院校在改革人才培养制度、产学研制度、专业学科建设制度等都要考虑地方的产业结构调整、人才需求等经济社会发展状况,突出地方性,彰显个体特征,从趋同到求异,否则制度改革难以成功。正如康德尔所言:"学校之外的事情比学校内部的事情更重要,它们制约并说明校内的事情。"[1]大学是遗传与环境的产物,大学制度也是遗传与环境的产物。现代大学制度具有多样性,与高等教育的层次性相适应。地方本科院校构建现代大学制度应从实际出发,有所改变、取舍或彻底变革,避免邯郸学步或东施效颦。要在坚持共同内核与突出个体特征之间保持必要张力,克服非彼即此的思维定式,避免走极端。

二、在优化内部治理与推进外部治理之间互动耦合

大学治理是现代大学制度的核心部分。大学治理包括内部治理和外部治

理,前者是指大学为履行基本职能所构建的教学制度、科研制度、教职员工管理制度等,涉及党委与行政的关系、学术权力与行政权力的关系等,主要以大学章程来规范学校的管理,制约各种权力的运作。后者是指大学外部的制度安排及其环境,如教育行政部门对大学的管理、社会力量对大学的制约等,涉及大学与政府的关系、大学与社会的关系以及大学与其他大学的关系。处理好这两类治理有助于协调大学的内部关系和外部关系,使矛盾以制度化方式得以和平解决,从而变对立为对话,变单赢为双赢,变冲突为合作,促进现代大学制度的构建。地方本科院校在改革和发展过程中,面临内部关系难优化、外部关系难处理的困境。就内部而言,学术权力难以与行政权力制衡,行政权力过多介入学术事务,甚至包办学术事务,学术权力的主体及学术组织作用淡化。一些学术组织要么形同虚设,要么泛化为行政组织,有效作用难以发挥。就外部而言,存在着"二级办学三级管理"、"三级办学二级管理"等问题。地方本科院校与地方政府的关系似乎演变为一种依附关系,导致地方本科院校领导难以完全遵循高等教育规律,习惯于盲目揣摩并服从地方政府意志,更多关注如何从地方政府获取更多资源。大学治理是地方本科院校构建现代大学制度的基石,是依法自主办学必然选择,其实质是建立能够应对内部冲突以及高校与社会矛盾的决策权结构。完善外部治理有利于改变地方政府集举办权、办学权、管理权于一身的现象,完善地方本科院校的法人制度,协调大学与政府、社会的关系,获取并行使大学办学自主权,有利于营造良好的外部环境。良好的内部治理有利于规范内部各类关系,有利于决策权与行政权的相互制约和相互协调,促进管理的民主化、制度化、规范化,构建高效的运行机制。地方本科院校提高内部治理水平,推进外部治理,使二者互动耦合,必将大大促进现代大学制度的构建。

三、在遵循育人规律与彰显办学特色之间兼顾统筹

现代大学制度的设计要以育人规律为依据,充分考虑大学生的身心发展特点,有利于大学生德智体美劳等全面发展、协调发展。办学特色是高校在发展历程中形成的比较持久稳定的发展方式,是一所高校的优势所在。办学特色的形

成需要制度尤其是现代大学制度提供可靠保障。没有现代大学制度,办学特色无法转化为办学行为,没有体现办学特色的现代大学制度将走向"千校一面",生命力也不会强大。

《国家中长期教育改革和发展规划纲要(2010—2020年)》强调:"引导高校合理定位,克服同质化倾向,形成各自的办学理念和风格,在不同层次、不同领域办出特色,争创一流。"在日趋激烈的高等教育竞争的背景下,走特色办学之路成为高校生存与发展的必然选择。以特色求发展已经成为地方本科院校领导的共识。但是在现实中,违背育人规律的行为时有发生,特色趋同化现象比较普遍,严重影响到地方高等教育质量的提高和可持续发展,其根源在于现行的大学制度。地方本科院校构建现代大学制度,要考虑到发展特色学科、特色专业、特色产学研模式、特色人才培养模式等对制度创新提出的新要求,用制度体现办学特色。构建现代大学制度是地方本科院校彰显办学特色的必然选择,地方本科院校把办学特色渗透到现代大学制度之中,才能提高人才培养质量和综合竞争力。彰显办学特色却违背育人规律的现代大学制度将使地方本科院校培养的学生无法满足社会的需求,遵循育人规律却遮蔽办学特色的现代大学制度将使地方本科院校的发展步入困境。统筹兼顾育人规律与办学特色的现代大学制度将为地方本科院校提供活力源泉和创新环境。

四、在展示现代性与确保有效性之间切合匹配

现代大学制度建立在大学特有本体性和固有传统的基础之上,是传统因素、现代元素、未来质素的复合体,兼顾三者之间的内在逻辑,其现代意义并非完全断绝与传统大学的所有联系、抛弃大学与生俱来的内在本质和逻辑。当下所谈的现代大学制度始于以柏林大学为代表的"现代大学"所形成的"学术自由、教授治校、大学自治"等一系列制度。地方本科院校构建现代大学制度必须要增强现代性,即包含更新的办学理念、办学目标和办学定位,形成科学、理性的制度体系,且有利于解决发展中面临的矛盾和困难。现代大学制度是指能在特定时代背景下确保大学自身生存和发展的规则,有效性是衡量现代性的标准。有效性

包括效率和效益两点,即有效的现代大学制度一方面可以提高大学的工作效率,节约运行成本;另一方面,在履行基本职能方面获取显著的社会效益。"当改革扎根于富饶的土壤,与现有的体系和谐时,就比较容易得到实施。"[2]地方本科院校制定现代大学制度并非完全推翻现行的大学制度,而是按照"保留适用的、废止无效的、修订欠缺的、补充不足的"的基本要求,在广泛调研校情和地方状况的基础上,依据教育法律法规,对现有的制度进行分类清理、修订和完善,避免制度的重复、交叉和冲突,确保制度执行的有效性。地方本科院校增强现代大学制度的有效性要考虑三点:一要体现合法性。合法性是任何一个社会组织赖以存在的基础。现代大学制度的合法性是指其符合地方本科院校相关利益主体的合理需求和价值诉求。二要体现逻辑性,构建现代大学制度需要注意权利与责任的对称、制度设计的法律基础等,克服权宜性思维和行为习惯。三要体现可行性,即符合学校和地方实际,具有可操作性,制度的执行者易于把握和操作。有效性是衡量现代性的标准,现代性是确保有效性的基础。地方本科院校在构建现代大学制度的过程中,要以现代性作为出发点,以有效性作为支撑点,力求二者切合匹配,使现代大学制度的应有作用充分发挥出来。

五、在追求应然价值与解决实然困境之间缩小裂痕

大学制度改革是一项主观见之于客观的社会实践活动,有其自身的价值诉求。现代大学制度的应然价值体现在助推高校较好地履行基本职能,即确保为教学、科研和管理等活动提供可靠的制度保障,最大限度提高办学水平和育人质量。著名教育家夸美纽斯曾说:"制度是学校一切工作的'灵魂'。哪里制度稳定,那里便一切稳定;哪里制度动摇,那里便一切动摇;哪里制度松垮,那里便一切松垮和混乱。"[3]制度不仅是高校开展各种活动的要素,而且还构成了一种特殊环境,对高校正常运行起着重要保障作用。在高效的制度环境下,可使得高校内部人、财、物的作用得到充分发挥,各种资源的利用最大化,推动高校又好又快发展;相反,在低效的制度环境下,高校的发展必将受阻。有学者通过指数评价分析,认为从 1995 年到 2005 年学术权力在政府与高校之间的下

放程度指数仅从 0.611 变为 0.615[4]，变化很小，很显然，其根源是现行的办学体制。

在具体实践中，一些高校尤其是地方本科院校在实现基本职能方面存在力度不大、平衡性不强等问题。部分地方本科院校不充分考虑地方对应用型人才的需求，侧重培养研究型人才；科研项目没有与地方产业结构的调整很好地结合起来；教师对教学不够重视，教学质量不高；对地方文化的研究不深、传播不力。这些问题的存在意味着现行的大学制度有效性在递减，无法满足地方发展对地方本科院校提出的新要求、新需要。按照制度经济学的观点，制度决定效率，不同的制度对应不同的效率。同样的资源在不同高校的利用水平是不一样的，究其原因，是制度差异造成的。当下地方本科院校改革和发展遇到的困境追根求源是现行的大学制度存在缺陷，生命力日渐衰退，无法适应新形势下的地方高等教育。换言之，必须进行制度创新，即以现代大学制度代替现行大学制度。斯坦福大学用 10 年时间，完成由一所普通私立大学到世界一流研究型大学的转变，主要归功于该校实行了硅谷科技园模式，建立了开放的大学组织制度。芝加哥大学在 20 世纪 30 年代能够迅速崛起，其关键措施就在于建立了各种合作研究委员会制度。英国历史学家科班在分析了中世纪大学之后认为，制度建设与大学发展存在必然的关联，他强调："中世纪大学的历史加强了这样的观点，如果要使智力活动的契机不被消散，那么在取得学术成就之后，必须迅速做出制度上的反应。缺乏固定的组织，在开始时也许为自由探究提供机会，但是经久不息和有控制的发展只有通过制度上的构架才能得到。"[5]地方本科院校应立足于校情和地方情况，确定现代大学制度应有的价值诉求，在实践中解决困扰学校发展和改革的障碍和矛盾，最终提高育人质量。

原文载《江苏高教》，2015 年第 2 期：69-71

参考文献

[1] [美]艾萨克·康德尔. 教育的新时代——比较研究[M]. 北京:人民教育出版社,2001:7.

[2] 伯顿·克拉克. 高等教育新论——多学科的研究[M]. 杭州:浙江教育出版社,1988:283.

[3] 任钟印. 夸美纽斯教育论著选[C]. 北京:人民教育出版社,1990:243.

[4] 刘亚荣. 我国高校学术自主权变迁的实证研究[J]. 人大复印报刊资料·高等教育,
    2008(11).

[5] 伯顿·克拉克. 高等教育系统——学术组织的跨国研究[M]. 杭州:杭州大学出版
    社,1994.

论美国大学治理中的学生参与

马培培

摘　要：在美国，学生作为大学的重要利益相关者，其参与大学治理已
形成两种主要模式，一是完全由学生组成的正式组织参与大学治理，二
是学生代表在学校管理机构中参与治理。尽管美国大学普遍重视学生
参与治理，但关于学生参与治理的范围和是否应赋予学生决策权始终
存有争议。美国大学治理中的学生参与现状及其争议对我国的启示
是：学生参与大学治理的必要性已毋庸置疑，关键在于选择合适的时机
和采取恰当的模式。

关键词：美国大学；学生参与；大学治理

大学的有效治理应有能力吸纳各种利益相关者资源。"治理运行逻辑中，不
同利益相关者以各自资源贡献给大学，同时意味着他们换取了参与大学发展过
程、享有控制其组织剩余的相关权利。"[1]对大学而言，排斥任何一类利益相关者
都是不明智的选择，学生也不例外。更何况，大学的责任在于塑造有思想的公
民，大学理应成为学生演练政治参与的最佳场所，唯此才能为学生更积极投身于
社会做准备。

美国的大学治理主体有校董、学术领袖、教授和学生，这四类主体参与的各
种组织整合成美国大学治理的基本结构。学生是美国大学的重要治理主体，学
生个体以及由学生形成的组织是治理结构中必不可缺的构成要素，对大学治理
的有效性发挥着重要影响。

一、学生参与大学治理的动因

美国大学治理中的学生参与以 20 世纪 20 年代为时间界限,此前学生在大学中基本没有声音,仅 19 世纪末开始出现学生在选课、活动、选择住宿等方面的自由。20 世纪 20 年代至 60 年代初期,学生参与的意识逐渐平稳增长,60 年代初至 70 年代进入爆发期,之后恢复至较稳定的态势。美国大学近百年来之所以一直重视学生参与大学治理,主要有四方面动因。

1. 共同治理理念的兴起

大学共同治理简称大学共治。1920 年,美国大学教授联合会(AAUP)发表《关于教师在大学治理和行政中的定位和功能的报告》,对"校长、其他行政人员、教师在大学治理中究竟扮演什么角色提出了自己的观点,认为大学治理要形成一种'共同担责和全面合作的精神',该报告显示了'共同治理的雏形'。"[2] 1966年,美国大学治理董事会联盟、美国教育理事会及美国大学教授联合会联合宣布的《大学治理宣言》首次对"共同治理"给出明确的定义:"基于教师和行政部门双方特长的权力和决策的责任分工,以代表教师和行政人员共同工作的承诺。"[3]这一定义表明大学共治最初仅强调教师在大学治理中的合法地位。之后几十年内,美国高等教育的运行成本增加、国家呼吁教育机构承担社会责任、民众对远程学习的需求爆炸性增长,这些问题直接导致美国各州高等教育预算急剧波动,大学治理需要重构以使高等教育促进生产力并控制开销。[4] 在这一背景下,大学开始重新审视仅有教师和行政部门参与的共同治理理念。1990 年 4 月,大学教授联合会对《大学治理宣言》进行了修改,将学生参与治理作为大学共治的重要组成部分,指出:"大学机构中,学生群体与受托人、管理者和教师同样重要。然而,现在仍没有真正属于学生的主要部门。"[5] 声明以"学生的地位"为标题,用较长篇幅阐明学生参与大学共治的重要性、参与的障碍,以及学生应享有哪些参与共治的权利;声明还认为学校激励学生成为独立的成年人符合学生的意愿,大学必须承认这种意愿,允许学生在能发挥专长的领域形成对学校治理的影响力。

2. 学生参与意识的增强

20 世纪 60 年代之前,美国大学管理制度被视为替代父母责任的一种制度,大学管理者认为学生是无声的顺从者,学生也认为自己理应被置于大学教师、员工和管理人员的管控下。除非董事会自愿放弃决策的控制权并转授给学生,否则所有正式决策都是既定的、正式的且被法定授予董事会的受托人,学生理应置身事外。[6]20 世纪 60 年代初期至 70 年代,"美国大学受到国内反战思潮和国际反帝斗争的影响,学生开始积极关注政治并投身于政治运动。这种政治热情自然反映到大学校园内部事务中,由此激发了学生对参与学校管理的强烈需求。"[7]学生通过游行示威、占领校舍、劫持人质等暴力形式表达对参与学校管理的强烈需求,这次激进主义运动对美国大学传统管理理念产生转折性的影响。尽管随着这场革命的衰落,学生在大学机构决策中的意愿逐渐下降,但这场运动让美国几乎所有的大学都意识到,"一旦学生产生希望在大学管理发挥更大作用的念头时,学生就会变得异常活跃"[8]。大学要成功运行就必须认真考虑学生的需求,及时征询学生的意见,以便形成现成的安全阀,而不至于让学生未得到满足的需求和不满情绪积累到爆发的程度。大学从此将学生作为大学管理的必要组成部分。

来源多样化的学生进入校园也成为学生参与意识激增的重要原因。二战后,除高中毕业进入大学的传统学生外,其他类型学生也开始注册入学,如大量退伍军人、随着终身学习理念普及而学习欲望和需求增强的职场人士等,他们进入校园不仅改变了大学学习人口的结构及学习的目的,也改变了学生在高等教育机构中的自我角色预期。传统学生接受高等教育的目的是谋求合适的职业和个人的发展,退伍军人和职场人士作为社会公民和企业代表更倾向于审视大学的管理并希冀改变现状。

3. 对学生个体发展的促进

作为促进和丰富学生经历和体验的重要部分,学生参与大学治理具有重要的教育意义。乔治·科恩(GeorgeKuh)、约翰·舒(John H. Schuh)、伊丽莎白·惠特(Elizabeth J. Whitt)、安·奥斯丁(Ann E. Austin)、西奥多·米勒(Theodore K. Miller)、罗纳德·G.艾伦伯格(Ronald G. Ehrenberg)等人的研究表明,学生参与课外活动与学生的学习和个体发展直接相关,学术和课外活动中活跃的学生比不活跃的学生收获更大。安·奥斯汀二十多年的持续研究证实,参与大学治理对学生个体发展有着积极影响,他认为学生将最终成为引领社会变革的人,鼓励学生参与大学治理是提升领导力和社会责任心的策略之一。[9]此外,学生参与高等教育机构的共同治理被认为是高等教育引导学生成为公民角色的重要途径。在不断复杂化的民主社会里,大学教育的重要目标之一是培养学生的公民责任,如果能参与课程设置、为课程改革提出建议、选任和评价教师,在大学治理中拥有一席之地,就会在某种程度上增强学生的公民意识。

4. 消费主义的推动

20世纪中后期开始,消费主义成为美国社会的主导意识形态。消费主义观念在大学校园中的盛行深刻影响了学生和大学管理者。学生作为“消费者”的主体意识增强,他们开始重新看待自己和学校的关系,以消费者姿态主动介入学校事务。大学管理者也将大学视如企业,新的运作模式促使他们重新评估学生的角色、学生与大学间的关系。尤其当大学这一特殊的企业面临财务削减的压力时,学生的学费就成为重要财政来源,大学试图通过获得更多学费解决财政危机。因此,吸引生源的竞争变得激烈,学生“消费者”的影响力不断增强,他们的学习和生活满意度成为大学政策制定者和管理者越来越重视的问题。大学必须及时听取学生群体的声音,通过与学生合作的方式创造、传播和应用知识,使它提供的服务得到“消费者”的认可。至此,传统独裁制与家长式的大学管理模式被以合作和信任为特征的治理模式所替代。

然而,大学毕竟不是企业而是教育机构,有时学生与大学间客户与服务商之间的利益关系会产生负面影响。在消费主义主导下,什么是好的学生体验与提供具有挑战性的、高质量的教育几乎不相关。客户与服务提供商之间的利益关系不可避免地腐蚀师生间的信任关系,服务提供商一般鼓励客户申诉并将其制度化,这会直接导致大学教育质量的恶化。[10]

二、学生参与大学治理的模式

目前,美国大学治理中的学生参与已相对稳定和成熟,主要分为两种模式:一是完全由学生组成的正式组织参与大学治理;二是学生代表在学校管理机构中行使治理权力。

1. 学生组织参与大学治理

美国几乎每所大学都存在完全由学生组成的正式或非正式的各类组织,大部分是负责管理学生事务的学生自治组织,其中至少有一个正式组织不同程度行使参与大学治理的权力,它们名称各异。

在肯尼索州立大学,参与大学治理的学生组织称为学生治理联合会(Student Government Associations),该联合会与大学治理委员会和三个评议会(教师评议会、职员评议会、行政管理人员评议会)形成该校共治结构的主体。[11]其使命是:代表肯尼索州立大学的全体学生;联络社区所有大学生和社区成员共同治理大学;努力帮助学生获得学业等方面的成功;促进校园与外部环境接触;按肯尼索州立大学的律例、学生行为准则和评议委员会的政策保障学生的福利。[12]

圣芭芭拉城市学院的学生正式组织称为学生评议会(Student Senates)。学院的治理理念重视组织和董事会成员(包括教师、员工、政府和学生)间的团结协作,通过合作帮助学生成功是每个人在大学工作的目标。该校由若干委员会构成治理框架,学生评议会是框架的重要组成部分,学院鼓励并邀请所有学生加入学生评议会,选举期在每年春季学期或秋季学期,由大学副校长、院长和教师选择学生评议会代表。学生代表需要了解许多知识,如评议会法律、学生领导规则、团体动力学;还需掌握诸多技能,如沟通技巧、目标和预算开发能力、宣传技巧、媒体技术、大学共治理念和其他相关技能。[13]学生评议会以反映学生的需求和关注学生意见为宗旨,通过每周例行的会议讨论问题并采取行动,同时提供各种服务和开展各类活动,在学校治理中扮演着重要角色。评议会中的一些学生同时在学校各顾问委员会中作为投票成员，以个人代表身份参与学校治理。

学生会（Student Assemblies）是另一称谓的学生组织。在康奈尔大学，学生会又称为本科生政府。在院长办公室制定的学生政策范围内，学生会具有立法权，同时有权筹集活动经费并制定使用规范。[14]如果没有例外，学年期间的每周四都会举行例会。会议期间，康奈尔大学的每个学生都有机会向会议提交自己关心的问题。学生会每年春季将从本科生中选举19名代表，不同种族、国籍、性别，甚至同性恋、变性人、问题学生均可参加竞选。

尽管不同大学的学生组织名称各异，但它们具备许多共性，如较完整的组织架构，下设若干部门、建立了完备的规章制度、如期举行会议、保障经费充足（学生缴纳会费）等；它们还具备共同的职能即负责参与大学内部与学生利益相关的生活、学习和活动，对学生感兴趣的事务提出决策建议，确保学校管理层及时关注和解决学生事务，提供学生参与学校治理的途径。总之，学生组织提供了学生在校内质疑和挑战权威和权力的机会，无须担心由于言论而受伤害。

2. 学生代表在学校管理机构中参与治理

董事会是美国大学内部的最高权力机构，美国几乎所有大学都设有董事会。"作为大学的法人机关，董事会是美国大学法定的'拥有者'，是大学治理的最高权力机构。"[15]学生加入董事会是学生参与大学治理的最高形式。美国只有少部分大学的董事会有学生董事，且所占比例微乎其微。学生董事任期相较于其他董事要短，有些大学学生董事任期为1年，有些大学为4年，而其他董事任期通常为4年，有的学校为6年，个别州和学校除学生以外的董事任期长达十几年。据统计，1996年美国10所著名大学的298名董事会成员中，只有3名学生董事，其中普林斯顿大学39名董事中有2名学生董事；麻省理工学院74名董事中仅有1名学生董事。[16]其他8所大学没有学生董事，尽管普林斯顿董事会成员选举规则规定：从在校三年级、四年级学生以及近两年毕业校友中选举1名学生董事，结果2014—2015年董事会成员中，只有校友而没有在校生成为学生董事。[17]少数大学虽然没有明文规定，但一直有将学生会主席作为当然董事的传统，如北卡罗来纳州州立大学就是典型，目前该校董事会的13名董事中有2名学生董事,其中学生自治会主席为当然董事。在美国,该校学生董事所占比例已经很高了。

学生代表参与治理的另一种形式是,让董事会的学生董事同时作为校内的委员会委员。多数美国大学中的董事会下设各种委员会处理具体事务,各校委员会数目不一,委员会具体职责不尽相同,常设委员会有财政委员会、执行委员会、学术事务委员会、基建和土地管理委员会等。委员会通常有 5 名成员,既包括董事会成员,也包括非董事会成员(教师和学生)。校董事会的学生董事可参加一个或多个委员会,与学生直接利益关系不大的委员会则没有学生委员。多数情况下学生委员在委员会中没有表决权,只有在与学生关系较紧密的委员会中拥有表决权,如学生事务委员会、学术事务委员会、基建和土地管理委员会等。[18]伊利诺伊大学董事会下设四个委员会:学术和学生事务委员会,审计、预算、金融和设备委员会,治理、人事和道德委员会,大学医疗系统委员会。董事会主席任命四名董事分别作为四个委员会的主席主持工作,主席任期一年,由主席任命各委员会委员。学术和学生事务委员会有 7 名成员,其中 2 名为董事会的学生董事——大三的男生卢卡斯和大四的女生汉娜。汉娜同时作为治理、人事和道德委员会 4 名委员中唯一的学生委员,卢卡斯作为医疗系统委员会的唯一学生委员。汉娜和卢卡斯不是审计、预算、金融和设备委员会的委员。[19]

三、学生参与大学治理所引发的争议

在美国,没有人否认学生参与大学治理的重要性,即便有,也必须遵守法律。因为州法律规定大学必须保证学生参与治理的权利。然而,对不同个体和不同大学来说,学生参与治理意味着不同的意义,因此学生治理仍是有争议的话题,主要分歧在于是否需要扩大学生参与治理的范围、赋予决策权两方面。

1. 关于学生参与治理的范围

许多美国学者认为,尽管大学普遍重视学生参与治理,且已经赋予学生参与治理的权利,但目前状况仍十分有限。当下能直接参与大学治理的学生人数极少,且不能代表全体学生的利益。参与治理的学生代表一般不由全体学生民主

选举,而由大学管理者和教师遴选,尤其在对学校事务具有重要管理职能和决策职能的组织中,筛选条件极其严格。对于自治组织而言,成员的产生如果不是通过民主方式,该组织便不能代表全体成员利益,组织的利益相关者的权益就无法保证。西奥多·米勒等人认为,学生治理组织中的代表必须由全体学生民主选举,这样才能代表全体学生,否则学生组织将不具备实际代表性,学生治理将十分脆弱且不可能成功。[20] 在参与大学的事务范围方面,很多大学和学院的学生只具有校园边缘性事务的话语权,如决定学校餐饮服务的提供商、管理学生俱乐部等。学生参与更大范围事务和学校核心议题的机会比较少甚至没有,如学校战略规划、院系课程设置、教学方法、评价系统等,而这些事务是鼓励学生丰富有意义的经验的重要途径,是为学校管理者提供学生意见反馈的关键通道,更是学生实现有效参与治理的重要方面。

另一些学者则认为,学生参与治理范围的有限性是合理的。他们提出 20 世纪 70 年代左右学生参与管理的"爆发期",因学生介入学校事务过多产生的负面效应足以说明这一观点。亨利·罗索夫斯基列举了那个年代学生权力泛滥带来的深刻教训,强调并非所有事务都可用民主的办法。如果大学的所有决定都由学生、教师做出,会造成灾难性后果,如学术水平下降、教育使命感丧失等,不仅仅在美国,在 20 世纪六七十年代的欧洲同样有许多这样的案例。

2. 关于是否赋予学生决策权

大学董事会对学校所有事务具有最后决定权。参与董事会是学生拥有决策权的最高形式。有人认为,与 20 世纪六七十年代相比,学生参与董事会比例缩小的趋势反映出学生参与治理的决策权弱化,当前应扩大董事会中学生董事的比例。"根据 1969 年对美国 875 所高校的调查,有 88.3％的高校允许学生代表至少参加学校的某个决策机构。其中,2.7％的高校赋予学生在董事会中的投票权,41％的高校允许学生作为观察员参与处理诸如教师选聘、晋升和终身教职的委员会。"[21] 现在,绝大多数学校董事会已不再有学生董事,即便有,学生也不具有决策投票权,仅具备建议权和咨询权。历史较短的学校和私立大学普遍认为学生治理经验有限,对决策进程是否让学生参与比较犹豫。[22]调查表明,美国78.9%的受访者认为学生在学校决策中的影响不大,20.1%的受访者认为有些影响,只有1.0%的受访者认为有较大影响,其中90.5%的人认为学生在私立研究型高校中的影响不大。除学生外,其他所有学校群体都很好地参与了决策。[23]

罗纳德·G.艾伦伯格则从组织治理的角度指出了学生作为董事会成员的弊端。他认为,尽管人们期待董事会成员的多样化,但这也意味着董事会在监督方面变得更为软弱。"公司表面上只有一个目标,那就是赚钱。而与公司不同,大学或学院有多个目标。如果这些不同的目标在董事会中获得不同的拥护者,或者这些不同目标的相对重要性引起相当大的争论,那么整个董事会功能可能失调。高层权力的真空会致使更多的权力转移至校长或高校中的其他人员身上。"[24]学生虽然在董事会中很少有投票权,但他们的谈判权也会削弱董事会的整体权力,增强校长与董事会的谈判权。正如艾伦伯格所说:"几乎所有各类组织都承认,长期的联系——过去和未来——使人具有一种特殊的资历,应得到别人的认可。任何人都可以延长其任期,但即使其他条件全部等同,大多数企业还是尊重和奖励资深的人。之所以这样,是因为服务期限的长短,是经验和忠诚的标记,同时也表明短期职务不是个人追求的目标。"[25]

四、启示

在我国,完善大学治理结构成为高等教育改革和发展的重要课题,《国家中长期教育改革和发展纲要(2010—2020)》第四十条"完善中国特色现代大学制度",明确提出要"完善治理结构"、加强"学生代表大会建设"。可见,学生参与大学治理是我国完善治理结构的必然选择。然而,我国大学中并没有真正意义上的学生参与大学治理。美国大学治理中的学生参与现状表明,学生作为大学的重要利益相关者参与治理已得到普遍认可,且成为不可阻挡的趋势。我国学生参与大学治理的必要性已毋庸置疑,关键在于选择合适的时机和采取恰当的模式。

1. 合适的时机

所谓合适的时机，是指同时具备若干条件。理念上重视是最根本的前提条件，美国之所以如此重视学生参与，是由于学生参与意识的增强、共同治理理念的兴起、消费主义的推动和对学生个体发展的促进这四个动因的合力所致。现实中要落实若无相应的法律和制度作为保障，仅有理念将永远是空中楼阁。美国上至联邦、州，下至大学、学生组织均建立了完善的法律和规章制度。

我国目前仅研究人员在理念上呼吁，实践中高校内部管理者受传统观念的束缚，仍将学生视为单一的服从者，学生自身参与意识受到压制，所谓的学生自治组织只是任务的执行者，偶有参与治理也流于形式或浅层参与。从国家到省再到学校，没有形成完备的支持学生参与大学治理的法律法规和制度。因此，我国大学治理学生参与的时机远未成熟，要尽早实现学生参与大学治理，创造时机远比等待时机更可行，克服大学治理主体的旧观念和提高学生民主参与的意识，进一步完善国家法律和现代大学制度是创造合适时机的唯一路径。

2. 恰当的模式

美国关于学生参与大学治理的争议表明，大学生参与治理的模式虽已相对成熟并发挥作用，但仍处于探索期，有待进一步完善。对我国大学而言，美国的模式不一定合适。采用何种模式是一项重要课题。美国现存争议可为我国的模式构建提供两点借鉴：一方面，学生参与共治的程度不必如博洛尼亚学生型大学的模式和 20 世纪 60 年代至 70 年代那段时期一样激进，学生作为大学的重要利益相关者符合共治理念中的大学参与治理主体的多样化趋势，大学应尝试给学生参与决策的机会，尤其应保证通过民主方式选举学生代表和产生自治组织、扩大学生参与事务的范围、提高学生参与重要事务决策的可能性。另一方面，必须意识到，大学生并未成熟到有能力参与决策并承受决策结果的程度，且学生在校时间过短，无法进行可持续性的决策并为自己的决策负责，学生的特殊性注定他们无法获得与大学的其他利益相关者同等的治理权利。总之，我国模式的构建应在考虑学生特征的情况下，尽可能尝试不同模式，形成多途径参与的平台，确保学生有顺畅表达自己声音的渠道，并得到学校实质性反馈；同时创建合理的机制，让学生具有参与学校事关学生自身利益的事务的决策权。

原文载《高等教育研究》，2016年第2期：104－109

参考文献

[1] 龚怡祖.大学治理结构：现代大学制度的基石[J].教育研究，2009(6)：24.

[2] 刘爱生.美国大学治理结构的主要特征及其文化基础[J].外国教育研究，2014(8)：62.

[3][11][16] 于杨.现代美国大学共同治理理念与实践[M].北京：中国社会科学出版社，2010：66，85，102.

[4][6] HARRINGTON C，SLANN M. Modeling Shared Governance at the School and Department Level[J]. Academic Leadership，2011(9)：532.

[5] American Association of University Professrs. Statement on Government of Colleges and Universities[EB/OL].［2015－5－28］. http://www. aaup. org/report/statement-government-colleges-and-universities.

[7] 宋丽慧.学生参与——转型时期高校管理的视界[M].北京：北京大学出版社，2007：71.

[8] 迈克尔·夏托克.成功大学的管理之道[M].范怡红，主译.北京：北京大学出版社，2006：104.

[9][20][22] LIZZA J P. A Unique Paradigm：Student Governance and Higher Education[J]. Campus Activities Programming，2015(8)：13－15.

[10] PHILIP C. Student Engagement：Stakeholder Perspectives on Course Representation in University Governance[J]. Studies in Higher Education，2013(9)：1291.

[12] Our mission[EB/OL].［2015－5－28］. http：ksusga. wix. com/ksusga! about4/c20dc.

[13] College Committees[EB/OL].［2015－5－28］. http://www. sbcc. edu/departmengts/collegecommittees. php.

[14] Student Assembly[EB/OL].［2015－5－28］. http://assembly. cornell. edu/BSA/About.

[15][21][24] 欧阳光华.董事、校长与教授：美国大治理结构研究[M].北京：高等教育出版

社,2011:120,114,135.

[17] UniversityCounicil[EB/OL]. [2015-5-28]. http://www.ncsu.edu/about/university-
leadership/#university council.

[18] 刘宝存.美国公立高等学校董事会制度评析[J].高教探索,2002,(1):68.

[19] Board of Trustees[EB/OL]. [2015-5-28]. http://www.bot.unilinois.edu/
committees.

[23][25] 罗纳德·G.埃伦伯格.美国的大学治理[C].张婷姝等,译.北京:北京大学出版社,
2010:138,31.

地方工科院校服务区域经济社会发展实践研究

——以江苏省为例

李海莲　洪　林

摘　要：地方工科院校作为服务区域经济社会发展的主力军，在地方经济建设中起着越来越重要的作用。在对地方工科院校发展现状进行深入分析，对其社会服务的实践历程进行全面梳理的基础上，从高校、政府和企业三方面探讨如何更好地发挥地方工科院校的社会服务职能。

关键词：地方工科院校；江苏省；区域经济；社会服务

改革开放以来，我国高等教育完成了从精英教育向大众化教育跨越的阶段，江苏作为教育大省，2011 年年底高等教育毛入学率已达到 45%，高校从事科技活动人数达 52 776 人，位居全国前列，高等教育已经成为科教与人才强省的生力军，而占据高等院校半壁江山的地方工科院校，在地方经济建设和实现创新驱动战略的过程中更是起着越来越重要的作用。文章对江苏地方工科院校发展现状作了具体分析，并对其数十年来的社会服务实践进行系统梳理，以期对江苏省地方工科院校更好地开展社会服务，推动创新型省份建设有所启迪。

一、地方工科院校发展现状

地方工科院校是一个特定的高校群体，是指由省级及省级以下地方政府行政拨付经费，以服务区域经济社会发展为主的工科高等院校[1]。地方工科院校包含以培养应用型人才的本科院校和培养实用技能人才的高职高专院校,为方便论述,本研究主要是围绕本科院校现状来展开讨论。改革开放以来,截至2012年年底,江苏省有本科院校46所,其中部委属10所,地方院校33所,地方工科院校15所,占地方本科院校的45.5%[2]。为摸清地方工科院校的发展现状,以便更好地为区域经济服务,通过查阅文献,对江苏省地方工科本科院校的现状进行了调查。

(一)从地方工科院校自身发展来看

随着1994年江苏省提出"科教兴省"战略,1996年率先在全国做出扩大高等教育招生规模的决定,江苏高等教育迅速发展,2000年,高等教育毛入学率达15%,率先在全国步入高等教育大众化行列,地方工科院校也在发展大潮中蓬勃发展。统计结果表明,地方工科院校不论是在学生的数量和质量上,还是在师资力量上都有了很大的发展,但高层次人才培养和师资力量比例仍然偏小,有待进一步提高。具体表现为(其中2001年数据是根据《江苏教育年鉴》〔2002〕整理而来):

一是研究生的数量增长迅速,但在高校中所占比例较小。2001年江苏省地方工科院校在校研究生数仅为1 733人,2010年在校研究生数为12 993人,是2001年的7.5倍。2010年地方工科院校为14所,占地方院校总数的42.4%,其在校研究生数量仅为总数的10.46%和地方院校的23.7%,而仅有的10所部属院校的研究生在校生数达到总数的55.86%,显然,地方工科院校在高层次人才培养上的比例还偏小。

二是本科生招生数和在校生数规模趋于稳定,在全省本科生教育中占有重要地位。2001—2010年间,本科生的招生规模经历了一段上升期,使得工科院校的在校生数迅速攀升。2010年工科院校的本科生招生数为50 032人,占总数的31.09%和地方院校的41.11%,是2001年31 191人的1.6倍;在校生数为474 461人,占总数的29.77%和地方院校的41.11%,是2001年83 709人的5.7倍。可见,江苏省地方工科院校在本科生教育中占有特别重要的地位。同时由上述数据可以看出,2000—2010年高等教育毛入学率由15%提高到了42%,

而招生的增幅并不大,这说明地方工科院校的办学规模逐渐趋于稳定。

三是师资队伍不断壮大,但高级职称比例较小。2010 年地方工科院校的专任教师数为 39 401 人,是 2001 年 6 932 人的 5.7 倍。其中正高人数达到 1 891 人,是 2001 年的 4.4 倍,副高人数达到 10 992 人,为 2001 年的 5.7 倍,师资力量明显加强。中级和初级职称的人数较多,高级职称的比例仍然偏小。专任教师中正高、副高、中级、初级和无职称的比例为 0.10：0.63：1：0.42：0.08。值得注意的是,除了个别省重点建设和原部属划归省属的高校师资力量较强外,大部分地方工科院校显然还是比较薄弱,领军人物、拔尖人才和高层次的创新团队较为缺乏。

（二）从地方工科院校区域分布来看

1995 年江苏省开始组织实施教育现代化工程,并形成了苏南地区要率先实现教育现代化的战略构想,因此苏南地区高校发展迅速（见表 1）,其高校总数遥遥领先达到 89 所,占全省高校数的 69.5%,其中地方工科院校达 11 所,占全省地方工科院校的 73.3%。其次是苏北,地方工科院校为 4 所,占全省地方工科院校的 26.7%。而苏中地区的地方工科院校均为专科层次。统计结果表明:地方工科院校区域分布受其城市经济、历史和发展定位等因素影响,呈现出区域不平衡性,具体表现为:

一是与经济发展程度相关。经济发达地区,其高校发展的规模和层次较高,反之较低,呈现出区域的不平衡性。苏南地区的高校,无论是在数量、规模和层次上都较苏中和苏北地区高。作为地区生产总值最低的宿迁,其高校数仅为 2 所,且都是专科层次的工科院校。这说明地区经济总量决定着高等教育的规模和层次,而适应经济发展需要成长起来的高校必将是地区经济发展的"原动力",特别是当今经济由粗放型向集约型转换,更需要人才的支撑,地方工科院校的使命不言而喻。

表 1　江苏省地方工科院校区域分布

城市	高等学校数(所)	地方本科院校数(所)	地方本科工科院校数(所)	地方工科院校占地方本科院校比例(%)	地区生产总值(亿元)	区域	地方本科院校数(所)	地方工科院校数(所)
南京市	43	15	5	33.3	6 145.52			
无锡市	12	0	0	0.0	6 880.15			
常州市	9	3	3	100.0	3 580.99	苏南	23	11
苏州市	20	3	2	66.7	10 716.99			
镇江市	5	2	1	50.0	2 311.45			
南通市	6	1	0	0.0	4 080.22			
扬州市	5	1	0	0.0	2 630.30	苏中	2	0
泰州市	3	0	0	0.0	2 422.61			
徐州市	9	3	1	33.3	3 551.65			
连云港市	3	1	1	100.0	1 410.52			
淮安市	6	2	1	50.0	1 690.00	苏北	8	4
盐城市	5	2	1	50.0	2 771.33			
宿迁市	2	0	0	0.0	1 320.83			
合计	128	33	15	45.5			33	15

注:1. 数据来源于江苏教育和江苏统计年鉴(2012);

　　2. 民办高校、独立院校和中外合作办学未计入院校数。

　　二是区域高校布局的需要。如南京作为省会城市和历史文化名城,丰厚的文化底蕴和独特的地理优势使得它的高校数量在全国也名列前茅;而无锡、南通、扬州却都没有本科层次的地方工科院校,大多为综合性本科院校,如江南大学、南通大学和扬州大学,其中江南大学为部属综合性院校,它紧邻南京和上海,为人才引进提供了便利。因此,地方工科院校应理性分析自身所处的区域现状,明确定位和使命,避免重复建设和盲目求大、求高,办出特色,走特色精品之路。

　　三是城市建设历史的原因。如徐州,虽然地处苏北,但其历史文化悠久,从江苏省建省以来就是地级市的建制,是淮海经济区的中心城市,江苏省重点规划建设的4个特大城市和三大都市圈核心城市之一,也是目前苏北经济最发达的城市,2011年地区生产总值达3 551.65亿元,明显高于苏北其他城市,因此其高校的数量和层次都优于苏北和苏中其他高校;泰州和宿迁均为1996年撤销县级市时建立的地级市,城市的历史较短,尤其是宿迁市经济基础薄弱,正处在"兴市阶段",因此两者都没有本科层次的院校,不过这两座新兴的城市正成为独立院校设立的热土。根据高等教育适应性增长规律[3],在人均GDP达到2 000美元以前,可能出现一个经济社会发展和教育发展都十分迅速的阶段,而人均GDP达到5 000美元以上,经济社会和教育发展的步伐相对放慢,其中前者比后者指标放慢的幅度更大。从某种意义上来讲,苏北地区的发展潜力要大于苏南地区,尤其是目前人均GDP仍然低于5 000美元即32 294元的宿迁,仅为27 839元[4],仍处于迅速发展期。因此,作为经济发展比较落后、高校竞争力也较弱的苏北高校,应该把握时机、强化内涵、立足本土,努力在地区经济发展过程中寻找切入点,积极融入地区经济发展大潮之中,增强自身的服务能力并发展壮大。

四是与城市规划定位有关。如工业比较发达的苏州和常州,地方工科院校的数量也比较多,占据常州高校100%的地方工科院校,无疑对"常州模式"的探索具有十分重要的意义。然而同样是传统工业起家的无锡,未来的定位是重点打造文化产业,因此,相对而言,地方工科院校的层次较低。

二、地方工科院校社会服务的实践历程

社会服务作为高校的职能之一,是随着社会经济发展和建设需要,在人才培养和科学研究两项职能的基础上发展起来的第三项职能,在学术界,"高校社会服务职能"暂无统一的观点。本研究将其界定为:高校的社会服务是指在正常的教学与科研情况下,利用自身的优势与资源,主动参与社会经济、政治、文化、科技等活动,从而推动社会与高校全面发展。地方工科院校作为以服务区域经济社会发展为主的"地产"院校,其社会服务职能能否有效发挥,社会服务模式能否

紧跟社会发展进行相应创新,关系到地方社会的创新发展和高校自身的生存发展,最终影响到"科教兴省"和"人才强省"目标的实现。改革开放以来,工科院校在社会服务模式上作了不懈探索,社会服务取得了显著成效,按照地方工科院校的发展,大致分为3个阶段。

(一) 起步阶段(1978—1993 年)

1978 年全国教育工作会议的召开,吹响了全国高等教育复苏的号角,从此江苏省的高等教育事业走上了恢复和发展之路。改革开放初期,百废待兴,全省各个行业人才十分紧缺,人才培养成为高校在这一时期的主要任务。为加快人才培养,在十一届三中全会精神的指引下,江苏省把教育工作的重点确定为提高人才培养质量,通过引导全社会重视教育,对教育事业进行一系列调整,如南京建筑工程学院和南京化工动力专科学校合并成立南京工业大学等。为改变江苏高等教育小而全、小而散的局面,增强高校的综合实力,提高高校的社会服务能力,江苏省于 1992 年迈出了高校联合的步伐,这个时期一些底子比较好的地方工科院校先后并入综合院校,如南京能源工程学院并入东南大学,扬州工学院和江苏水利工程专科学校并入扬州大学等。因此,在相当长的一段时间内,地方工科院校的整体实力相对较弱,社会服务意识不够明确,社会服务的内容和方式比较单一,主要表现在:一是适应地区经济建设人才培养的需要,积极调整学科专业,提高人才培养质量,为地方经济建设提供人力资源;二是参与地方科学研究,着重进行一些应用型研究,为地方经济建设过程中出现的一些生产实际问题提供技术咨询;三是兴办校办产业,推动地方经济的发展和学校的办学效益。

这一时期地方工科院校整体实力比较薄弱,社会服务意识比较模糊,高校的社会服务能力弱,高校对社会发展的服务主要体现为培养社会主义现代化建设所需的人才上。

(二) 探索发展阶段(1994—2004 年)

1994 年,随着《中国教育改革和发展纲要》的颁布,江苏省将"科技兴省"战略充实为"科教兴省"战略,教育优先发展的战略地位在各地逐渐确立。2000

年,江苏高等教育毛入学率达 15%,率先在全国步入高等教育大众化行列,2004年高等教育毛入学率则达到 29%[5]。地方工科院校也在这支蓬勃发展的队伍中成长为 14 所,并积极探索社会服务的方法与途径。因此,整体上地方工科院校的办学实力有所增强,社会服务意识逐渐明确,社会服务模式有所拓展,社会服务主动性明显增强。主要表现在:

一是探索人才培养模式,为江苏"科教兴省"战略的实施提供人才培养服务。高等教育的扩招和高校办学自主权的扩大,为高校充分挖掘潜力,探索人才培养模式提供了契机,通过国际合作、校企合作、校校合作等方式优化办学资源,提高学生培养的质量。这一时期国际合作办学在苏南高校已是普遍现象,但在苏北的工科院校仍然处于探索阶段。构建多元化的教学结构体系,增强学生的社会适应性。通过开展"多证书"教育、"订单"教育等人才培养模式,为地区经济和社会发展培养特殊需求的人才,极大地缓解了江苏为实现"加快国家制造业基地建设"目标所需的应用型人才的紧缺问题,同时也解决了高校就业问题。

二是探索新兴、品牌和特色专业的培育,适时调整专业设置,以适应区域经济特色发展的需要。地方工科院校中如南京工业大学、南京邮电学院(2005 年更名为南京邮电大学)、江苏科技大学、南京信息工程大学等师资力量比较雄厚,学校都有其特色、品牌专业外,大部分都存在办学年限短,师资力量薄弱等问题。定位为服务行业或区域经济,培养应用型人才,打造品牌、特色专业成了高校特色发展的亮点,这些特色、品牌专业的发展,为地区特色发展提供了有力的技术基础。

三是探索科学研究,提高科技服务能力。科学研究作为高校一项职能,各个高校都在积极探索。首先是科研实力比较雄厚的高校积极申请国家、部省级项目,积极投入到前沿科学的探索中,如南京工程学院仅 2003 年就实现科研到款经费 3 129 万元,产业销售收入 1.88 亿元[6]。其次,挖掘科研潜力,鼓励学生科研创新。鼓励学生申请课题,主动参与科研:如南京邮电学院推出的"科技创新训练计划",鼓励学生进行科学研究,改变以老师为主导、学生参与为以学生为主导、老师协助的局面,从而调动学生的积极主动性;鼓励学生参与各种科技创作大赛,培养学生的科研兴趣。通过引导可以尽早地发现科研人才,激发创新,同时,对于老师也是一种促进。再者,内引外联,逐步积累科研经验,壮大科研实力。内部出台相关政策,引导老师积极参与省市和学校的各项课题研究;走出校门与名牌高校联合参与到国家课题的研究中;与企业联合,推动横向课题的合作。通过参与积累了科研经验,开阔了视野,为科研创新创造了基础。

四是探索校办产业的经营模式。这一时期校办产业进入了一个瓶颈期,各个高校纷纷对校办产业进行改革和改制,理顺产权关系,以建立现代企业制度为目标,进行企业制度和技术创新。引进社会民营资本联手合作,如:南京工业大学的江苏圣诺热管集团公司与南京中圣工程有限公司合作。通过改革加强管理,不断发展壮大,如:南京工业职业技术学院的印刷厂成为当时南京地区产量最大的企业等。对于经营不善的校办企业,通过改制转交他人经营或注销。据2003年统计,江苏省高校有90个企业完成改制工作,其中改制成有限责任公司的38个,转交他人经营的13个,注销的39个[6][4]。

五是探索产学研合作模式。虽然江苏省拥有南京大学、东南大学、南京理工大学等国家级大学科技园,但地方工科院校仍然没有建设大学科技园的经验。2003年南京工业大学的省级大学科技园建设方案首先通过了认证。建设高校工程(技术)研究中心,成立高技术研究院、工业技术研究院等成为高科技项目的孵化基地,学校资源运作载体与对外科技合作的窗口,高技术项目产业化的人才与技术储备基地。在校内成立实验、培训中心,与国内外企业合作建立校外实践基地,从而形成校内、校外及国际3个层次的产学研合作格局。成立以企业界专家为主的专业委员会,每年召开校企联谊会,既有利于校企相互了解减少合作障碍,又为学生的实习、就业、创业提供了有利条件。

六是探索高校社会服务的拓展模式。结合学校的特色设立企业培训基地;进行技术培训和技能鉴定,如南京邮电学院的"ITU互联网培训中心"培养了一批具有竞争力的网络工程师;成立以行业、企业为主体的发展委员会,如华东船舶工业学院(2004年更名为江苏科技大学)与中国船舶工业集团、中国船舶重工集团等合作,成立了以108家船舶企业为主体、社会各界广泛参与的华东船院合作委员会,积极参与到行业的发展中,提高自身的社会服务能力;召开国内外大型会议,一方面有利于学校了解行业最新的发展状况和方向,促进了学校对外的交流,另一方面打开了学校乃至城市对外宣传和交流的窗口,促进了城市文化的传播。

这一时期整体上地方工科院校的社会服务意识和能力逐步增强,但地域的差距也十分明显,苏南地区的人才质量和总量都明显优于苏北和苏中,社会服务方式和途径也逐渐丰富,而苏北地区的高校社会服务主要还是局限在人才培养,其他方式与途径还都处在探索起步阶段。

(三)创新发展阶段(2005 年至今)

2005 年江苏省委、省政府做出加快建设教育强省,率先基本实现教育现代化的决定,江苏的高等教育迅速发展,2005 年高等教育毛入学率达到了33.5%[7],2011 年达到 45%[8]。地方工科院校逐渐发展强大,社会服务意识已深入人心,各个高校都在努力拓展其社会服务职能,不断改革创新,以提高学校社会服务能力。主要表现在:

一是创新人才培养模式,更加注重实践能力和创新能力的培养,以培养适应经济社会发展需要的人才。地方工科院校的定位在办学过程中逐渐清晰,除了少数定位为研究型理工大学外,其余均定位为培养适应区域经济和行业发展的应用型人才,通过改革课程建设,增加实践环节,加大力度进行教学实践基地的建设等培养学生实践能力、应用知识解决实际问题的能力和学生的创新能力。

二是围绕区域支柱产业,进一步调整专业设置,打造特色品牌专业,服务区域特色支柱产业和战略新兴产业。江苏省自 2003 年起每两年建设一批省品牌特色专业,截至 2012 年 7 月共建设省级品牌专业 274 个,特色专业 617 个,国家级本科特色专业 233 个等,建设数量居于全国领先位置[9]。这些特色、品牌、重点专业的打造,不但为学校明确了办学定位和发展方向,同时对地方支柱产业和战略新兴产业的发展提供了有力的人才资源和技术支持。

三是大力建设科研平台,推进科学研究和技术创新,科技服务能力得到了极大提高。高校重点实验室、工程技术中心等科研平台的打造为学校科研提供了施展的平台,创新团队的建设则给科研增添了翅膀,这一期间地方工科院校的科研水平有了大幅度的提高,取得了一批高水平的科研成果,为行业和地方经济发展做出了积极的贡献。2011年江苏高校研究与开发经费收入达104.46亿元,研究与发展课题31 158项[4],重点院校如江苏工业大学(2010年更名为常州大学)自"十一五"以来,承担了包括国家"973"计划项目、"863"计划项目、国家科技支撑计划项目、国家自然科学基金项目在内的各级各类课题近5 000项,科技经费约25亿元;南京信息工程大学"十一五"期间,承担各级各类科研项目2 194项,2012年科技经费达到3.56亿元,科技成果丰硕;苏北地区高校如盐城工学院自2006年成立以来,已获国家自然科学基金、社会科学基金项目28项、省级项目148项,获省部级以上科技进步奖15项。因此,不论是重点院校还是普通院校,苏南还是苏北高校,科研水平都显著提高,科技服务能力正逐渐提升。

四是校办产业逐渐进入良性循环,取得一定的经济效益,促进了地方经济发展。校办产业经过改制、整合逐渐走上了正轨,部分产业已经成为龙头企业,如南京工程学院的康尼公司已成为中国最大的轨道交通门系统高新技术企业。2010年,校办产业销售总额已超过10亿元,推动了地区经济发展,提高了学校的办学效益。

五是创新产学研模式,科技成果转化和高新技术产业化都取得了成效。大学科技园建设,高校与地方政府、企业、研究机构联合共建技术研究院、工程中心等科技创新平台已深入人心,有效地推动了科技成果转化和高新技术产业化的进程。

六是拓宽人才培养的层次,推进区域人群的整体素质。结合学校的办学特点,利用学校丰富的人才资源,成立行业的培训中心、企业培训基地,与职能部门联合进行职业资格认证培训等已成为地方工科院校推进区域人才整体素质的有效途径。除此之外,作为地方工科院校大群体的高职院校已踊跃地投入到技能型人才培养培训工程、农村劳动力转移培训工程、现代农民教育工程、新市民教育工程、创业教育行动工程、成人继续教育和再就业培训工程等为富民、促进就业和解决"三农"问题的服务当中。因此,地方工科院校结合自身和地区的特点从不同的层次和专业,提高地区人群的各种素质,服务于学习型社会的建设。

七是扩大对外开放,加快人才培养的国际化,同时扩大学校在海外的影响,有利于文化的海外传播。国际合作办学已经普及到各个地方工科院校,为人才培养的国际化起到了积极的作用,但这种合作还局限于学生交流和在国内设置合作学院。如南京信息工程大学在巴哈马创办孔子学院,成为江苏省第四所在海外开办孔子学院的高校,扩大了中华文化影响力。此外,与国际组织联合设立培训基地,如南京邮电大学的亚太电信组织(APT)在中国的培训基地、南京信息工程大学的"世界气象组织区域培训中心"以及召开国际会议等都扩大了学校的海外影响,扩大了地区乃至中国文化的海外传播。

这一时期整体上地方工科院校的社会服务意识和能力都得到了提升,各高校都能主动适应区域经济和行业发展,调整学科建设和学生的培养模式,服务地方和行业,努力探索品牌特色发展之路,寻求错位发展;科研平台建设、科学研究都取得了丰硕的成果;产学研合作、国际合作办学都取得了新进展。但依然存在不足,如:品牌和特色的优势仍不明显,其建设的模式大同小异,不利于特色的形成;原创性和标志性成果不多,科技成果的转化和产业化比例仍然较低;高校、企业和政府之间的沟通仍然有待加强。尤其是苏北地区,由于缺乏沟通,企业和政府对地方高校的信任度还不高,往往倾向于寻求同名校的合作。地方高校不了解企业需求,因而缺乏服务的动力。

三、启迪与思考

高校服务社会是一个系统工程,发挥地方工科院校的社会服务职能,更好地为地方经济、政治、文化和科技服务,需要政府、高校、企业、行业和社会公民等全社会来共同参与。

就高校而言,一是要明确定位。不同高校所处的区域、办学历史和特点各不相同,高校应该正视自身的优势和不足,科学定位办学方向和学科发展,围绕地方支柱产业积极打造特色学科,培养特色人才和进行特色研究。二是强化与政府、企业和行业的互动,通过互动让双方深入了解,协同创新,既推动了科研,也有利于成果转化,以服务地方和行业。三是开放学校资源,包括向同一地区其他高校和社会开放学校公共资源,面向社会开设包括行业考级考证、为提高自身技能和兴趣爱好等的培训,努力成为区域的文化中心,市民的"加油站"。

大量的研究表明,政府对高校投入的努力程度与高校的发展密切相关。苏南地区高校的数量和层次优于苏北,一方面与苏南经济比较发达,政府对教育的投入经费较多有关;另一方面与省级政府在政策上的倾斜有关。苏北地区地方工科院校只有 2 所具有硕士点,没有国家重点学科,省重点学科也主要分布在苏南,使得苏北高校难以满足地方经济对不同层次人才的需求,地方经济发展缺乏一定的人才支撑和智力保障。因此,省级政府应重视对苏北高校的扶持,地方政府加大对高校指导性的投入和政策支持,使得高校发展的同时,更好地为社会服务。

地方企业与高校共建实践基地、学科或学院,有利于企业和高校的互动,共同寻找人才培养中的差距,提高地方工科院校人才培养的专门性、针对性和实践性,同时降低企业对新员工培训的成本。在实践中,发现企业在实践应用中的问题,既解决了企业的问题,也为地方高校的科研指明了方向,增强实力,实现双赢。

此外,高校的社会服务模式不是一成不变的,而且对于不同时期、不同层次和不同地区高校社会服务模式也应该有所不同。

原文载《高校教育管理》,2014 年第 1 期:10 - 16

参考文献

[1] 王旭东.论地方高校社会服务职能的拓展[J].中国高教研究,2007(8):16 - 17.

[2] 江苏省教育厅.江苏省高等教育名单[EB/OL].[2013 - 05 - 02].http://www.ec.js.edu.cn.

[3] 姚军.联合·融合:江苏高等教育实现共同发展的必由之路[M].南京:江苏教育出版社,2009:138.

［4］江苏省统计局.江苏统计年鉴 2012［EB/OL］.［2013－05－02］.http：//www.jssb.gov.cn.

［5］周稽裘.2004 年江苏教育发展报告［M］.南京：江苏教育出版社,2005:3.

［6］江苏省教育厅.江苏教育年鉴(2004)［M］.南京：江苏教育出版社,2005.

［7］江苏省教育厅.2005 年江苏省教育事业发展统计快报［EB/OL］.［2013－05－02］.
　　http：//www.ec.js.edu.cn.

［8］江苏省教育厅.2011 年江苏省教育事业发展统计公报［EB/OL］.［2013－05－02］.
　　http：//www.ec.js.edu.cn.

［9］江苏省教育厅.丁晓昌在省教育厅召开"十二五"高等学校重点专业遴选工作专家会议上
　　的讲话［EB/OL］.［2013－05－02］.http：//www.ec.js.edu.cn.

工匠精神的当代价值意蕴及其实现路径的选择

叶美兰　　陈桂香

摘　要:一流的制造需要一流的技术,一流的技术则需要一流的精神。中国从"制造大国"走向"制造强国",从资源禀赋优势走向创新制造优势,则需要一种精神——工匠精神的支撑。虽然工匠精神诞生于古代,但其仍然是当今信息时代的重要思想资源和强大精神动力。工匠精神包含以下内容:尚美的情怀、求新的理念、求精的精神和求卓的格目。应用型本科高校处于现代职业教育体系的中端环节,培养具有工匠精神的应用型、高素质专门人才,应用型本科高校应勇于担当、有所作为。澄清现实对于工匠精神的种种误读,研究具有工匠精神的高技能人才的能力构成,寻找人才培养对策,具有重要战略意义和实践意义。应用型本科高校作为培养具有工匠精神的人才的主体,可从以下几个方面着手:人才培养目标:以德为先、全面发展;人才培养体系:"全链条"式、协同育人;人才培养战略:特色战略、差异发展;人才考核方式:质量为重、力求科学;人才培养队伍:德艺双馨、言传身教。

关键词:工匠精神;当代价值及其误读;实现路径

随着机器大生产的发展,慢条斯理精细工作的"工匠"似乎远离我们而去,"工匠精神"更是淡出哲学思想视野,然而最近几年发展起来的 3D 打印技术、个性化订制似乎重新唤起人们对工匠精神的怀想,重新引起人们对工匠精神的哲学反思。工匠精神第一次被写进政府工作报告,"要鼓励企业开展个性化定制、柔性化生产,培育精益求精的工匠精神"[1]。中国从"制造大国"走向"制造强国",从资源禀赋优势走向创新制造优势,则需要一种精神——工匠精神的支撑。一种技术可以被复制,而一种精神却不能被复制,工匠精神仍然是我们当今时代的重要思想资源和强大精神动力。培养工匠精神,教育是基础。应用型本科高校位于现代职业教育体系的中端,目标锁定于"专业教育",是连通"职业教育"与"学术教育"的桥梁,培养具有工匠精神的人才则是应用型本科高校的根本使命。

一、工匠精神的当代价值意蕴

精神是文化的核心,是一个事物与他事物相区别的根本所在、灵魂所依。工匠精神是一个历史范畴。东方的工匠精神和西方的工匠精神不同,古代的工匠精神与现代的工匠精神不同。中国古代工匠精神表现德艺双修、心传身授、体知躬行、精益求精、强力而行,即"向善"的价值追求、"尚巧"的创新精神、"求精"的工作态度及"道技合一"的人生理想。西方的工匠精神在西方文化中集中体现为追求完美与极致的理念,这一观念来自于柏拉图的理念论、亚里士多德的目的论以及基督教的新教伦理精神。但是古今中外工匠精神中的爱岗、敬业、创新、求精、卓越、担当都具有相通之处。

笔者认为工匠精神的内涵具体包括:尚美的情怀、求新的理念、求精的精神和求卓的格目,即:审美之维、创新之维、求精之维和卓越之维。工匠精神的四维意蕴是一个统一的整体:审美作为人类特有的感性意识,源于对美好事物的追求和憧憬,源于本能和一种天生之爱。古代技术与艺术是不分的,统称为"技艺";而机器生产造就的现代文明从一定程度上导致技术与艺术的分裂,技术的异化和工具理性泛化,审美与人文精神的失落。工匠精神呼唤技艺一体化,强调技术的审美之维,强调用审美的眼光来制造产品,用审美的情怀来改造世界。"求新的理念"是工匠精神尚美情怀的保障,"新"也是"美"的另一种表达形式。"苟日新,日日新,又日新",这是古人的创新理念。"坚持变中求新、变中求进、变中突破",这是习近平总书记的创新理念。创新的理念是一个优秀工匠所具有的基本品质,唯有创新方可在残酷的竞争中立于不败之地,方可在百舸争流的浪潮中经久不衰。"求精的精神"用成语表达就是"精益求精"。《诗经·卫风·淇奥》中"如切如磋,如琢如磨"的佳句,形象地展示了工匠在对骨器、象牙、玉石进行切料、糙锉、细刻、磨光时所表现出来的一丝不苟的精神。求精没有最好、只有更好,是一种永不满足、永不懈怠的精神风貌,这种谦逊精神是匠人能够独立潮头的动力所在。"求卓的格目"是匠人精神的最高境界,追求卓越、登峰造极、成就不凡是一种牵引力,匠人围绕这种格目展开创新与求精活动,达到"道技合一"的和谐之美、创新之美、卓越之美。"炉火纯青"是对高超冶炼技艺的赞美,"庖丁解牛"是对技术出神入化的表达,"匠心独具"是对技术特色的夸奖。可以说工匠精神的实质是求真、向善、至美的统一。

二、工匠精神人才的现世误读

其实,对于工匠精神,现世存在种种误读。

第一,对于工匠精神时代意义的误读。随着现代机器化大生产对传统手工业的取代,传统工匠逐渐从历史舞台中退出,有观点便认为,工匠精神已经过时了。事实并非如此,工匠精神是一种对工作精益求精、追求完美与极致的精神理念与工作伦理品质,它包含了严谨细致的工作态度,坚守专注的意志品质,自我否定的创新精神以及精益求精的工作品质。信息时代、智能制造时代,工匠精神并没有过时,甚至比任何时候都更重要。有这样一组数字值得我们深思,日本长寿企业的数量全球第一,百年企业 50 000 余家,二百年企业 3 146 家,五百年企业 39 家,千年企业 9 家。寿命超过 200 年的企业德国有 837 家,荷兰有 222 家,法国有 196 家。[2]然而在中国,止于目前,最古老的企业是成立于 1538 年的六必居,中国现存的超过 150 年历史的老店仅 5 家。中国中小企业的平均寿命仅 2.5 年,集团企业的平均寿命仅 7～8 年,与欧美企业平均寿命 40 年相比相距甚远。探究这些企业长寿的秘诀,不难发现一个共同点,传承一种精神——工匠精神。

第二,对工匠阶层社会地位的误读。受传统思想影响,"形而上之谓道,形而下之谓器",误认为具有工匠精神之人具有的是形而下之技,工匠阶层是社会低级阶层。孟子提出的"劳心者治人,劳力者治于人"实际上是一种社会分工,但经过中国几千年的文化演变,成为官本位思想的文化土壤和合法化依据;"恒公读书于堂上,轮扁斫轮于堂下"本是理论与实践相结合才能获得真知的寓意,但最终演变为庙堂之下匠人社会地位低下的象征。虽然我国改革开放30多年过去了,但传统的等级观念、官本位思想、学而优则仕思想并没有完全消除,仍产生较大的消极影响。

第三,对工匠能力素质构成的误读。人们传统观念认为工匠"唯技能、轻理论",其高超技艺具有经验性,不需要理论知识,只需"知其然(what)",无须"知其所以然(why)"。的确古代匠人的技能都是从实践中"心领神会"或者通过师傅"言传身教"、"口口相传"得到。其实,这仅仅是工匠能力素养在科技和教育不发达年代的表现。在知识经济和信息时代,一个优秀的工匠不仅要有高超的技艺,还需具有一定的理论基础和科研能力,唯有如此方可不断创新、求精、求卓越。另外,工匠精神有着丰富的内涵,除了技艺层面,更有做人层面;除了追求自由的科学精神对创新、变化的表述,更有追求永恒的人文精神对责任、道德的坚守。

第四,对工匠精神培育主体的误读。误认为培育学生的工匠精神仅仅是高职高专院校的事。其实,工匠精神的培育是全社会的责任,宏观整个社会工匠精神、敬业文化的培育;中观到一个地区创业精神、企业家精神的培育;微观到教育系统内部初等教育、中等教育、高职高专、应用型大学和研究型大学不同层次间的教育衔接,构建现代职业教育体系,共同培育具有工匠精神的应用型、复合型人才。在构建现代职业教育体系中,应用型本科高校要突出和强调自身的"应用型"定位,身体力行、先行示范,共同搭建职业教育的"立交桥",真正破除职业教育的"玻璃门"。

第五,应用型本科高校工匠人才培养规格的误读。培养人才是大学的第一使命,一流的大学当有一流的本科教育,本科教育是大学的灵魂。应用型本科高校是培养具有工匠精神人才的主阵地,传统应用型本科高校在人才培养定位和过程中存在"重知识、轻实践,轻理论、重技能"的现象,导致学生实践能力、创新能力不足，理论素养不足。其实，在现代职业教育体系中，应用型本科高校培养的工匠与高职高专培养的工匠应不同，应用型本科高校不仅强调解决一线技术问题的能力，更强调具有技术创新的能力。另外，工匠也不是仅仅掌握一技之长的人，而是具有一定的审美情怀、崇高的社会担当和追求卓越、不断创新的人。哈佛大学前校长德雷克·博克认为："几乎普遍被认可的本科教育目标是：批判性思维、交际能力、种族宽容心、道德观发展、全球视野以及广博知识。"[3] "大学教育的主旨不在于传输某种实用的知识，而是在于培养学生的心智。"[4] 前哈佛学院院长哈瑞·刘易斯认为："如果学生只掌握某一专门技能，只能以此作为谋生的手段，那他的生活是缺乏情趣的。"[5] 其实，在秋山利辉那里，品行和情怀及审美则占更多分量。秋山利辉评价人才的标准是 40% 技术、60% 品行。他认为教育培养的不是"会做事的"的人，而是"会好好做事"的人。"属于 21 世纪的新工匠，应懂得关心他人，知道感恩，能为别人着想……也就是拥有一流人品的人。"[6] 应用型本科高校工匠精神人才的规格应定位在学生品德、能力、情趣的协调发展，根本旨趣在于润泽学生生命、提升学生生活质量。如果学生仅仅会知识复制或技术操作，具有知识偏狭性，这是"单向度"发展的人，也与本科教育的本质相悖。应用型本科高校在为地方输送大量高水平专门技术人才方面做出了贡献，在转型发展、提升内涵的时期，应将更多的精力放在培养学生公民责任感、道德情怀和创新精神上来，满足社会对高等教育作为公共产品的期待。

三、应用型本科高校培养具有工匠精神人才的路径选择

工匠精神生长于企业，却萌芽于教育。工匠精神的培育，首先是教育的结果。2016 年的政府工作报告并没有忽视教育支持，"9 亿多劳动力、1 亿多受过高等教育和有专业技能的人才，是我们最大的资源和优势"[7]。"创新过程中有效知识和人才所发挥的真正重要的功能并不局限于创新组织内部，也包括其他机构，而且大多往往是在大学内完成的。"[8] 应用型本科高校是我国高等教育主体，对于培养具有"工匠精神"的高级专门人才担负着重要使命，但其人才目标有别于职业技术院校。培养具有工匠精神的高水平专门人才，应用型本科高校可

从以下几方面克服误区。

（一）人才培养目标：以德为先、全面发展

有一流的心性，方有一流的技术。应用型本科高校的人才培养目标应是：以德为先，全面发展的高素质专门人才。正如哈瑞·刘易斯所说："失去灵魂的卓越不是真正的卓越。"具有工匠精神的教育旨趣要求应用型本科高校不仅追求学生精湛的技艺，更追求道技合一的和谐和自我实现的满足。马斯洛提出"人的本质即自由"的命题，"人成为目的本身，成为一种完美、一个本质、一种存在"[9]。他的需要层次理论，将自我实现的需要作为需要层次的最高层，它是一个人充分展示自身，使自己成为"自己力所能及高度的人"。"一位作曲家必须作曲，一位画家必须绘画，一位诗人必须写诗，否则他始终都无法安静。"[10]他对人实现自我价值需要的高扬，值得我们借鉴。同时，培育大学生的工匠精神也符合马克思关于人的全面发展的学说。"人的自由而全面发展"是马克思主义的价值目标。"全面发展的个人，不是自然的产物，而是历史的产物。要使这种个性成为可能，能力的发展就要达到一定的程度和全面性，这正是以建立在交换价值基础上的生产为前提的，这种生产才在产生出个人同自己和同别人的普遍异化的同时，也产生出个人关系和个人能力的普遍性和全面性。"[11]马克思提出的"人的全面发展"包括能力方面、需要方面和社会关系方面，"需要方面"又包括情感的需要和自我实现的需要。拥有50多年木工专业的秋山木工创始人秋山利辉老先生将"为天命而活"作为自己的企业信仰和人生追求，他认为"一流的人才首重一流人品，其次才是专业技能"、"我的时间95％花在教育人品，只有5％花在教育木工技能"。这与我国古训"己成，则物成"、"君子务本，本立而道生"、"先德行、后技能"、"有成人而后有成事"的教育智慧是相通的。一个具有工匠精神的人绝对是一个"家"，是一个德才兼备的君子，是一个真正的追求生命尊严和价值的人。爱国、诚信、敬业、奉献、创新等品质，是一个人能够在一个岗位上重复10年、20年甚至一辈子的精神支撑。爱自己的工作，才会有创新的灵感；爱自己的工作，才会"苟日新，日日新，又日新"；爱自己的工作，技术不是技术而是艺术；爱自己的工作才不觉得辛苦，而是在辛苦的工作中体会幸福。大道至简，成功的关键在德。应用型本科高校的人才培养目标定位一定要在"高科技、复合型人才"前面加上"具有较强职业道德"的限定。

(二)人才培养体系:"全链条"式、协同育人

培养具有工匠精神的高级专门人才好比某种产业,只有相关主体间形成相互需求、相互支持、环环相扣的"全链条",发展才具有竞争优势,竞争才具有比较优势。"全链条"人才培养体系,要求应用型本科高校与生源供给侧(高中、高职高专)和毕业生的需求侧(企业)之间的有效互动,体现在招生、培养、就业全过程中政府、学校、企业、社会协同育人长效机制。应用型本科高校既要注重生源"供给侧",在工匠精神培养上从娃娃抓起,从大学前抓起;又要注重生源的"需求侧",面向企业、面向市场、面向社会经济发展需求,培养相应人才。具体是:一是生源"供应链"。工匠精神的形成非一朝一夕,是一个缓慢的过程,应加强与大学教育前端学校的互动和交流,将应用型高校人才培养目标要求及早传递给非高等教育端。切实与高职高中展开合作,实行"3+2""3+4"分段培养模式,要不断研究克服高职高专学生进入本科基础不强的劣势,打破人才培养的"天花板"和"玻璃门"。二是学生"培养链"。突出职业能力的人文精神,与企业加强互动,邀请企业参与学校人才培养目标、专业人才标准制定;建立行业和企事业专家参与的专业设置和评价调整退出机制,优化专业结构;建立课程超市,增加实践课程和课程中实践的内容,增加学生人文精神培养的课程、通识课程,鼓励校企共建特色课程,优化课程体系。同时,要按照人才培养规律和工匠精神的特质,实行分类培养、分类评价,建立大学四(五)年立体化、全面化的教育方案,校内各部门形成合力,达到同向同力同作用,共同培育学生的工匠精神。实行双导师制,就是学生既有其在学校的基础课老师,也有其在联合办学的企业实习单位导师。双导师制既有师徒制经验优势,也有现代教育的效率优势,是理论与实践相结合的培养具有工匠精神人才的可选途径。三是毕业生"需求链"。与企业合作共建实习实践基地,为学生创造接触前沿技术和最新设备的机会,在实践中提升业务技能。开展"订单式"服务,避免供需失衡现象出现,减少人才培养费用的浪费。

工匠精神的当代价值意蕴及其实现路径的选择

（三）人才培养战略：特色战略、差异发展

"致天下之治者在人才"，具有工匠精神的各专业、多样化的人才是实现中国制造的关键因素。人才包括有一技之长、专擅某个领域的特色人才和全面化、复合型人才，应用型本科高校培养的是高素质、复合型的专门人才，这也是其与高职高专和研究型高校的区别所在。社会多样化的人才要求应用型高校走特色发展战略。应用型本科高校的特色化是指"在一定的办学思想指导下和长期的办学实践中逐步形成的独特、优质和富有开创性的个性风貌，是一所高校区别于其他高校的特性，尤指其出类拔萃之处"[12]。应用型本科高校必须准确定位、服务地方、差异发展、特色发展、内涵发展。清华大学以理见长，北京大学以文著称，武汉大学以法领先，这是研究型大学的学科特色和发展特色；南京邮电大学以信息与通讯人才闻名，淮海工学院以海洋科学与技术人才自豪、盐城工学院以机械、材料人才骄傲。由于经济社会的多元化、多样化发展，使得社会对人才的需要多类化、多样化，企业对人才的需要也多样化。不同的行业、不同的企业有不同的用人标准和工作要求，应用型本科高校一定要找准方向、坚持不懈、久久为功。

（四）人才考核方式：质量为重、力求科学

求新不求稳，重质不重量，对学术崇敬，对抄袭零容忍，大学生毕业对论文几乎没有数量要求，只看论文的内容和行业影响力，这是瑞士"纯粹"的治学态度，让这个只有1/3学生走"学术之路"的国家，成为世界第二教育大国，欧洲科教强国的后起之秀，这对我国有着重要的借鉴意义。应用型本科高校应改变传统单一考试考核的方式，力求全面多维考核学生，注重能力、注重实践、注重德行。可以采用实践考核、专家评价、企业评价等多样化考核方式，灵活多样考核评价学生，不唯分，只唯实。可以以智慧校园建设为契机，推进学生教育管理大数据平台建设，坚持平时考核与期末考核相结合，从而促进考核评价的及时性、动态性、科学性和过程性。

（五）人才培养队伍：德艺双馨、言传身教

实际上工匠精神已经超越了"工"本身的范畴，每一个人都应该有工匠精神，

· 105 ·

而不是某一种职业需要的精神。"在日本,最普通的宾馆服务员也有工匠精神,对于从宾馆开出的每一辆车,他们至少都会目送到自己看不到为止。"[13]在美国,良好的道德比以前更重要。"从1990年到2005年间有75%的教授被取代,代替者的质量和他们融入学校生活,极大地视现有教授的公民品德质量而定。"[14]应用型本科高校培养具有工匠精神的复合型人才,首先需要有一支具有工匠精神的教师队伍。在中国古代教师职业并未社会化,教师的称呼是"教书匠",似乎有贬义之称,其实教师属于文人,当处于三教九流的上九流,"匠"字体现了在某一领域具有较高造诣,工匠精神也当属教师这一群体所具有。教育的重要原则则是"言传身教",教师的职业信条是"学高为师,身正为范",不论是渊博的知识、高超的技艺,还是高尚的德行,都应当为学生之楷模。德艺双馨的教师是针对个体而言,对于应用型高校整体教师队伍而言,需建立双师型教师队伍,体现在:一是教师人才多样化,有教学型、科研型和教学科研型人才,个体可以是双师型人才,抑或某一方面人才;二是教师来源多元化,教师可以来自企业,可以来自科研院所,也可以来自高校,特别是相当数量的拥有业界经历的教师,以不同的方式成为教学中的重要组成部分。

原文载《高教探索》,2016年第10期:27-31

参考文献

[1][7]2016年政府工作报告(全文)[N].人民日报,2016-03-18.

[2][6][日]秋山利辉.匠人精神[M].陈晓丽,译.北京:中信出版集团,2015:11,3.

[3][美]德雷克·博克,回归大学之道[M].侯定凯,等译.上海:华东师范大学出版社,2012:40.

[4]"Original Papers in Relation to a Course of Liberal Education"[J].15 American Journal of Science and Arts(1829).

[5][美]哈瑞·刘易斯.失去灵魂的卓越[M].侯定凯,等译.上海:华东师范大学出版社,2012:218.

[8] [美]德里克·博克.走出象牙塔:现代大学的社会责任[M].徐小洲,等译.杭州:浙江教育出版社,2001:155.

[9] Maslow. Motivation and Personality,1962:37.

[10] [美]马斯洛.动机与人格[M].许金声,等译.北京:华夏出版社,1987:53.

[11] [德]马克思.政治经济学批判(1857—1858 年草稿)[A].马克思恩格斯全集(第 30 卷)[C].北京:人民出版社,1995:112.

[12] 胡弼成,张卫良.特色追求:大学创新之髓[J].浙江万里学院学报,2004(3):5-9.

[13] 汪中求.工匠精神核心就是追求完美　做到极致[N].佛山日报,2016-03-08.

[14] [美]克拉克·克尔.高等教育不能回避历史——21 世纪的问题[M].王承绪,译.杭州:浙江教育出版社,2001:186.

三螺旋理论视阈下地方新建本科高校协同育人探析

张桂华　姚冠新　陈桂香

摘　要:地方新建本科高校因在办学历史、师资力量、硬件设施、软件特色等方面与高水平大学有着一定的差距,因此对协同育人的需求显得更为迫切。基于三螺旋理论,地方新建本科高校的发展思路应是:根据国家战略需要,凸显地方特色,发挥自身优势,通过积极参与协同创新,开展协同育人活动,培养经济社会发展急需的创新性应用型人才,走"质量立校、人才强校、特色兴校"之路。

关键词:三螺旋理论;地方新建本科高校;协同创新;协同育人

《国家中长期教育改革和发展规划纲要(2010—2020 年)》提出要"建立健全政府主导、行业指导、企业参与的办学参与机制,制定促进校企合作办学法规,促进校企合作制度化"[1]。2012 年,《教育部关于全面提高高等教育质量的若干意见》提出"高等学校要积极创新人才培养模式。……以提高实践能力为重点,探索与有关部门、科研院所、行业企业联合培养人才模式。""加强地方本科高校建设,以扶需、扶特为原则,发挥政策引导和资源配置作用,支持有特色高水平地方高校发展"[2]。党的十八大《决定》提出要"创新高校人才培养机制,促进高校办出特色争创一流"[3]。这些文件规定为高等学校创新人才培养模式、全面实施协同育人提供了政策导向。地方新建本科高校是在高等教育大众化背景下突起的一支生力军,其在培养高水平应用型人才、服务地方经济社会发展中起着举足轻重的作用,必须积极改革人才培养模式,在协同创新活动中寻找突破和超越,以实现自身社会价值。

一、协同育人的理论基石:三螺旋理论

"三螺旋"是生物学中的一个概念,用来描述基因、组织和环境之间互为因果、像螺旋一样缠绕在一起的关系。20世纪90年代,生物学领域中的"三螺旋"概念被美国社会学家亨利·埃茨科威兹和勒特·雷德斯道夫移植到社会学领域中来。亨利·埃茨科威兹在《三螺旋》一书中详细阐述了三螺旋模型理论,他认为:在知识经济背景下,"高校——产业界——政府"的共同利益是给他们所处的社会创造价值,三方应该相互协调,以推动知识的生产、转化、应用、产业化以及升级,促进系统在三者相互作用的动态过程中不断提升[4]。三螺旋理论的重要特点是打破三方原有边界,实现相互交叉和融合,三方共同结合的部分则是混生组织或产学研合作联盟,这一结合相当于构造了一个自由交往的平台,三方人员、资源、信息可以在这个平台上自由流动,从而节省知识转移的时间,降低技术转化成本。这种联盟建立在三方优势互补的基础之上,即高校拥有技术优势,产业拥有资金优势,而政府就是制定政策和法规提供制度保障,在不同层次的科学和技术政策中去塑造三者之间关系[5]。

在三螺旋理论中,大学成为主要知识资产,具有更高的社会价值,"大学及其知识生产机构正在成为社会的主要机构,在某些情况下,它将取代产业和政府,成为创新组织者领导作用的核心螺旋线"[6]。和发达国家不同,我国企业目前并没有成为技术创新的主体,大学及科研院所却占主体地位,目前大学中从事科研人员的数量占全国科研总人数的22%,每年发表的科技论文占到70%,发表在SCI、EI的论文分别占到SCI、EI收录论文总数的70%和75%[7]。这就决定了在中国特殊的国情下和特殊的历史时期,高校在协同创新中处于关键地位,必须担当起协同创新的助推器角色,产学研合作、服务区域经济发展是高校除了教学和科研之外的"第三使命"。

二、协同育人的实践及意义

如果说协同创新是人才培养、科学研究、服务地方、文化传承"四位一体",

那么协同育人则是协同创新的第一要义，因为高校最根本的使命是培育人才。协同创新对高校来讲，本质上就是要协同育人，通过协同来培养高质量的人才。

1. 协同育人概念的生成轨迹。"协同育人"的理念产生于 20 世纪中叶的欧洲，当时欧洲一些发达国家为了培养出高技能型人才，纷纷进行高等教育制度改革，如英国的"三明治"、德国的"双元制"教学模式就是典型意义的校企协同育人模式，这也是两国经济腾飞的秘密武器。我国"协同育人"是在 2010 年《纲要》和 2012 年《高教 30 条》和党的十八大报告中相继提出并不断强化的。协同育人处于协同创新概念体系中的核心位置，二者本质都是一样的，协同育人的实践早于概念的产生，且与协同创新实践紧密相连。协同育人的实践雏形最早可以追溯到 19 世纪德国柏林大学的教学与科研相结合，再到 20 世纪中叶美国威斯康星运动提出的教学、科研、服务社会相结合。但最初的产学研用结合与"协同育人"具有本质的区别，因为它们强调的是"合作"，而非"协同"。两者的区别在于："合作"不强调同步性，参与各方可以各自执行，而"协同"则强调参与各方的紧密配合，步调一致，更加注重同步性和实时性。概念的生成总是落后于思想的萌芽和实践的开展。协同创新概念最早是美国麻省理工学院斯隆中心的研究员彼得·葛洛(Peter Gloor)提出，他认为"协同创新即由自我激励的人员所组成的网络小组形成集体愿景，借助网络交流思路、信息及工作状况，合作实现共同目标"[8]。我国协同创新、协同育人的实践最早可以追溯到 20 世纪 50 年代提出的教学、生产劳动和科学研究相结合的思想，不过，当时的背景下，生产劳动还属于劳动密集型的粗放增长阶段，"三结合"中生产劳动更多的是劳动教育意义，与今天的"协同创新""协同育人"还有着一定的差异。我国协同创新概念是 2011 年胡锦涛同志在清华大学百年校庆上的讲话中首先提出的，其后，教育部启动了"高等学校创新能力提升计划"(2011 计划)，旨在突破创新主体间的壁垒，通过创新资源和要素的深度融合，充分释放共同的人才流、资本流、信息流等活力，通过物理组合优化实现化学反应增殖。学者陈劲指出高校协同创新的目的主要有两个：人才培养和科技研发知识增值。把高校的育人活动仅局限于校园内部，不可能培养出社会需要的人才,协同育人作为协同创新的本质,是高校在知识经济时代的主导育人范式。

2. 协同育人的战略意义。协同育人具有重要的战略意义:一是有助于培养创新性应用型人才。地方新建本科高校办校起步较晚,本科培养工作还处于起步阶段,协同育人,借力于地方政府、企业、行业显得尤为重要。地方新建本科院校的人才培养目标是培养特色鲜明的高水平应用型人才,应用型人才的典型特征是具有较强的实践动手能力和创新能力,这些能力的培养只靠校内的力量是完成不了的,必须对传统的产学研合作教育进行超越,建立协同育人的长效体制机制,借力企业、行业、科研院所等社会主体优质资源,才能实现培养优秀人才的目标。二是有助于提高高校的核心竞争力。协同育人要求按照"打破围墙'开门办学'和'订单式'培养"的思路,坚持"资源共享、优势互补、责任同担、利益共享"的原则,建立以就业为导向的办学模式,形成以学校为主体,企业和学校共同教育、管理、训练学生的教学模式,形成人才培养的"双主体"。实践证明,单纯通过整合利用高校自身有限办学资源,在取得一定的进步后,改革就进入一个瓶颈期,只有将协同育人成为提高教学质量的一个重要突破口,迎来高校持续发展的新局面。三是有助于创新型国家建设。我国创新性应用型人才比较匮乏,特别是高级技能型人才匮乏问题十分突出。我国人才问题面临的突出问题是"结构性短缺",即高等教育培养出的人才数量多,但能够较好适应社会需要、适销对路的创新性应用型人才却严重不足,造成"双损"局面:一是大学生就业难,二是企业求才难。

三、三螺旋理论解析地方新建本科高校协同育人路径

地方新建本科高校在区域经济社会发展中的地位和作用日益增强。相比于研究型大学,地方新建本科高校优势在于其教学科研工作所具有的地方特色和与区域发展的密切关联。

1. 地方新建本科高校协同育人的原则。一是要紧贴时代、服务大局;二是要立足地方、彰显特色。"地方性"是地方本科高校的根本属性。地方本科高校

要确立不同于其他类型高校的办学理念:要立足地方,面向基层,通过积极有效地参与协同育人工作,服务当地经济和社会发展。"特色性"是地方本科高校生存和发展的根本所在,要把办学特色作为学校核心竞争力的主导因素,科学定位,凸显定位特色、人才培养特色,打造地域特色和管理特色,推进内涵建设,克服同质化倾向,强化错位竞争理念,在与社会的互动中找到自己的办学位置和发展优势,逐步凝练自身特色,走既区别于研究性大学又区别于高职院校的发展之路。三是要统筹兼顾、突出重点。学科专业建设是地方本科高校建设的龙头和核心,因为它关系到学校的性质、类型和社会服务功能。因此,专业定位是学校办学定位的关键。地方新建本科高校大多是由专科合并或重组而成,学科比较齐全,其综合性、基础性和特色性决定了学科专业建设的时候不能眉毛胡子一把抓,要统筹兼顾、突出重点,选择成熟的专业先行试点,通过优势项目先行,重点支持,带动后发展、弱势项目,有步骤推进学科建设。四是要协同融通、优化组合。各种育人资源分散在不同的企业、科研院所、高校。因此,地方本科高校要解放思想,更新观念,打通众多孤立的"井",联成相互融合的"海",在本地区乃至全社会、全世界中寻找资源合作流,搭建协同育人平台,培养适合社会需要的创新性应用型人才。

2. 地方新建本科高校协同育人的路径。地方新建本科高校在高教强国的战略背景下,要办出特色和水平,需要树立"以服务求支持、以贡献谋地位"的理念,培养"下得去、用得上、留得住"的人才,走"质量立校、人才强校、特色兴校"之路。一是推进校内协同育人。要通过体制机制创新,组建各种跨学科研究中心、实验中心、教学中心、校级协同创新中心,组织不同学院、不同专业学科的教师突破学科壁垒,组成跨学科教学小组,实行全校范围内的选课制,开设跨学科选修课,鼓励学生跨学科跨学院选课,促进学生综合化知识结构的形成,培养复合型创新性人才。二是推进校校协同育人。各高校拥有不同的办学资源和办学优势,地方新建本科高校要在同类、不同类、同地区、不同地区高校中借力,拆除围墙,相互沟通。按照"优势互补、资源共享、互惠互利、共同发展"的原则,建立高校战略联盟,搭建创新性应用型人才培养平台,通过协同科研、互聘师资、共享课程和实验资源等途径,充分激活人才、信息、资源、技术等育人要素活力。校际合作具有多向性和连续性,可以采取学分互认、联合培养研究生、教学资源共享、双导师制、师资互动等形式,一方面增强重点院校的科技、文化辐射力,另一方面提升地方新建本科高校育人水平。三是推进政产学研协同育人。以"卓越工程师教育培养计划"为契机,政产学研协同培养卓越工程师。政产学研协同育人是一种以市场和社会需求为导向的运行机制,以培养学生综合能力和就业核心竞争力为目标,利用学校和企业不同的教育资源和教育环境,采用课堂教学与学生参加企业实践相结合的方式,来培养适合不同用人单位需要的高水平应用型人才,以求得政产学研互赢。在此协同系统中,政府的主要工作主线是利用行政权力、资金优势,通过政策法规充分发挥主导、协调作用。可以借鉴德国"双元制"教育的企业培训中心成功模式,建立政产学研教育平台,开辟"学校元——教育中心——企业元"人才培养创新路径,使协同教育中心成为政校企对接的有效载体和学生实训的稳定平台。协同教育平台实行共建、共管、共享,承担课堂向岗位转变、知识向能力转变、学生向企业员工转变的职能,实现人才培养的多方深度合作。

原文载《江苏高教》,2015 年第 6 期:97 - 99

参考文献

[1] 国家中长期教育改革和发展规划纲要(2010—2020 年)[Z]. http://www. moe. edu. cn/publicfiles/business/htmlfiles/moe/moe_177/201008/93785. html.

[2] 教育部关于全面提高高等教育质量的若干意见(教高〔2012〕4 号)[Z]. http://www. moe. gov. cn/publicfiles/business/htmlfiles/moe/s6342/201301/xxgk_146673. html.

[3] 十八大报告全文[Z]. http://www. bisu. edu. cn/Item/38258. aspx.

[4] 王成军. 大学—产业—政府三重螺旋研究[J]. 中国科技论坛,2005(1).

[5] 邵任薇. 产学研结合中政府的作用及策略选择[J]. 武汉工程大学学报,2009(6).

[6] 亨利·埃茨科威兹. 三螺旋[M]. 周春彦,译. 上海:东方出版社,2005:1 - 2.

[7] 王明道. 高校科技成果转化的对策研究[J]. 科技管理研究,2011(5).

[8] Ireland,R. D. Hitt,M. . Achieving and maintaining strategic competitiveness in the 21st century:the role of strategic leadership[J]. Academy of Management Executive,1999 (13):43 - 57.

应用型高校本科职业教育价值取向刍议

陆 勇 洪 林

摘 要:在教育的一般价值取向上,高等职业教育与普通高等教育存在明显差别,由此形成的教育类型"二分法",使高层次职业技术人才十分匮乏。本科职业教育的价值取向是填补"职业带"中技工与工程师之间的"空隙",培养"卓越工程师",而非传统意义上的"工匠"。在发展本科职业教育中,地方本科高校可以在教育价值取向上多元化,并在此基础上,明晰职业教育理念与模式,准确把握工匠精神和现代学徒制的真正内涵。

关键词:工匠;卓越工程师;本科职业教育;价值取向

开展本科职业教育,构建现代职业教育体系,是我国高等教育布局的重大调整。参照英、美国家职业教育的经验,本科职业教育从路径选择上无非是两个:一是部分高职院校升格为本科职业院校;二是本科院校"对专业进行分类,在大学中实施职业性的教学计划"[1]。由于原则上规定"中职不升为高职,高职不升为本科",引导部分地方本科高校转型发展,成为实施本科职业教育的主要路径。

地方本科高校大多属于应用型高校,具有应用型、地方性的特点,在长期的发展过程中形成既定的办学思路和发展模式。发展本科职业教育,显然要调整已有的办学思想,要"把办学思路真正转到服务地方经济社会发展上来,转到产教融合、校企合作上来,转到培养应用型人才上来,转到增强学生就业创业能力上来"[2]。如何转型发展所涉及的关键性问题是人才培养定位。技能型的"工匠"与应用型"卓越工程师"，哪一个才是本科职业教育的目标取向，这是地方本科高校转型发展中普遍面临的困惑。在教育实践中，无论是"3＋4"中职本科衔接，还是"3＋2"高职本科对接，本科职业教育与普通专业教育在许多地方本科高校中似乎并无明显差异。本科职业教育理念滞后以及形成的教育实践中"名不副实"的职业教育模式，成为制约现代职业教育构建的瓶颈。结合我国高等教育发展状况，剖析本科职业教育价值取向，对于推进应用型高校转型发展具有重要意义。

一、高等教育的价值取向与"二分法"教育类型

价值泛指主体对于客体的意义或者作用。高等教育是通过教师、学生和管理者的实践活动，在培养人才、满足社会需求和学生的发展中实现自身的价值。高等教育的价值取向是高等教育主体围绕高等教育功能所体现的价值判断与价值选择。尽管学界对高等教育价值取向的内涵在认识上并不统一，但主体差异性所形成的"不同的高等教育主体在某一特定时期对于特定的高等教育定会有不同的价值取向"，这是不争的事实[3]。我国高等教育的价值取向可以分为基本价值取向和一般价值取向。其中，基本价值取向体现在《高等教育法》所规定的高等教育方针和任务中；一般价值取向则体现为不同类型、不同层次高校的办学理念。高等职业教育与普通高等教育尽管都属于高等教育范畴，但在教育一般价值取向上存在明显的差别。

高等职业教育是以就业为导向的直接为就业服务的职业技能教育，高等职业教育的价值取向，就其培养模式而言可概括为"手脑并用，工学结合"，而对于培养目标而言就是培养工匠。普通高等教育是以学科体系架构的培养掌握系统学科知识和具备实践创新能力的专业人才的专业教育。单就本科教育而言，不同类型、不同层次的本科高校在价值取向上也有不同。应用型本科高校的价值取向，就培养模式而言是"能力导向，多元培养"，从培养目标而言就是培养"准工程师"。

高等教育不同的价值取向，使教育类型呈现"二分法"特征。教育类型"二分

法"就是根据教育内容把"教育分为普通文化教育和职业教育"[4]。在高等教育领域,按照培养目标以及培养层次,将专科层次的高等职业教育归为一类,本科层次的普通高等教育归为一类。无论受教育者今后的发展状况如何,"技工"与"准工程师"之间很难出现交集:高职院校培养的"工匠"到专科层次为止,毕业生随着熟练程度的提高,操作技能也会不断提升,但因受制于学历层次的影响,其设计创新能力难有明显提高;"准工程师"则随着工程实践经验的增加或者学历层次的提升,会逐步完成向工程师的蜕变,但其操作能力的提升会明显低于"工匠"。高等教育类型的"二分法",造成高层次职业人才匮乏。

引导部分地方本科高校转型,发展本科职业教育,其根本意义在于变革高等教育类型的"二分法",在普通本科教育中切分出一部分教育资源,以培养具有普通本科教育的基本知识、能力结构,同时兼备较强操作技能的高级技术型人才。将高职院校培养的"工匠"进行重新打造,或将部分办学历史不长的地方本科高校向应用型大学直接转型,这是发展我国本科职业教育的重要路径。

二、本科职业教育价值取向与卓越工程师定位

发展本科职业教育,要在教育的价值取向上解决"培养什么人,怎么培养人"的问题。地方本科高校现有人才培养定位大多参照部属高校或综合大学,但表述方式各异,"就培养目标的具体类型来说,有应用型技术人才、服务型技术人才、应用型管理人才、研究型人才、复合型人才,等等,总起来说就是两种类型:学术型人才和职业型人才"[5]。如果地方本科高校的专业教育大多兼有"职业教育"的属性,那么需要明晰的是本科职业教育与现行专业教育在价值取向上究竟有什么不同。我们可以借助公认的"职业带"理论进行分析。

"职业带"理论是西方公认的职业教育人才结构及其分类理论,该理论以连续的职业带表述职业领域内各类人员的构成,强调"由于职称与应付实际工作并无明确分工界限,各类人才交界处是重叠的"[6]。依照"职业带"理论,各类工业技术从业者按照理论和技术技能的掌握程度,可以依次划分为技术工人、技术员、工程师等三类,相对应的教育依次为职业教育、技术教育、工程教育。其中,

技术员以及对应的技术教育是"职业带"中不可或缺的中间环节。我国在高校扩招前，职业教育由中专层次的中等职业学校来承担，技术教育由大专层次的专科院校来承担，工程教育则由本科层次的高校来承担。大专层次的专科院校培养的是介于"技工"与"工程师"之间的"技术员"。

高校扩招后，一些学校升格，中专变成高职，专科升格为本科。原本处在技术教育层面的专科类高校升格为本科高校后，办学定位也发生相应改变，技术教育被工程教育替代；而由中专升格为高职的新建职业类高校，大多达不到技术教育的层次，培养的人才仍可归类为"技术工人"，远非"技术员"。研究表明，高等教育扩招后，由原有的普通中等专业学校升格而成许多高职院校，虽然有一定的职业教育经验，但是培养目标模糊、培养特色缺乏、专业设置随意、质量定位偏移等问题普遍存在，"这些学校升格以后，只是利用原有的中专层次的教育资源来举办大学层次的教育，这显然难以达到高等职业教育要求"[7]。由此可以发现，"职业带"链条中的技术员及技术教育实际上出现"断层"，换言之，在职业领域，技工与工程师之间存在"空隙"。20世纪80年代，美国普渡大学研究专家在分析美国的技术优势时认为，二战后的美国工程师占"职业带"理论端的2/3，技工占"职业带"实践端的2/3，中间重叠的1/3是优秀的技工与工程师的共同领域；但到了20世纪80年代，随着对工程师理论要求的提高，重叠部分逐渐消失，技工与工程师之间出现"职业带"的空隙，由此造成美国在工艺技术方面一度停滞。正是基于上述分析，美国通过技术学院培养高级技术型人才，以重拾美国在工业领域内的技术优势[8]。可见，现代职业教育体系中的本科职业教育与现行专业教育在价值取向上有明显的不同。本科职业教育的人才培养定位既不是培养技工层次的"工匠"，也不是培养学科知识体系完备的"准工程师"，而是填补"职业带"中技工与工程师之间的"空隙"，这种高级技术型人才也可以定位为当前地方本科高校致力于培养的"卓越工程师"。

培养"卓越工程师"是教育部在"卓越计划"试点中所提出的高等工程教育改革的目标。"工程师"是一个具有特定内涵的概念，"卓越工程师"显然不是真正意义上的工程师，可称为"现场工程师"或"见习工程师"。不同层次的"卓越计划"高校,"卓越工程师"的培养定位不同,但其基本定位是"企业工程师","培养的既不是研究人员也不是定岗人员,更不同于高职院校把学生送到企业去实训"[9]。地方本科高校的"卓越工程师"既不是传统意义上的职业教育所培养的"工匠",也非传统的专业教育所培养的"在某一专业领域具有精深知识和能力基础的高级专业人才",而是达到"卓越计划"通用标准的、具备较强实践技能的本科学历层次的应用型技术人才。

三、教育价值取向的多元化与地方本科高校转型发展

本科职业教育要求地方本科高校树立以"就业为导向"的办学理念,按照职业性和岗位适应性来整合或者调整教育要素,实现转型发展,以实现人才培养和就业需求的无缝对接。但转型发展究竟往哪儿转,这是当下高校和社会共同关注的热点问题。尽管教育界对地方本科高校转型发展进行多方位探讨,也提出诸多对策措施,政府相关部门在出台引导性政策的同时,也慎重地提出"切莫一阵风一刀切"。但顾虑重重可能是大多数地方本科高校在转型过程中出现的群体性心理特征。从高等教育价值取向多元化的视角来解读转型发展问题,可能更有利于高校转变发展理念,推进本科职业教育。

随着近年来教育教学改革的不断深化,大多数地方本科高校已经确立"应用型高校"的发展定位。虽然没有明确提出"本科职业教育"的概念,但在事实上已经确立"能力本位、就业导向"人才培养观,更何况"职业性"恰恰是应用型人才培养的"题中应有之义"。就对经济增长地位与作用而言,"职业教育直接为经济发展培养生产、服务、技术和管理第一线的应用型人才",具有转化现实生产力的功能[10]。在现代职业教育体系构建中,国家鼓励部分地方本科高校转型发展,响应的高校并不如政策设计者所预料的那样多。之所以出现这一现象,表面上的原因是高校担心公开提出职业教育会"矮化"学校形象,"甚至实现了'职业性'对'教育性'的全面置换或取代","教育的完整性和全面性被破坏,全面素质教育退化为技能教育,学校教育活动窄化为技能培训"[11]。深层次的原因却是地方本科高校所设定的发展理念问题。地方本科高校大多属于一般普通高校,其自认

的发展标杆是部属重点高校或者同类一流高校。因为现行的高校评价体制以及教育资源分配方式,无不与学校的办学层次、发展类型挂钩。地方本科高校的发展大多趋向于综合性、科研型,这可以从近年来地方高校的"改名热"发现其端倪。公开提出发展职业教育,显然与既定的发展思路相悖。

地方本科高校的价值取向,就其人才培养目标来说可以是多元的,学校的转型发展既可以是整体,也可以是局部;同样,本科职业教育既可以是部分专业,也可以是具体的专业方向。多元化的教育价值取向,并不会影响地方本科高校的既定发展方向。通常讲,在我国的高等教育体系中,有学术型人才、应用型人才和实用型人才等三种基本类型。尽管高等教育类型的"二分法"将"应用型"人才在层次上又分成如前所述的"研发型"和"技术型",而将高职院校培养的技能型实用人才排除在上述"应用型"人才之外。在现代职业教育体系下,如果将高校按照办学层次分成地方高职院校、地方本科高校和部属本科高校等三类,并以此来架构应用型人才培养的层次结构,那么本科教育中人才培养目标也有三个不同层次,即技术技能型、技术应用型和技术研发型人才,其中,技术技能型人才培养与高职院校相交叉,技术研发型人才与部属本科高校培养的科研型人才相重叠,区别就在于人才培养的层次与规格上。

价值取向多元化既符合高等教育发展实际,也切合地方本科高校向应用型高校转型发展的趋势。围绕经济社会发展,高等教育发展应呈现出"适应"、"支撑"和"引领"等三条不同的路径。所谓"适应"就是适应经济社会发展对人才的要求,主动或者被动地调整人才培养理念和模式,以维持高校的生存与发展;"支撑"就是满足经济社会发展对人才的要求,主动调整人才培养理念和模式,以拓展高校的生存与发展空间;"引领"就是按照经济社会的发展趋势,创新人才培养理念和模式,使培养的人才能够引领经济社会发展。对于地方本科高校而言,发展同样也有"三个境界":一是主动适应,二是支撑发展,三是创新引领[12]。应用型高校的教育价值取向是多元的,本科职业教育并不影响普通专业教育。按照学生的意愿与社会的需求,高校可以同时培养包括学术型、应用型等各类人才,孰轻孰重,关键取决于学校的办学能力。从社会需求来说,地方本科高校既要培养大量的职业型人才,也要培养支撑、引领行业发展的应用型创新人才,单一的价值取向并不符合地方本科高校的发展实际。

四、应用型高校职业教育的理念"厘定"与模式创新

教育的价值取向体现为教育的基本理念,高等教育的理念是在教育实践基础上的对高等教育的理性认识与合理预期。传统的高职教育理念强调教育的工具性,在实践上注重"对准市场设专业,对准岗位开课程,对准实践抓教学"[10],人才培养的预期是技术工人。本科职业教育在注重职业适应性培养的同时,还要关注系统知识教育和综合素质培育,人才培养的预期是高级技术人员,即"卓越工程师"。本科职业教育在培养模式上既不同于传统的高职教育,又区别于现行的专业教育。在本科职业教育理念与模式上,地方本科高校需要重点"厘定"两个问题。

1. 弘扬"工匠精神"并不等于培养"工匠"。工匠精神是一种对工作执着、对所做的事情和生产的产品精益求精、精雕细琢的精神。李克强总理在第二届中国质量奖颁奖大会上指出,要弘扬工匠精神,勇攀质量高峰,让追求卓越、崇尚质量成为全社会、全民族的价值导向和时代精神。刘延东也指出,弘扬工匠精神就是要"打造技能强国","就是要培育劳动光荣、技能宝贵、创造伟大的时代风尚,培养崇尚劳动、敬业守信、精益求精、敢于创新的技术技能人才,办好中国特色、世界水平的现代职业教育"[13]。本科职业教育要培养学生的工匠精神,要使工匠精神所蕴含的"师道精神、创业精神、创造精神、实践精神"成为学生职业生涯中勇攀质量高峰和追求卓越的强大精神动力[14]。

在弘扬工匠精神的同时,我们也要清醒地认识到,工匠概念可以在外延上进行扩展,工匠的特定内涵不会有大变化,精湛的技艺并不等同于高水平技术。在中国古代,"工匠"与"受教育者"之间没有必然的联系,"工"是指手工艺性质的工作,"匠"是代表工匠真正的名词,"匠"字的原意是用木匠的矩尺去量。李约瑟认为,中国古代最大工程操作工是木匠,工匠所能达到的"特别熟练和令人赞美的技能"称为"巧"[15]。工程师是基于近代工业技术发展而形成的社会职业。近代

工业技术与传统的工匠技术有本质的不同,前者是以外放性、革新性为特征,不但追求实用效果,而且更加注重技术革新,后者以封闭性、保守性为重要特征。高职院校培养的是工匠,但是本科职业教育是把工匠打造成"卓越工程师"。

2. 倡导"学徒制"并不意味着回归作坊式。现代学徒制是工业化生产时代技能型人才培养的重要模式,该模式于 20 世纪末已在欧美国家试行。近年来,现代学徒制在我国一些应用型地方高校也进行试点。从理论上看,现代学徒制是"一种与工作场所息息相关的学习方式,需要雇主作为利益相关者积极参与"[16],而我国现行的体制机制还缺乏吸引利益相关者参与的动力。在操作层面,虽然一些地方本科高校尝试以"师徒"形式架构学习模式,但局限于特定岗位的学徒制,只能视为作坊式的学徒制,而非现代学徒制。

本科职业教育与传统职业培训有本质的区别。本科职业教育形式是学校本位的学习,在技术技能训练环节,我们虽然强调要借鉴基于工作场所学习的学徒制模式,但是学校本位学习是根本。真正的现代学徒制实施需要基于国家层面的政策环境,而非高校自己所能解决的。本科职业教育最好的模式仍然是"产学融合、校企合作"。在教育部"卓越计划"的人才培养方案设置中,有不少于一年的企业培养要求,校企之间通过深度合作,形成利益多赢机制,这种"3+1模式"在本科职业教育中的具体实践,显然既优于作坊式的传统学徒制,也契合于现代学徒制。

原文载《黑龙江高教研究》,2016 年第 11 期:71-74

参考文献

[1] 胥秋. 我国本科职业教育的发展路径选择[J]. 高教发展与评估,2012(1):43-47.

[2] 张大良. 把握"学校主体、地方主责"工作定位积极引导部分地方本科高校转型发展[J]. 中国高等教育,2015(10):23-29.

[3] 张忠华. 高等教育专题新论[M]. 北京:光明日报出版社,2013:134.

[4] 李政云,欧阳河. 从教育类型划分谈职业教育本质[J]. 职业技术教育,2003(4):16-18.

［5］蒋太岩.中美高校学分制下的人才培养［M］.沈阳：辽宁大学出版社，2005：260－261.

［6］袁华，郑晓鸿.职业教育学［M］.上海：华东师范大学出版社，2010：35.

［7］袁晓成.高等职业院校内部质量保障体系建设［M］.北京：高等教育出版社，2011：4.

［8］刘晓保.技术学科论［M］.上海：上海教育出版社，2013：29.

［9］陈启元.对实施"卓越工程师教育培养计划"工作中几个问题的认识［J］.中国大学教学，
    2012(1)：4－6.

［10］王春燕，史晓鹤.我国现代职业教育支撑体系研究［M］.北京：北京大学出版社，2014.

［11］张应强.地方本科高校转型发展：可能效应与主要问题［J］.大学教育科学，2014(6)：29－34.

［12］张大良.改革创新　努力构建具有区域特色的现代应用性高等教育体系［J］.中国高教
    研究，2014(12)：5－7.

［13］刘延东.弘扬工匠精神，打造技能强国［N］.中国教育报，2016－05－10.

［14］李宏伟，别应龙.工匠精神的历史传承与当代培育［J］.自然辩证法研究，2015(8)：54－59.

［15］［英］李约瑟.中华科学文明史：下［M］.上海：上海人民出版社，2014：800－801.

［16］欧阳忠明，韩晶晶.现代学徒制："冷热不均"背后的理论思考［J］.中国职业技术教育，
    2016(12)：5－11.

"卓越计划"专业实践教学改革驱动理论教学创新探索

陆　勇　倪自银

摘　要："卓越计划"专业课程体系与教学内容改革难点是理论教学与实践教学的深度融合问题。解决这一问题,关键是通过变革工程人才培养理念,重新定位理论教学与实践教学的角色,探索从实践教学到理论教学,以实践教学改革驱动理论教学创新的路径。在"卓越计划"项目式实践教学中,专业要基于工程实践需求,开发理论课程或者重组教学内容,实现理论教学由知识灌输到行为导向变革。

关键词:实践教学;理论教学;卓越计划;项目式实践教学

"卓越计划"是我国高等工程教育领域实施的重大教育改革试点。在"卓越计划"的实施过程中,最为关键的环节是课程体系与教学内容改革。按照"卓越计划"的顶层设计方案,参与高校"按照本校卓越工程师培养目标,遵循工程的实践、集成与创新特征,以强化学生工程实践能力、工程设计能力与工程创新能力为核心,改革课程体系与教学内容"[1]。课程体系与教学内容改革的重点与难点是理论教学与实践教学的深度融合问题。

既然"卓越计划"是高等工程教育教学改革的试点,不妨借鉴现代职业教育,在本科工程人才培养阶段,探索以实践教学改革驱动理论教学创新的经验。这将涉及工程人才培养理念变革、理论教学与实践教学的角色定位、实践教学改革驱动理论教学创新实现方式以及可能存在的各种风险考量等诸多问题。本文试图围绕这些问题进行初步的探索,以期为"卓越计划"参与高校的专业课程体系与教学内容改革提供参考。

一、从工科教育到工程教育：工程人才培养理念的变革

在现行的我国高等教育体系中，工科教育基本等同于工程教育，工程教育的毕业生授予工学学位。但是，工科教育在人才培养目标定位上是不清晰的，可以是应用型工程人才，也可以是研究型人才。在实际的培养过程中，两者的培养方案和课程体系都相似或者雷同，培养科学家和培养工程师在课程体系与教学内容上并无明显差别。应用型工程人才在四年制本科工科教育中，本应属于工程实践的学时，被挤放到了理论教学环节，造成工程实践能力不足。

其实，与传统的工科教育不同，现行的工科教育就其服务面向而言，主要面向工业界培养大批工程技术人才，其实就是工程教育。但是受制于传统工科教育的人才培养理念，工程教育始终在理论教学与实践教学关系上纠结不清。传统的工科教育重视理论学习，缺乏实践探索，很难适应现代工程发展的趋势。潘云鹤院士曾指出，"我国的工程人才培养就是先学自然科学知识，然后把这些知识应用到工程科技上"，但是"当代工程并不等自然科学的应用，真正的卓越工程师，其知识不仅基于自然科学，还基于社会科学和实践经验"[2]。尽管伴随着高等教育大众化的节奏，我国工科教育的在校生规模和毕业生的数量已经居世界前列，但这并不代表我国工程教育居于世界领先地位。研究表明，我国是"世界上工科在校生最多的国家，但在经济全球化条件下，适合在跨国企业工作的高等工程教育毕业生比例还很小"[3]。高等工程教育必须从传统的工科教育中挣脱出来，构建面向工程实际的现代工程教育体系，实现工程人才培养理念的变革。

"卓越计划"的实施，就是要改革传统的工科教育模式，就是要"能够引领工程教育的改革方向，让工程教育回归工程"[4]。"卓越计划"工程人才培养理念是面向行业企业，围绕实际工程问题，按照后备工程师的成长规律，构建工程知识、培育工程素养、培养工程能力，使学生能够具有从事工程师职业所必备的基本能力素质。

二、从学科驱动到需求拉动:实践与理论教学角色定位

高校的教学资源配置是通过课程体系来实现的,纳入人才培养方案的课程体系包括理论和实践课程两大块。传统的工科教育模式以"学科驱动"来构建课程体系,强调学科知识的系统性、完整性,注重面面俱到,专业课程体系等同于学科课程体系,课程设置与专业培养目标之间缺乏内在逻辑关系。"学科驱动"体现在教学计划的组织上,以理论教学为主,实践教学为辅,理论教学与实践教学之间存在脱节现象。近年来,为提高学生的实践能力,高校通过教育教学改革,加强实践教学环节,改革理论教学体系,实践教学在人才培养过程中的地位开始上升。但是学科课程体系在整体上没有大的变化,相反在"宽口径,厚基础"的口号下,理论课程设置更加细化,总学时不断膨胀。

现代工程教育要培养的是工程师,工程师不同于科学家,所要从事的是工程设计、运行、管理,这些都是工程实践的过程,所以"对于工科学生而言,实践是创造性应用和发展理论的过程,是综合能力形成的过程,大学本科四年是参与工程实践、形成工程思维、获得工程经验的极重要时机"[5]。在工程人才培养中,如果仍然将实践教学作为验证理论知识或者提高实验实训技能的附属,那么整个课程体系的设计就不能支撑工程人才培养目标的实现。为此,我们倡导"需求拉动"重构课程体系,也就是要打破传统的基于学科的课程体系,按照工程人才培养目标需求,围绕人才培养的标准实现,来重构课程体系。无论是理论课程还是实践课程,重组增删的依据就是工程人才培养目标的需求。换言之,理论教学与实践教学的角色不是取决于其在学科体系中地位,而是取决于在工程人才培养中的地位。"需求拉动"是加强实践教学,促进理论教学与实践教学深度融合的重要路径。

事实上,在"卓越计划"的实施中,围绕构建面向工程的课程体系,参与高校已经进行诸多的探索,通过"强化实践环节,提高实践教学学时比重,压缩课内学时,避免课程内容重复,注重课程的综合作用"[6],传统的实践教学与理论教学角色定位正在发生较大的变化。把握这种变化带来的契机,"卓越计划"在课程体

系改革中,可以大胆探索实践教学改革驱动理论教学创新的路径,从根本上解决传统工科教育模式所形成的"先理论,后实践,重理论,轻实践"弊端,使工程教育真正回归"工程"。

三、从实践教学到理论教学:实践教学改革驱动理论教学创新

实践教学改革驱动理论教学创新路径设计必须遵循教育教学规律,分析工程师成长不同阶段对知识、能力、素质要求,稳步推进。如果将工程师的成长分成中学教育、高等工程教育和继续教育三个逐层提升阶段,其作为工程师所具备的知识能力素质的逐层提升过程,大致体现为这样的轨迹:中学教育阶段接受的是素质教育,学习应知应会的基本理论,辅之以基本的社会实践;高等工程本科教育阶段,构建作为未来工程师的知识结构、能力素质;继续教育阶段则是毕业生走上社会,通过工程实践的磨砺与知识的更新,完成由后备工程师向工程师的蜕变。

在高等工程本科教育阶段,低年级主要学习基本理论,通过各类验证性实验、初步的工程实践,形成基本能力;进入中年级注重理论与实践相结合,主要通过在实践探索中运用理论知识,形成必备的能力;到高年级,要依据实践探索的要求,选择适当的理论来解决实践工程问题,形成拓展能力。

实践探索与理论学习在工程师成长中对比关系大致是:工程师在成长过程中,伴随知识能力素质的提升,实践探索的成分逐渐超出理论学习的成分。实践教学改革驱动理论教学创新在时机的把握上,应该选择学生必备能力和拓展能力培养阶段。按照"卓越计划"专业人才培养方案,这两个阶段大致处在学生大二下学期、大三和大四上学期。

"卓越计划"专业的实践教学创新内涵丰富,涉及实践教学课程、实践教学内容、实践教学模式、实践教学手段、实践教学评价等多个层面,可以说,"卓越计划"专业与普通专业相比其特色就是实践教学创新。"卓越计划"专业的实践教学创新目标是构建"以能力为主线,以学生为中心"的实践教学体系,其中,行为导向教育的实践教学方法是"卓越计划"实践教学创新的重要内容之一。

行为导向教育是以行为或者任务为主导的职业教育模式,是德国应用技术人才培养的重要模式,也是世界各国职业教育和培训的主流。行为导向教育以学生职业能力养成为最高目标,主张师生的双向互动,围绕教学任务或单元,设计环节、活动、项目,引导学生在解决问题中,构建工程知识体系,培养工程实践能力[7]。"卓越计划"专业的实践教学改革驱动理论教学创新,可以通过行为导向教育的实践教学方法创新,促进理论课程教学按照"行为导向"进行相应变革,从而构建从实践教学到理论教学的过程。

四、从理论灌输到行为导向:项目式实践教学中的理论教学

行为导向教育所倡导的项目教学、案例分析、模拟教学、角色扮演等实践教学方法,不仅为高职人才培养提供有效路径,也对本科工程人才培养具有借鉴意义。项目教学法是工程人才培养中基于行为导向教育的最重要教学方法,"卓越工程"参与高校在课程与教学内容改革中,可以借鉴项目教学法,创新实践教学方法,形成学生在企业学习阶段的人才培养特色。项目教学法注重以学生、项目、实际经验为中心,培育学生主动参与工程实践和自主构建知识体系的能力,是培养工程师后备人才的重要方式。项目教学法具有产品和行动导向、跨学科性、学习者和需求指向、学习过程的自我组织、社会关联性、理论实践与研究交融等基本特征[8]。利用实践教学创新中的项目教学法,可以在提高学生解决工程问题能力的同时,构建切合实际的学生工程知识结构,推动工程教育中理论教学的改革。

"卓越计划"专业实践教学项目教学法的前提是校企合作,产学融合。其实践教学流程为:项目设计、项目立项、项目开展、成果提交。

项目设计依托校企联合人才培养机制,围绕企业工程实际问题,由专业教师和企业导师共同完成,设计要注重项目的实践综合性和知识集成性;项目立项环节,学生根据自己的发展方向自主参与,教师指导学生分组,企业提供项目实践经费;围绕项目的开展,学生在企业提供的真实工厂环境下自主实践与探索,并按照项目要求,自主选择理论知识学习;项目完成后,企业教师与专业教师结合

学生在项目中的贡献度和现实表现对学生的工程实践效果进行评价,企业将提交的成果进行效益评估,以运用于实际工程问题的解决。

这些环节中,理论教学不再是基于学科体系的课堂教学,学生可以自主学习,也可以选修相应的专业课,甚至按照项目的需要,跨学科学习相关的理论知识。"卓越计划"专业项目式实践教学法,使得传统工科人才培养方案中的专业选修课模块发生变化,基于工程实践需求的理论课程开发或者重组势在必行,由此可以推进理论教学改革;专业教师不能再依照传统的学科体系组织教学内容,而要在工程实践中,围绕项目开展,重新组织相应的知识点,以满足学生工程实践的需求。理论学习与实践探索由传统的"理论到实践"转变为"实践到理论",理论与实践在实践教学创新中实现深度融合。

项目式实践教学中理论教学改革的关键是项目的设计、项目实施过程中教师能动性。由于"卓越计划"的企业培养环节与高职的企业实习具有本质的不同,在项目设计过程中,项目所能具备的综合实践功能和工程知识的集成,决定了项目教学法对于提升解决工程问题能力效果,尤其是工程知识集成度直接影响理论教学的改革。因而,提倡通过校企合作,企业专家和专业教师共同设计项目,而不是由学生自主设计,这是区别于高职企业实习的重要特征。项目实施过程,专业教师必须按照实际工程问题,重组课程体系,改革教学内容。但是囿于传统学科课程体系的惯性,加之缺乏必要的工程经历,难度较大,这需要参与高校围绕"卓越计划"试点工作,适时推进教师管理体制和机制变革。

原文载《江苏高教》,2016 年第 3 期:90 - 92

参考文献

[1] 教育部关于实施卓越工程教育培养计划的通知(教高〔2011〕1 号).

[2] 郑扬.卓越工程师培养恰当其时[N].经济日报,2011 - 02 - 26(3).

[3] 周南照.中国教育竞争力国际比较研究[M].北京:教育科学出版社,2010:33.

[4] 杨晨光.造就一批高层次工程技术人才——教育部"卓越工程教育培养计划"实施进展综

述[N].中国教育报,2011-01-02(01).

[5] 李培根,许晓东,陈国松.我国本科工程教育实践教学问题与原因探析[J].高等工程教育研究,2012(3):1-6.

[6] 教育部.卓越工程教育培养计划工作进展报告(2010—2012)[Z].北京:高等教育出版社,2013:84.

[7] 李晓玲.行为导向,德国职业教育教学改革的理论与实践[J].教育发展研究,2002(11):109-111.

[8] 向梅梅,刘明贵.应用型本科高校实践教学研究[M].广州:暨南大学出版社,2011:148-149.

高校基本职能视角下的大学生"工匠精神"培育

杨　军

摘　要：培育具有工匠精神的大学生是我国从制造大国向制造强国转变的迫切需要，培育大学生工匠精神是高校基本职能的时代溢出与应然回归。人才培养的职能表达高校培育大学生工匠精神的本质规定；科学研究的职能澄明高校培育大学生工匠精神的具象生成；服务社会的职能彰显高校培育大学生工匠精神的价值取向；文化传承创新的职能蕴含高校培育大学生工匠精神的应然选择。

关键词：高校；根本职能；大学生；工匠精神

2016年3月5日，李克强总理在《政府工作报告》中强调要"培育精益求精的工匠精神"。这是"工匠精神"这一概念第一次出现在政府工作报告中，培育"工匠精神"已经上升为国家意志和全民共识。

在全面建成小康社会的征途中，工匠精神是各行各业不可或缺的职业操守，各行各业迫切需要具有工匠精神的大学生。"大学这个古老的社会机构，如今却发觉自己处于一种全新的地位"[1]，被赋予新的历史使命。大学生是工匠精神的传承者、传播者和践行者，培育大学生工匠精神对社会其他群体具有积极的示范辐射作用。高校人才培养、科学研究、服务社会、文化传承创新的四大职能规定了培育大学生工匠精神是其内在要义，培育大学生工匠精神是高校四大职能的时代溢出与应然回归。

一、人才培养的职能表达高校培育大学生工匠精神的本质规定

早在 1986 年,联合国教科文组织就提出,教育的目标是引导学生学会求知、学会做事、学会共处、学会做人。学会做事当然离不开心到、神到的工匠精神,也就是孔子所言的"修己以敬"[2]。《国家中长期教育改革和发展规划纲要(2010—2020 年)》提出,把促进人的全面发展、适应社会需要作为衡量教育质量的根本标准。2015 年新修订的《高等教育法》第五条规定了高校人才培养的目标:"教育必须为社会主义现代化建设服务、为人民服务,必须与生产劳动和社会实践相结合,培养德、智、体、美等方面全面发展的社会主义建设者和接班人。"高校作为人才培养的专门机构,理所当然把大学生的全面发展作为人才培养的目标。

培育工匠精神是中国从制造大国成为制造强国对人才培养提出的时代要求,也是大学生全面发展的重要指标。高校培养具有工匠精神的大学生义不容辞、责无旁贷。正如《大学》所言:"大学之道,在明明德,在亲民,在止于至善。"[3] 人才培养的职能从本质上规定高校培育大学生工匠精神具有先天性、必要性。大学期间是大学生世界观、人生观和价值观形成的决定性阶段,属于工匠精神培育的黄金时期,高校对大学生工匠精神的培育属于源头培育,对其毕业后弘扬工匠精神至关重要。培育大学生工匠精神有利于提高人才培养的质量,是高校在更高水平上履行人才培养职能的标志。

工匠精神丰富了人才培养的内涵,体现了人的"本质要求"、高等教育基本规律的"应然要求"和社会发展的"实然要求"。工匠精神既是当下社会发展对人才培养的新需求,又是大学生全面成人成才的现实需要,高校应把现实需求与长远发展结合起来,在"合规律性"与"合目的性"之间保持一定的张力,把工匠精神的培育融入人才培养的全过程。

二、科学研究的职能澄明高校培育大学生工匠精神的具象生成

科学研究在培育工匠精神方面具有独特优势和作用,这是由科学研究的特征所决定的。科学研究是一种需要潜心专注的高级脑力活动,每一个环节都需

要知难而进的精神、精益求精的精神、一丝不苟的精神。这些精神聚焦到一点就是工匠精神。在这一意义上,科学研究是一种涵养工匠精神的实践活动。大学生参与科学研究的范围越大、层次越深、时间越长,工匠精神的内化程度越高、稳固的程度也越高。利用科学研究活动培育大学生的工匠精神在国外由来已久。20世纪后期,相当数量的美国高校推行本科生科研计划,组织大学生参加科学研究来促进专业成长,大学生的工匠精神、创新意识、批判思维等得到了全面培育。

作为思想道德的范畴,工匠精神只能在一定的场域中生成,具有后天性。"青少年在连续的和进步的社会生活中所必须具有的态度和倾向的发展,不能通过信念、情感和知识的直接传授而发生,它要通过环境的中介而发生。"[4]而科学研究活动中弥漫着工匠精神的气息,对置身其中的人产生潜移默化的影响。大学生参与科学研究活动,可以深切感知工匠精神的内涵,认识到工匠精神的现实意义,增强秉持工匠精神的紧迫感和主动性,最终积淀为一种稳定、持久的言行范式。可见,高校科学研究活动为大学生工匠精神的培育提供了绝佳场域。组织大学生参加科学研究是培育工匠精神的有效途径。

就个体而言,大学生工匠精神的生成可以划分为四个阶段:一是感知阶段,大学生个体在参加科学研究的每一个环节中,根据自己的生活经验,借助视觉、触觉、听觉等对工匠精神产生直观的、感性的认识。二是理解阶段,经过反复的体验、感知以及教师的现场分析,大学生个体对科学研究中体现的工匠精神产生深刻的理解,工匠精神的内涵逐渐嵌入自己的知识结构之中。三是认同阶段,经过前两个阶段,大学生个体经历多次科学研究的现场感受和具体实践,对工匠精神产生完整的认知,最终使之成为自己信念的组成部分。四是自觉阶段,大学生个体能动地践行工匠精神,表现出趋向稳定的行动自觉,如一丝不苟、精雕细琢、唯美追求等,这些都是工匠精神外显的具体体现。

这四个阶段只是理论逻辑上的先后顺序,并非截然分开,实际上各个阶段是彼此交互、相互促进,并且反复持续地推动着大学生个体的工匠精神丰富、饱满,日趋完善。

三、服务社会的职能彰显高校培育大学生工匠精神的价值取向

高校服务社会的形式、内容、方法等多种多样,其本质是把高校的智力资源、科研成果转化为社会生产力。高校服务社会的职能主要通过大学生服务社会来实现,大学生服务社会的意识、本领在很大程度上映射高校履行服务社会职能的水平。服务社会的职能内在地规定高校有责任、有义务把服务社会的理念传递给大学生,使大学生成为这种理念的倡导者、传播者和践行者。

任何精神的培育均有自己的价值取向,工匠精神的培育更是如此。在大学生工匠精神培育中,如何培育、怎么培育以及最终实现的目标是什么,都取决于价值取向。高校作为社会风尚的引领者,必须积极响应时代要求,把服务社会作为培育大学生工匠精神的价值取向,正如弗来克斯纳所言:"大学不是风向标,不能什么流行就迎合什么。大学必须时常给社会其所需,而非其所要。"[5]以服务社会为价值取向,既是大学生个体全面发展的必然要求,更是高校取得社会各界支持的内在需要,是对大学生负责和对社会负责的统一。

经济社会的发展需要具有工匠精神的大学生已经成为社会共识,培育大学生工匠精神是高校履行服务社会职能的应然选择。坚持以服务社会为价值取向,意味着高校培育大学生的工匠精神,必须站在社会发展与大学生个体发展相统一的高度,而非仅仅局限于大学生的个体发展。作为大学生工匠精神培育的主体,高校培育大学生工匠精神,必须着眼于服务社会,唯有如此,大学生才能拥有本质意义上的工匠精神,增强承担社会责任的信心,否则,大学生工匠精神的培育必将走向迷茫,大学生的社会责任感也难以强化。

"人,每一个在道德上有价值的人,都有所承担,没有任何承担,不负任何责任的东西,不是人而是物件。"[6]服务社会的价值取向为工匠精神的培育和践行确定了终极目的,服务社会成为大学生弘扬工匠精神的一个重要观测点,弘扬工匠精神的目的是服务社会,坚持服务社会的价值取向是确保弘扬工匠精神的方向性。服务社会应该也必将成为大学生弘扬工匠精神的自我追求。树立服务社会的价值取向、秉持工匠精神的大学生能够正确处理个人价值和社会价值的关

系,不仅仅把工作视为赚钱的途径,更把工作作为服务社会的渠道,正如马克思所言:"作为确定的人,现实的人,你就有规定,就有使命,就有任务。"[7]以服务社会为价值取向的工匠精神的信念和践行可以使大学生在知行合一的过程中张扬个性,感知社会责任感的外在呼唤,并积极地协调个人价值与社会价值的矛盾,在不断变化的社会环境中校正自己的个人价值观,避免误入单向度的个人发展歧途。没有服务社会的价值取向,大学生工匠精神的培育仅仅具有个体意义,缺乏社会意义。在社会对高校服务要求日益提高的形势下,高校必须以服务社会作为大学生工匠精神培育的价值取向,毕竟大学生是高校履行服务社会职能的最大群体。

四、文化传承创新的职能蕴含高校培育大学生工匠精神的应然选择

作为一种文化力量,工匠精神属于文化的范畴,是一种先进文化现象,也是文化传承创新的应有之义。文化与工匠精神之间存在包含与被包含的关系。无论从历史还是从现实来看,培育、弘扬工匠精神都具有必然性。

工匠精神不是舶来品,庖丁解牛、轮扁斫轮和卖油翁等无不体现着工匠精神。工匠精神是中华民族文化的重要组成部分,是一种广为传播的文化遗产。作为我国经济社会发展到一定阶段迫切需要弘扬光大的工匠精神,隐含着特定的文化表达功能,折射出公众对高层次文化需求的目标追求,成为公众传播先进文化理念具有普遍意义的方式。

高校是优秀文化传承的重要场所和思想文化创新的重要源泉,在文化传承创新方面的作用愈发凸显。不同的时代,高校履行文化传承创新职能具有不同的内容、不同的形式。随着时代的发展,文化内涵的丰富,文化传承创新职能呈现出新的形式,高校承担相应的社会责任更容易引起公众的关注。公众对工匠精神的心理需求,各行各业对工匠精神的现实呼唤,为高校在更大范围内履行文化传承创新职能提供了空间。高校培育大学生工匠精神是文化育人的生动实践,更是21世纪对文化传承创新职能的内在要求。

当下,中国从制造大国走向制造强国更需要弘扬工匠精神。每个行业都有

培育公民工匠精神的义务。与其他行业相比,高校作为文化传承创新的重要机构,理所当然要担当这个重要的使命。高校在培育工匠精神方面具有其他行业无法替代的独特优势,应该走在其他行业前面,并为其他行业做出榜样。换言之,高校培育大学生工匠精神并不是可有可无的事情,而是合情合法合理的应然选择。

美国学者弗克莱斯纳认为:"大学是时代的表现。"[8]培育大学生工匠精神是高校履行文化传承创新职能的又一诠释,是时代提出的新要求,是规定动作,更是必选题,不可不为之。高校既要传承作为文化遗产的工匠精神,又要创新具有时代特征的工匠精神。作为先进文化的倡导者、传承者、宣传者、践行者,大学生理应接受工匠精神的熏陶。高校应采取灵活多样的形式引导大学生感悟、理解、认可工匠精神,日积月累,潜移默化,在大学生身上沉淀工匠精神的底蕴,为其进入社会践行工匠精神奠定基础。

"高等教育既不能逃避历史责任,而社会历史也无法回避高等教育。"[9]培育大学生工匠精神是时代对高校的要求在基本职能上的映射,也为高校深度履行职能提供了新的空间,高校的四大基本职能在培育大学生工匠精神中虽然扮演不同的角色,但是其指向是一样的,高校四大职能的履行与大学生工匠精神的培育具有内在的统一性、逻辑上的自洽性。大学生工匠精神的培育是高等教育的应然追求,高校应该承担大学生工匠精神培育的历史责任。

原文载《江苏高教》,2017 年第 11 期:81 - 83

参考文献

[1] (美)克拉克·科尔. 大学的功用[M]. 南昌:江西教育出版社,1993:5.

[2] 杨伯峻. 论语译注[M]. 北京:中华书局,2006:179.

[3] 孔子,等. 四书五经[M]. 沈阳:万卷出版公司,2008:1.

[4] (美)约翰·杜威. 民主主义与教育[M]. 王承绪,译. 北京:人民教育出版社,1990:24.

[5] Abraham Flexner. Universities: American, English, German[M]. New York Oxford

University Press，1930：5 - 6.

［6］（德）康德. 道德形而上学原理［M］，苗力田，译. 上海：上海人民出版社，2002：代序，7.

［7］马克思，恩格斯. 马克思恩格斯全集（第 3 卷）［M］. 北京：人民出版社，1995：579.

［8］Peter Scott. The Crisis of the University［M］London & Sydney：Croom Helm Ltd，Provident House，1984：54.

［9］Clark kerr：Higher Education Cannot Escape History［M］. New York：State University of New York Press. 1994：231.

"卓越计划"理念下的校企协同育人机制探索

孙　雷

摘　要:"卓越计划"所倡导的校企协同培育工程人才的理念,对高校的工程教育而言,既是改革的契机,更是发展的机遇。规避校企协同的可能风险、寻找有效合作途径以及激发企业参与动力,关键是找到校企双方利益的协同点。因此,校企协同中高校必须按照市场规律,研判行业企业需求,找准协同点,从理念育人、实践育人、项目育人和压力育人入手,积极拓展校企协同育人有效途径。通过成立校企协同组织机构、改革课程体系、人员双向互动、学生全年企业实践等方式,探索校企协同育人新机制。

关键词:"卓越计划";校企协同;育人

近年来,我国高等工程教育发展迅猛,"工程学科本科以上毕业生总量位居世界前列,成为名副其实的工程教育大国",工程教育规模居世界第一[1]。适应中国特色新型工业化道路,加强与行业企业的合作,探索校企合作培养人才新机制,成为高等工程教育改革的重要任务。教育部"卓越计划"的实施是校企协同培养工程人才的重要改革举措,以"卓越计划"为契机,创新校企协同育人的模式,探索校企协同培养卓越工程人才新途径,是社会共同关注的热点问题。

高校协同育人本质属性是合作教育模式的创新,目的指向是提升学生的工程实践能力和发展创新能力[2]。校企协同是高校协同育人的关键所在。校企协同就像一个天平,高校与企业是天平的两端,高校与企业必须找到一个合适的人才培养的平衡点,天平才会保持平衡而不会倾斜。如何找准这个平衡点,成为相关高校研究者和实践者关注的热点。本文直面校企协同培养人才面临的机遇与挑战,并结合"卓越计划"的实施,从行业企业内在需求角度,探索校企协同育人新路径。

一、机遇与挑战:校企协同育人中面临的机遇和困惑

长期以来,我国的高等工程教育一直没有摆脱传统的"工科"教育的束缚,培养的本科工程人才定位不准,毕业生工程实践能力难以满足工程实际的需要。许多高校围绕经济社会的发展,调整人才培养模式,增强学生工程实践能力,但囿于传统的教育理念,人才培养的社会满意度始终难于提升。2010 年实施的"卓越工程教育培养计划"是教育部针对高等工程教育的重大改革举措,"卓越计划"所倡导的校企协同培育工程人才理念,对高校工程教育而言,既是改革的契机,更是发展的机遇。

"卓越计划"实施的依托是"校企协同"。"卓越计划"实施的主要目标是:面向工业界、面向世界、面向未来,培养造就一大批创新能力强、适应经济社会发展需要的高质量各类型工程技术人才。要求凡是实施"卓越计划"的高校,必须要有行业、企业深度参与培养过程,按通用标准和行业标准来培养人才[3]。纵观卓越计划的内容措施不难发现,该计划主要任务就是建立高校与行业企业联合培养人才的新机制,创新工程教育的人才培养模式。高校必须围绕学生工程能力、创新能力培养,重新审视并制定新的校企协同育人发展思路。因此,改革现有人才培养模式已势在必行。

校企协同育人是培养卓越工程师的必由之路。什么样的高校与什么样的行业企业合作,取决于两者相互选择,但不管采取何种形式和手段,首要目的必须是:培养行业企业需要的工程人才,这是校企协同育人之本。"卓越计划"培养的主体首先是工程师,在当前高校工程环境育人氛围不足的情况下,充分利用企业平台来培养工程人才,是高校绕不过的坎。策应"卓越计划"的实施,校企双方需要把握好机遇,大胆尝试,勇于创新,提高工程人才培养的质量。但在实践中也

面临以下困境。

一是如何避免校企协同可能带来的风险。校企协同要求与高校协同的企业要有一定的规模和较好的契合度,这类企业才有条件来承担高校提出的合作任务,才能规避与高校合作可能带来的风险;校企要有较好的契合度,主要是考虑企业自身发展对人才和技术的需要,只有合作高校有其需要的人才和技术,企业才能得益。

二是如何寻找到校企协同有效的手段和方法。我国高校以公办为主,主要依赖国家投入,许多高校缺乏利用社会资源,增强学校实力的理念,对校企协同重要性认识不够。加上高校评价主体行政化,社会使用和评价得不到重视,人才培养与市场脱节。随着改革不断深入,高校办学自主权加大,高校领导者市场意识与危机意识逐步增强,许多校领导主动走出校门,向社会要资源,向市场要活力,积极主动地联系企业寻求合作,找"米"下锅,合作的大门已经打开。但由于受历史传统、办学定位和合作投入等影响,加之不愿意触动高校自身改革深层次体制性问题,合作多停留在一些短期目标和利益实现上,缺乏有效的校企合作手段和方法。

三是如何激发企业参与合作的动力。在市场经济条件下,企业能否与高校合作,必须有"利"可图,这是市场法则,校企合作必须遵循。当前,许多企业特别是一些中小企业,看不到合作的隐形利益或长远发展,不愿意加大校企合作投入,普遍存在"学校热、企业冷"现象。细细分析原因:一是企业不愿意加大人力资源成本投入,立足于"用",忽视了"养";二是企业在市场运作中要承担各种风险,经济效益的潜在不稳定性等因素会影响校企合作;三是企业技术力量难以承担合作任务,缺少自有技术,"拿来主义"现象普遍;四是缺少政策扶持,现有政策缺少刚性,落不到实处,在税收减免等方面力度不够。校企协同育人最主要环节在于学生进企业实习,通过企业平台升华、检验理论知识,但多数企业不愿意接纳学生实习,除了上述因素外,许多企业担心学生进企业后,会影响企业运行,增加企业负担。许多企业勉强接纳部分学生实习,也是学校通过一定关系或支付一定实习费用后,才得以实施,这样的实习,效果大打折扣。

校企协同育人过程面临的困境,既是市场经济环境下企业生存发展模式使然,也与高校现行管理体制有关。校企协同育人,关键是缺乏一条联系校企相互利益关系的纽带,为此,在"卓越计划"中,为提升校企协同育人的有效性,必须找到校企双方利益的"交集点",以实现人才培养过程中校企之间的对接。

二、关联与归结:校企协同育人中人才培养途径调整

校企协同育人中,高校要积极主动,大胆改革,将人才培养过程与企业工程实践相对接,寻找校企协同点,在关联与归结中推进深度合作。

1. 理念育人:在教学实践中融入企业元素。卓越工程人才培养必须在教学体系中引入一线企业的最新发展和需求,特别是具有代表性的行业企业技术信息,要及时整合体现到高校的教材、教学和实验中,学生学到的知识才不"落伍"。高校可以充分利用校企协同资源,请企业专家参与教学计划的制订、教材的编写、实验实训环节的指导等,将企业的技术、需求和信息充分融合到高校教学中来,满足市场对卓越工程人才培养的高标准和严要求。

2. 实践育人:按照市场规律用好企业平台。企业平台是直接面向市场的,企业信息和技术有很强的实践性、应用性和时效性,学生在此平台上能学到许多书本上学不到的知识,可以较好地提升学生的知识应用能力、思考解决问题能力、团队合作交流能力,这些工程素养和能力是当代工科大学生必须具备的。校企协同中,企业要将自身的平台作为资源投资,优惠提供给高校使用,在实现高校人才培养目标的同时,为自己选拔优秀人才,充实人力资源储备,实现市场经济条件下的合作共赢。

3. 项目育人:结合技术研发培养教师、学生创新能力。校企协同除给学生提供实践平台外,还能为高校教师带来技术合作项目。高校人才集中,研发能力强,这是一般企业不具备的,许多企业愿意与高校合作,也正是看中了这一点。高校要出台政策支持教师与企业合作研发,通过技术合作,提升教师的技术水平和工程能力。同时,还能带动科研项目的申报,争取到更多的资金,推动项目研发和人才培养。合作中,高校应鼓励教师带学生共同研发,让学生参与教师的项

目,在项目实践运作中学习,加强过程跟踪督查,真正实现校企协同项目育人。

4. 压力育人:按照员工要求重构学生身份。大学的特性和内涵要求学生必须学会自主学习,在当前中国高等教育严进宽出的态势下,学生学习压力小,相当一部分学生学习仅满足于应付考试。校企协同中,增加学生企业学习环节,学生到企业学习半年甚至一年,作为企业准员工,在管理和考核上与正式员工一样对待,严格要求,并给予一定待遇,实现学生身份向企业员工身份转换。在企业环境中,学生感受到身份转变所带来的压力,会重新定位自己,会发现与正式员工在知识应用方面的差距,会发现交流沟通、团队协作等方面能力的重要,他们不得不恶补相关知识,及时向企业技术人员请教,以尽快适应新岗位要求。再加上企业严格的规章约束,要独立应对个人生活,这些压力处理得好,对大学生的成长和成才非常重要。

三、拓展与创新:立足双方需求探索校企协同育人机制

校企协同中高校必须把握主动权,按照市场规律,研判企业需求,找准协同点;双方本着平等合作、互利互惠原则,成立必要的组织机构,改革现有的不适应合作的机制,实现优势互补,合作共赢。

1. 成立专门处理校企协同事务组织机构。高校是培养人才和开展科学研究的场所,企业是以市场运作实现赢利为目的的社会机构,二者之间的联系结合点主要在人才和技术,这是双方协同的立足点。因为涉及跨行业、跨单位、跨部门,一旦双方协同,则有许多事务工作要协调落实解决,成立必要的协同机构(人数少的单位可不成立),与相关部门合署或独立设置,明确专人专职,协调处理协同相关事务,推进双方开展合作。

2. 结合企业需求改革高校课程教学体系。校企协同中,企业最想从高校得到人才,希望到企业工作的学生专业知识和相关能力尽可能符合企业需要,岗位适应期越短越好。而高校现有的人才培养体系基本是传统"再版",相对陈旧,课程教学体系设置落后于市场需求,与企业的要求有一定差距。这就要求高校改革现有的课程体系设置,高校与协同企业要对现有课程体系进行深入研究,组织

专家会商,提出切实可行的整改方案,将企业急需的、市场一线的信息技术纳入到课程体系中,推动课程体系与教学内容的改革,重新组织编写专业教材,强化教师教学业务和能力培养,使培养的人才适应企业快速发展要求。

3. 实现高校老师和企业工程师双向互动。近年来,高校普遍注重内涵发展,整体科研能力水平得到大幅提升,拓展了与企业开展合作的空间,但高校老师自身的实践能力相对不足。企业有市场一线技术和信息,但研发经费和人力资源投入相对不足。如果高校能出台相关政策,鼓励支持专业教师深入企业学习实践,企业能选派工程师到高校"回炉",同时为高校开设相关专业讲座和选修课,建立高校老师和企业工程师互通机制,给予必要的经费支持,实现人才资源共享,相互聘用,联合攻关,会使校企双方从中受益,实现真正意义上的协同。

4. 实施基于卓越计划的"3+1"人才培养模式。卓越计划鼓励高校学生到企业进行实践培养,切实提高学生实践能力。许多实施卓越计划的高校虽然积极响应,采取各种措施增加学生进企业实践的时间,但多是零散的、阶段性的,有效果,但给企业生产运行带来了不小压力和负担,这也是许多企业不愿意开展校企协同的主要原因。校企协同必须充分考虑企业的现状和承受能力。企业的工作岗位具有连续性和稳定性,因此,如果将到企业实践的学生变为企业的准员工,在工程师指导下顶岗工作,在实践学习中为企业创造出利润价值,则企业必然愿意合作。实践操作中,可以将本科生前三年安排学校培养,可根据企业需要适当改革一些课程设置,增加与企业相关的教学内容,培养学生进企业的基本技能;大三下学期起,请企业人员到校与学生进行双选,被选中的学生,与企业、学校签订实习协议后,大四全年到企业学习和实践(含寒暑假),由企业安排相对固定的工作岗位,作为企业准员工顶岗锻炼,采取双导师制,在企业完成毕业设计,实现学生一年企业实习不断线,保证企业人员、岗位、项目等有序衔接,在学生得到实践培养的同时,企业也能选拔到合适的优秀人才,维护了企业利益,实现校企协同育人持续稳定地开展。

原文载《江苏高教》,2016 年第 4 期:85-87

参考文献

[1] 林健.卓越工程师培养——工程教育系统论改革研究[M].北京:清华大学出版社,
    2013:15.

[2] 杨路.校企协同的内涵与模式[J].理论界,2012(12):193.

[3] 教育部.关于实施卓越工程师教育培养计划的若干意见[Z].教高[2011]1号.

浅谈工程教育专业认证与地方本科高校工程教育改革

陆 勇

摘 要：我国高等工程教育理念，长期纠葛于通才教育与专才教育、理论教育与实践教育、层次教育与职业教育三对关系，因而摇摆不定；将工程教育与工科教育混同，甚至以工科教育替代工程教育，使工程教育虽时有创新，但却步履蹒跚。高校工程教育改革，如能按照工程教育专业认证的规约，让工程教育"回归工程"，就可以明确改革的价值取向和总体方向。为此，地方本科高校可以按照工程教育认证要求，对培养目标、培养标准、培养方案和培养模式进行相应调整，以重构工程人才培养体系，从而推进工程教育的改革与发展。

关键词：工程教育专业认证；地方本科高校；工程教育改革；工程人才培养

据统计，我国本科高校中，非"211"高校占了 90.1％；2013 年，有 1 047 所本科高校开设工科专业，本科工科专业数达 1 408 个，高等工程教育本科生在校生规模达 450 多万。地方本科高校是推进我国由制造业大国向制造业强国转变的重要力量，是地方传统产业结构调整和新兴产业发展的重要支撑。但是，许多地方本科高校毕业生的就业率、专业对口率以及就业质量不高也是不争的事实，推动地方本科高校的转型发展已经成为社会普遍关注的热点问题。地方本科高校转型发展基本思路就是"参考国外的应用技术大学的办学经验，立足地方、明确定位，校企合作、开放办学，成就学生、服务社会"。而工程教育专业认证是实现工程教育与工业界对接,提升工程人才培养质量的有效途径。探索工程教育专业认证视阈下的工程教育改革,对于推进地方本科高校的转型发展具有重要的现实意义。

一、从理念变革到模式探索:高校工程教育改革的创新与徘徊

工程教育理念是在工程教育实践和理性思考基础上所形成的对于工程教育的理性认识和合理预期。何谓工程教育?为何开展工程教育?如何开展工程教育?对这些问题的思考,形成了人们对于高等工程教育的基本认知。我国高等工程教育理念的调整,从发展过程而言,主要纠葛在通才教育与专才教育、理论教育与实践教育、层次教育与职业教育这三对关系中。首先,对于教育是"通才"还是"专才"的不同理解,导致工程教育侧重点不同:强调通用人才培养,担心培养的工程人才"学非所用";注重专业人才,顾虑培养的工程人才"狭窄专深",缺乏后劲。其次,如何处理理论教育与实践教育关系,长期困扰着教育界:注重理论教学为主,实践教学为辅,出现工程实践能力严重不足;强化实践环节,在既定学制下,出现学生专业知识不全,后续发展潜力不足。第三是学历层次教育还是面向职业教育定位不清。在现行高等教育体系中,高等工程教育归属为本科及以上层次的教育,而职业教育最高层次只到专科。但是,我国现行职业教育体系中,工程教育其实也是面向工程领域的职业教育。本科高校"矮化"职业教育,高职院校"淡化"职业教育,从理念上制约了高等工程教育改革与发展。

"工程教育"与"工科教育"的混同是造成我国工程教育理念摇摆不定的关键因素。通才教育与专才教育、理论教育与实践教育、层次教育与职业教育这三对关系,都将工程教育等同于工科教育。实际上,工科教育是学科的教育,工程教育是专业教育,两者有明显的区别。从人才培养的角度而言,工科教育培养的主要是工科科研型人才,兼顾应用型人才,而工程教育主要是工程应用型人才。

以工科教育替代工程教育,会造成工程人才培养盲目追求学术化和培养层次高规格化的问题,而忽视工程人才本身应具有的"工程性"。目前高等工程教育专业划分过细,学生知识面过窄;学生缺乏工程及工程问题基本认知,发现、解

决工程实际问题的能力不足等问题,无不是高校工程教育理念错位的表现。

高等教育大众化使工程教育成为地方本科高校面向地方经济社会发展、推进学校特色发展的支柱,加快高校内涵发展、提升人才培养质量业已成为高等教育后大众化阶段地方本科高校发展的主题。经过几年的内涵建设,地方本科高校工程教育改革基本完成了从教育理念的变革到培养模式的创新——工程教育不仅从传统工科教育的桎梏中逐渐分离出来,确立了以服务地方经济社会发展为方向、以学生工程实践能力培养为主线的应用型工程人才培养目标,而且工程教育也开始突破传统知识传授模式的窠臼,传授知识与培养能力并重,基本形成了"依托行业、面向企业、校企合作、协同培养"的工程人才培养新模式。

但另一方面也要看到,随着学校规模的扩张和招生数量的增加,地方本科高校人才培养质量在持续下滑;许多学校不顾自身特色和优势,片面追求学科专业齐全、人才培养高层次和设置热门专业。在工程教育中,"面向工程实践不足、人才培养模式单一、按照科学教育模式培养工程师、创新能力培养不足、工科教师普遍缺乏工程实践经历"等问题还比较突出。

何以如此?地方本科高校工程教育改革的方向是关键,主要表现在四个方面:一是追求"终极性"方案,忽视"持续性"措施,在工程教育改革的设计上,希望通过"一劳永逸"的"一次性"改革解决工程教育的所有问题,缺乏持续性改进的理念或者措施,违背了工程教育的规律;二是追求"功利性"目的,忽视"实质性"投入,在工程教育改革价值取向上,以获取更多教育资源为目标,缺乏对改革实质性内容的关注;三是追求"标志性"成果,忽视"基础性"过程,在工程教育改革的目标设定中,片面追求各类"标志性"教改成果,缺乏对围绕标志性成果的"基础性"教改过程的关注,取得的教改成果对工程教育内涵提升的影响很小;四是追求"典型性"影响,忽视"普遍性"效应,工程教育改革的受众群体局限在少数学生,所取得的"典型性"成功案例对于全体学生来说不具备普遍性,专业内涵发展的整体效果不佳。

如何客观评价地方本科高校工程教育状况,并以此引导工程教育改革与发展,至关重要。当前对高校的评价,最有权威的是教育行政主管部门的本科教学水平评估。但是，从第一轮评估的情况来看，对评估的客观性和公正性问题，社会的批评、质疑声很多。通过工程专业教育认证，借助于第三方评价，检验地方本科高校工程教育现状，并进而推进工程教育的改革与发展，势在必行。

二、从关注投入到注重产出：专业认证对工程教育改革的规约

工程教育专业认证是目前国际通行的工程教育质量评估手段，是通过对工程教育关键环节的控制，以保障受教育者具备从事工程技术领域工作所必备的知识能力素质。该专业认证的主体不是教育行政主管部门，而是"包含了工程界人士、教育界人士以及其他相关群体的代表，代表了整个社会尤其是工程职业界对工程教育质量的干预"。在工程教育专业认证视阈下，工程教育改革的方向非常明确，就是让工程教育"回归工程"。

"回归工程"就是让工程教育由科学向工程回归，其具体内涵主要体现在三个方面：其一，工程教育要从过去过分重视工程科学转变到更多地重视工程系统及其背景；其二，工程教育要注重学生工程实践能力的培养；其三，工程教育按照"整合"或"集成"改革或者重构现有课程。工程教育专业认证不仅体现了"回归工程"的教育理念，而且将终身学习、学会学习以及可持续发展理念融入认证体系中。

工程教育专业认证不是"评优"，而是"合格性"评价，达到认证标准就是通过，没有等级、优劣、层次之分。在工程教育专业认证过程中，最为核心的是对标查证，标准可以调整，但是"逐步以教育投入为核心转向以教育产出为核心"的总体趋势则不容改变。一旦接受工程教育专业认证的规约，工程教育质量便由其教育产出决定，即取决于毕业生的质量，亦即学生毕业是否达到预期的培养目标。

地方本科高校的工程教育核心问题是培养什么样的工程技术人才，通过什么样的模式培养。在工程教育专业认证视阈下，从关注教育投入到注重教育产出，地方本科高校的工程教育改革要关注的重点有两个方面。一个方面是要能培养达到认证标准要求的后备工程师。所有改革措施最终效果都得由毕业生质

量来检验;所有改革成果最终也要由其对提升毕业生质量的贡献度来评价。另一方面是,要能够培养符合行业企业要求的后备工程师。工程教育改革必须密切与工业界的合作,培养"主动适应"、"支撑发展"、"创新引领"行业发展的各类现代工程技术人才,构建现代应用型高等教育体系。

工程教育专业认证强调三个核心理念,即成果导向、以学生为中心、持续改进,这些理念代表了工程教育改革的方向。因此,地方本科高校的工程教育改革,就是要以达到工程教育专业认证标准为标杆,改革传统的工科教育模式,面向工业界培养高素质应用型工程技术人才,为地方产业发展提供人才支撑。

三、以认证要求重构人才培养体系:地方本科高校工程教育改革的路径

把握转型发展机遇,通过工程教育专业认证,调整地方本科高校工程教育改革方向,构建应用型高等工程教育体系,在服务地方经济社会发展中,促进工程教育的发展势在必行。工程教育改革是系统工程,在工程教育专业认证视阈下,改革不仅要在工程教育理念上突破传统工科教育的束缚,更要从人才培养的具体环节着手重构工程人才培养体系。

1. 面向行业企业和学校办学定位,调整人才培养目标。

工程教育专业认证对工程人才培养目标的要求是:既要符合学校定位,又要适应社会经济发展要求,同时还要兼顾到学生未来的发展。因而人才培养目标要注重从培养的层次、培养的面向、未来的发展三个层面进行调整。

首先,培养的层次是应用型工程人才。地方本科高校的工程教育属于"大众教育",按照"职业带"人才结构理论,培养的是基于技术员、工程师之间的工程人才,也就是"主要培养能适应高科技应用和智能化控制与管理一线工作的本科层次的技术工程师、技术师、经济师、经理等应用型高级专门人才",培养目标是行业企业一线工程师后备人才——他们在教育部推行的"卓越工程教育培养计划"中被称为"卓越工程师"、"后备工程师"或者"现场工程师"。

其次,培养面向的是地方经济社会。地方本科高校工程教育的特征是地方性,在目标定位上要利用学校已有的区域优势,围绕地方产业发展,合理确定人

才的服务面向,形成人才培养特色。

第三,毕业生未来的发展。地方本科高校工程教育的目标定位要具备前瞻性,不仅要适应行业企业对工程人才的需求,还要考虑到行业企业未来发展变化对人才能力素质的要求。要在把握专业工程技术发展趋势的基础上,围绕提升毕业生知识更新能力、实践创新能力和职业迁移能力,设定培养要求。

围绕上述人才培养目标定位,地方本科高校工程教育改革,必须邀请行业企业共同参与,要在认真调研和深刻把握行业企业发展趋势下,构建培养目标的动态调整机制,使人才培养能够与地方产业发展相对接,与学校特色发展相统一。

2. 按照专业认证标准和行业标准,制定人才培养标准。

工程人才的标准化培养是当下国际工程教育的趋势,人才培养标准体现为"内容标准"和"表现标准"两个层面,回答的是"社会需要什么样的工程人才"或"工程专业本科毕业生应该具备的知识、能力和素养"问题。地方本科高校工程教育的人才培养可以参照的标准有工程教育专业认证的通用标准与补充标准、教育部"卓越计划"实施的通用标准、各专业的行业标准或者规范。但地方本科高校还要结合自身特点,制定相应的学校工程人才培养的具体标准,也就是要以工程教育专业认证为规约,按照专业认证标准和行业标准制定专业人才培养的"校本"标准。

但是,认证标准或者行业标准是判断工程教育质量是否达到预期的标准,并不是人才培养的标准,因而,地方本科高校要按照专业认证标准中"毕业要求"和行业标准对工程技术人才的要求,制定人才培养标准。培养标准的制定要遵行以下几个基本原则:一是体现层次性,要能够包含工程教育专业认证标准和行业标准对毕业生的要求,同时还在层次上略高于上述标准;二是具有可操作性,要按照后备工程师必备的知识能力素质的要求,制定可供具体落实、过程检查、结果评价的标准体系;三是具备可行性,要根据学校现有的办学条件,确定可以实现的标准;四是具有特色性,要能够把握地方产业发展和学校办学特色,使专业培养标准能够体现出学校工程教育的特色;五是具备可持续性,要按照地方经济社会的发展对人才培养质量要求的变化,能够适时调整。

3. 坚持能力导向和人才多元原则,改革人才培养方案。

人才培养方案改革是高等教育教学改革的抓手。地方本科高校工程教育改革,要按照培养标准,通过标准的矩阵化,来构建课程体系,设计教学计划。在工程教育专业认证视阈下,判断产出,就是毕业生的工程能力和综合素质是否满足实际工程需要、是否适应不同工程岗位要求。

工程教育专业认证标准对毕业生的要求是,不仅要具备规定的专业能力,还要具备社会适应能力与就业竞争力。工程教育改革要按照工程能力培养,架构知识体系,按照工程职业要求,培育工程素养。因而,人才培养方案的改革,要打破传统工科教育模式下的学科课程体系,按照工程能力导向,重构课程教学内容,围绕工程专业对不同类型人才的要求,实施人才的多元化培养。

坚持能力导向和人才多元培养,改革人才培养方案,关键是课程体系的重构。盐城工学院工程专业人才培养方案改革的主要内容有四个方面:一是将本科层次工程人才所需要的能力素质划分成基础、必备、拓展三个层次,按照三个层次,将工程人才培养标准进行细化、分层,构建工程人才培养能力素质结构图;二是按照能力素质结构图,重构专业的理论与实践课程,形成专业课程体系拓扑图,通过拓扑图梳理每门课程或实践环节与能力素质培养之间的内在逻辑关系;三是以知识单元+知识节点,调整传统的课程教学内容,将理论知识传授与实践能力培养融合到一起,建立课程教学内容的动态调整机制;四是围绕地方产业发展对不同类型人才的需求,将专业人才按照服务面向进行分类培养,将上述课程体系进行相应的模块化整合,形成人才的多元化培养。

4. 依托校企深度合作和产学融合,创新人才培养模式。

现代工程教育是与工程师职业密切关联的职业化和专门化的教育。"工程教育专业认证与工程师执业资格注册之间的密切联系明确了工程教育是为工程技术人员走上职业化道路提供教育基础,是为了培养符合社会需要的工程技术人才。"因而,工程教育专业认证标准,无论是培养目标定位、毕业要求设定、培养过程证明,还是培养结果的考察,无不体现校企合作,培养人才的意图。

地方本科高校要依托校企深度合作和产学融合,构建校企联合培养工程人才的机制,创新工程人才培养模式。对此,教育部"卓越计划"的实施提供了许多成功案例和值得借鉴经验。例如,校企合作,将原有的实习基地建设成为工程实践中心;按照"3+1"模式,设立相对独立的企业培养环节,企业全过程参与人才培养;建立学生学业导师和企业导师的"双导师"制度,协同指导学生的学习,等等。但是教育部"卓越计划"只是试点,形成的工程人才培养模式在地方本科高校工程教育改革中运用,要先行通过先进性、务实性和有效性的检验。

"先进性"就是指能够反映工程教育的先进理念,遵循工程人才成长规律。工程教育是复杂的系统工程,要以工程思维统筹校企合作、产学融合培养人才的全过程;要正确处理校内课程与企业课程、理论教学与工程实践、专业能力培养与综合素质培育的关系,切合后备工程师的成长规律和学校自身办学定位。

"务实性"就是指符合地方本科高校的办学条件,体现工程人才培养特色。工程教育是面向行业企业培养专门人才,要利用地方本科高校的比较优势和已有的办学条件,选择地方产业骨干企业作为合作单位,不一定要片面追求行业的大型国有或者跨国企业,要能在原有政产学研基础上,构建基于产业链的校企合作模式。

"有效性"就是指可以覆盖工程专业的所有学生,提升工程人才培养质量。工程人才培养模式创新要面向全体学生,要对工程专业人才培养质量的整体提升具有效用。

事实上,校企合作和产学融合的人才培养模式,可以实现路径的多样化,在工程教育专业认证视阈下,只要满足认证标准,培养出合格后备工程师,不同的路径或者方法,都可以进行尝试。

5. 坚持立德树人、学生为本,提升人才综合素质。

在工程教育专业论证标准中,对"毕业要求"的首要条件就是"具有人文社会科学素养、社会责任感和工程职业道德"。在工程教育专业认证视阈下,地方本科高校的工程教育改革,要把工程伦理教育作为重要内容,提升工程人才综合素质。

工程伦理教育将专业教育与道德教育有机结合，培养学生的社会责任感，"形成以伦理道德的视角和原则来对待工程活动的自觉意识和行为能力，在未来的工程活动中能够依据道德的视角和原则来为大众服务。"我国的工程教育是具有中国特色的工程教育，中国特色的内核是社会主义核心价值观。立德树人，要将社会主义核心价值融入工程伦理教育中，通过人文社会科学教育平台和社会实践活动平台，落实文化育人和实践育人，要通过"改进评价制度，发挥好综合素质评价的作用，健全学生诚信档案，将核心价值观内化为精神追求，外化为自觉行动"。

发挥好综合素质评价的作用，关键是以学生为中心，构建面向全体学生的综合素质评价体系，逐步实现由注重"评优"向加强"评学"的转变。"评学"与"评优"都起到导向作用，"要把评学与评优有机结合起来，促进学生既积极进取，又全面发展"。地方本科高校在工程教育改革要面向所有学生，构建学生综合素质评价体系，以满足工程教育专业认证面向全体学生评价的基本理念。

总之，工程教育专业认证工作对地方本科高校的工程教育而言，是机遇，也是挑战。在工程教育专业认证视阈下推进工程教育改革，可以摆脱传统工科教育的束缚，在专业内涵建设上发挥地方本科高校的比较优势，推进学校的特色发展。

原文载《高等工程教育研究》，2015 年第 06 期：157－161

参考文献

[1] 赵婀娜，陈影. 我国工程教育规模世界第一质量获国际认可[N]. 人民日报，2013－8－26.

[2] 焦新. 地方高校转型发展呼唤顶层设计[N]. 中国教育报，2014－1－6.

[3] 宋金花. 西方教育理念下的大学机制运行比较研究[M]. 郑州：郑州大学出版社，2013：7.

[4] 林键. 卓越工程师培养[M]. 北京：清华大学出版社，2013：19－20.

[5] 韩晓燕，张彦通. 工程教育专业认证制度及其对工程教育的影响[J]. 大学（研究与评价），2008(1).

［6］国家教委工程教育赴美考察团.“回归工程”和美国高等工程教育改革［J］.中国高等教育,1996(3).

［7］张彦通.高等教育评估与质量保证研究［M］.北京:航空航天大学出版社,2011:103、141.

［8］刘延东.深化高等教育改革,走以提高质量为核心的内涵式发展道路［J］.求是,2012(10).

［9］张大良.改革创新,努力构建具有区域特色的现代应用性高等教育体系［J］.中国高教研究,2014(12).

［10］李志义.解析工程教育专业认证的成果导向理念［J］.中国高等教育,2014(17).

［11］教育部.教育部2015年工作要点［N］.中国教育报,2015-2-12.

［12］潘懋元,车如山.做强地方本科院校［J］.中国高教研究,2009(12).

［13］陈国松,许晓东.本科工程教育人才培养标准探析［J］.高等工程教育研究,2012(2).

［14］朱志勇,陆勇.能力导向,多元培养［N］.中国教育报,2014-4-7.

［15］陈万求.工程技术伦理研究［M］.北京:社会科学文献出版社,2012:200.

［16］袁贵仁.全面深化综合改革全面加强依法治教加快推进教育现代化［N］.中国教育报,2015-2-12.

［17］教育部高等教育评估中心.高校本科教学自评工作手册(二)［M］.北京:华夏教育出版社,2007:702.

高等工程教育创新人才培养"3＋4"实践教学体系探索

孙爱东

摘　要:工程教育实践教学改革要从工程人才培养的目标出发,把握其职业性、工程性和现场性等实践教学特征;要遵循学生本位、职业导向、系统化培养、彰显特色、国际视野五项基本原则,推进实践教育教学改革;要围绕确立合适的目标体系、构建合理的课程内容体系、创新实践教学模式、改革管理体制机制和建立实践教学保障机制等多个层面,探索实践教学体系构建的路径。

关键词:工程教育;实践教学体系;"3＋4"人才培养模式

一、问题的提出

进入 21 世纪以来,新工业革命兴起,对高等教育特别是工程教育改革提出了全新的要求,"工程教育改革如何适应新工业革命发展"成为世界高等工程教育共同研究和探索的重要课题。例如,为缩小工程科学与工程实践之间的巨大差距,美国及欧洲的工科院校自 21 世纪初大力推行 CDIO 工程教育改革,德国在应用科学大学(FH)基础上大力推行职业实践教育,等等。我国的高等工程教育挑战与机遇并存,一方面高等教育大众化以后,工程教育质量的下滑,人们担心"大众化高等教育和普及高等教育的到来削弱高等教育"的推测成为现实;另一方面策应中国特色新型工业化发展战略,我国高等工程教育正按照"面向工业界、面向世界、面向未来"发展方向出现深刻的变革。《国家中长期教育改革与发展规划纲要（2010—2020年）》明确提出，未来十年高等教育要全面提高质量，优化高等教育结构，重点扩大应用型、复合型、技能型人才培养规模。着力提高工程人才培养质量，为国家新型工业化发展提供支撑，成为高校工程教育改革的重要内容。

高等工程教育改革的关键是加强人才培养方案设计，构建与社会经济发展相适应、与产业发展相衔接，类型多样化、全面开放的实践教学体系，以全面提高实践教学水平和质量。可以说，高等工程人才培养难在实践教学，特色在实践教学，成败在实践教学。当前，我国工程教育实践教学体系存在着许多共性的问题：工程人才培养目标模糊，实践教学现状与培养目标的符合度不高；实践教学模式与工程实践脱节；人才培养方案与实践教学课程体系缺乏系统性、针对性，实践教学内容体系设计上以知识教育为主，能力培养为辅，不能适应与满足新工业革命和社会转型升级发展的需要。这与培养工程人才的目标存在很大的不适应性。对此，我国必然要进行深入改革，这种改革不是局部调整，而是系统革新。

"3+4"培养模式是江苏省策应国家职业教育体制改革战略，构建现代职业教育体系的重大建设试点项目，是高等教育培养工程人才的实践教学体系重大探索。"3+4"培养模式以技术技能性职业技术人才为培养目标，推行国家示范中等职业学校与应用型本科教育"3+4"分段培养试点，即在中职学习三年后转渡到本科院校学习四年，实现中职与本科学制的贯通和课程的衔接。文章以江苏省"3+4"人才培养为例，深入探讨工程教育中实践教学体系构建，以推进高校工程教育实践教学的改革。

二、实践教学体系的特征

工程教育改革应明确人才培养方向，以提升人才培养质量为主线，加强教育衔接，强化学校之间功能分化，促进协调发展。构建实践教学体系既要从系统性的角度密切关注当前发达国家工程教育实践教学体系体现出的共同特征和发展趋势，也需要注重系统内部的内在联系，还需要从工程教育内涵考虑，把握其基本的特征。

第一,构建实践教学体系要注重职业导向、能力本位。面向职业培养工程人才是工程教育固有的本质属性的体现。实践教学要紧跟与工业革命的新发展,实现与职业岗位无缝对接,做到实践教学内容与职业需求零距离,要改革以理论为核心的教学体系,重构以实践为导向的教学体系,"这种重构并非意味着在原有学科体系基础上,靠单纯增加实践教学的课时量来实现,而是以实践教学为主导因素,包括教学观念、教学目标、教学内容、教学方法、教学评价等一系列内容的置换"[1]。因而,工程教育的职业性应体现在实践教学的每个环节,学生的职业胜任力是构建实践教学体系的立足点,也是工程教育的显著特征。

第二,构建实践教学体系要面向工程、背靠行业。当今世界正处于第六次科技革命的前夜,新一轮科技革命影响到知识生产方式,影响到整个知识体系的构架,工程性是新型工业化发展对人才培养的基本要求。现代工程从外部特征表现为系统化、智能化和人性化,内部特征表现为科技含量不断增加,现代工程的变化必然对人才培养的需求和规格产生了前所未有的影响。工程教育的本质特征就是实践,因此,适应经济社会的需求,密切契合行业需求、行业背景与行业特质,推行实践教学的创新,是提高人才培养质量的必由之路。构建开放、适用、分层、一体的实践教学体系,是促进学生全面发展,破解就业难,走特色发展、协调发展之路的关键所在。

第三,构建实践教学体系中突出技能、强化实践。面向企业生产管理一线培养现场工程师后备人才,要有完成职业任务所必需的技能和动手能力,具备现场处理基本工程问题的能力和素质,这是高等工程职业人才的基本要求。工程教育和传统工科教育的区别在于,前者强调工程知识的应用,注重学科交叉与知识综合,而后者强调学科专业知识的体系化,注重科研创新能力培养。因而在实践教学环节设计中,学校应注重围绕实际工程问题,培养学生解决问题的能力,注重以经验运用、直观判断和现场决断等案例设计实践教学环节。这种技能培养要确立为第一线服务的意识,积极进行职业岗位基本职业能力的培养,使学生掌握实验基本技能、基本工艺操作技能,同时,努力调整工程教育实践教学范式,切实解决好传统范式中存在的工程人才难以应付技术、市场、文化等融合产生的复杂性问题。

第四，构建实践教学体系还应注重校企协同、项目导向。企业承担实践教学任务，共同培养学生的实践能力，可以增强学生的行业、产业适应性。实践教学体系的构建要面向产业探究实践教学体系的内在逻辑，完善校企合作制度，加强校企资源整合，促进各类教学资源的有序集结，共同打造实践教学平台，创设动态的教学模式，形成完整的校企实践教学运行程式，构建一个系统的、开放的校企协同实践教学体系；要围绕工程中特定问题进行深入探讨，创建工程创新项目教学体系，强调以工程实际项目为载体，创造条件，通过多种方式使学生参与实际工程项目学习和训练，强化学生对知识的应用，强调学生对技术的识别、选择、集成，学会对资源的整合、协调和使用，以形成有效解决工程实际问题的能力。

三、实践教学体系构建的原则

科学设计、运行有序、高效开放的工程教育实践教学体系的构建应遵循五个方面的基本原则：

第一，学生本位原则。"人本特征是新工业革命的最为根本和核心的本质内涵，人的改变是变革的出发点和落脚点，同时又是变革能否成功的核心条件。"[2]学生是实践育人的对象，也是开展实践活动的主体。实践教学体系的构建，要结合课程教育改革，围绕学生的成长和发展，强化学生对实践的认识，提出学生在实践技能、工程能力、职业面向明确的要求，重视学生在实践教学过程中产生的体验，强调学生在学期间为进入工程职业所做的准备。

第二，职业导向原则。实践教学体系的构建，应按照始于感性、成于理性行动实践的认知发展路径，围绕工程职业人才培养目标和规格，体现能力培养、职业导向的原则，构建全程衔接、步进实施的，贯穿于全过程的实践教学体系，不仅要注重学生技能的培养，更要注重综合实践能力的提升，从而有效提升学生职业能力；要针对地方经济与行业发展对人才的能力和结构的需求变化，建立适时优化和动态调整机制，使实践教学体系能够把握职业的最新趋势，以实现职业能力提升和能力结构优化的目标。

第三,系统设计原则。从中职毕业直接进入本科阶段学习,学生的基本的应知应会内容不同于普通本科学生,在"3＋4"项目的实施中,要针对生源的基本特点、能力形成的循序性和人才培养的渐进性,坚持系统性思维,采用整体优化思路,统筹规划实践教学全过程,促进中职教育和本科教育的协调发展。在坚持系统培养的同时,在实践教学目标、内容设定中,必须充分考虑到社会对人才培养的需求变化,要强调实践教学体系的柔性开放设计,避免由于中职本科教育学制过长而导致人才培养的适用性滞后于产业发展。

第四,彰显特色原则。特色化发展是地方本科高校立足区域,发挥比较优势,实现可持续发展的路径。就宏观层面上而言,高校的特色体现的是国家的特色,"不同国家的大学之间存在的差别,与其说是关于大学本身,不如说是关于各个国家本身"[3]。高校的人才培养首先要服务于国家战略,工程教育要适应国家创新驱动战略,服务于新型工业化建设的道路,在适应经济发展"新常态"中,找到自己的发展定位。而工程职业人才的培养正是基于这样的理念,通过突破体制和机制障碍,探索职业教育与工程教育融合路径,实现现代职业教育体系创新。

就具体的高校而言,彰显特色主要体现在高校的区域特色、行业特色和专业特色三个层面。以江苏省"3＋4"模式为例,"3＋4"项目的实施主要注重围绕这三大层面,构建特色化的实践教学体系。区域特色:江苏省地处的长江三角洲是"世界六大都市群"之一,"3＋4"参与学校要站在区域发展的高度,根据产业链条分工,立足于学校所在城市的不同定位和产业合作新的特征,共同进行实践教学人才培养模式改革,共同培养区域经济发展所需要的各类高素质人才;行业特色:"3＋4"的实践教学要紧密结合地方行业发展,准确对接行业需求,大力吸收行业领域的创新元素,依托校企合作,互动互补,共享资源,通过多种合作形式促进多方共赢;专业特色:"3＋4"参与专业要将本专业长期发展过程积累的经验和形成的特色体现在实践教学体系中,使培养的本科层次职业人才具有特色,能够在职场竞争中具有优势。

第五,国际视野原则。借鉴学习各国工程教育的先进经验,拓宽学生的国际工程视野,培养具有国际竞争力的一流工程人才,是工程教育未来的趋势。21世纪的高等教育趋同模式是"吸收一系列历史上的模式中所经历的最好的实践"[4],在实践教学体系的构建中,需要从实践的维度和国际动向进行审视,注重借鉴国外先进的实践教学模式,如德国模式、美国模式,或者是法国模式,主动应对新工业革命的挑战,在工艺流程、产品标准、服务规范等方面吸收国际工程最新成果,融入教学内容或者实践环节,来提升学生的国际竞争力。

四、实践教学体系的路径创新

实践教学体系改革是一项复杂的系统工程,其构建涉及实践教学体系中的目标体系、课程体系、条件体系、管理体系和教学保障体系等诸要素。实践教学体系的构建要遵循教育教学规律,把握工程教育实践教学基本特征,大胆探索,先行先试。

实践教学体系改革首先要优化人才培养方案,明确实践教学目标。实践教学目标体系是实践教学改革的指导方针,目标就是定位,是方向性、根本性的问题。实践教学的目的从属于人才培养目标,因此,在人才培养方案实践教学设计中要围绕人才培养的目标,立足国家发展的战略高度推进实践教学改革,做好实践教学体系的顶层设计。"3+4"作为一种新的人才培养模式要积极探索,要解决职业教育和工程教育长期存在的战略目标和战术措施不配套的问题,推进教育与经济的紧密结合,为国家社会和经济发展培养技术技能型人才。因而,实践教学目标体系构建中,不仅要关注职业教育的经济属性,同时要兼顾提高学生的综合素质,要将终身教育理念融入目标体系,增强职业发展的可迁移性;不仅要关注社会就业形势发展,还要倡导学生将来的可持续发展。

其次,实践教学体系改革要以优化实践教学内容体系为核心,架构实践教学体系。一是学校要在内容组织上,保证学生实践过程七年不断线,加强通过带有职业模拟或现场实践的实践教学,强化职业实践。"职业实践与专业实习不同,后者侧重于专业理解与专业技能,前者侧重于岗位工作,重心是增强学生的职业适应性"[5],使学生充分感受相应职业所需要的专业知识与专业技能,为入职工作作好相应的准备。二是学校要按照区域经济社会发展对工程人才的素质要求,突出社会实践教学,自然延伸大学专业教育的空间,通过开放的社会实践活动,强化学生对专业知识与专业伦理关系的认识,厘清职业生活与公共伦理的界限,提升学生的自律意识与社会责任意识。三是学校要能力培养和技能训练并重,优化实践课程体系。如,机械制造及自动化专业实践教学环节设计中增设"机械认识实践"教学环节,学生入中职学习后参观大学的工程培训中心或在企业生产线,让学生亲身体验机械工程环境的背景,建立初步的工程概念。

再次,实践教学体系改革要以创新实践教学模式为突破,提升学生的工程能力。在"3＋4"实践体系构建中,实践教学模式要吸收高职的经验,按照本科培养要求,实行项目式实践教学模式,让学生亲历完整的研究、设计、实现的科学研究与实践课程,以有效地提高学生的实践能力和创新能力。项目式实践教学要以项目为依托,它不以现成的知识讲授和传递为目标,而着重于学习过程中对解决问题方法的寻求。在"3＋4"实践教学中,要根据不同阶段、不同实践条件,选择适合企业发展的、符合学生学习和思维特点、具有创新创意的项目,合理地进行排序并将其纳入教学环节。学生通过经历实际工程项目,积累直接经验,项目实践与理论学习有效互补,从而增强自身对产品设计制造及其市场的体验[6]。

复次,实践教学体系改革要创新实践教学管理机制,实现中职、本科实践教学环节有效衔接。"3＋4"项目不仅是两所学校的合作培养,而是学校与行业、企业、政府合作协同育人。学校作为办学的主体,首先要做好衔接,要防止因沟通不畅而造成的教育浪费或缺失,要加强资源共建共享,促进教育的一体化建设。因而,在实践教学体系的构建中,要不断创新管理机制,做到"三个开放"与"三个对接"。"三个开放"是实验实践教学资源向本科层次职业学生开放,向生源中职学校开放,向合作企业开放;"三个对接"是专业方向与产业链对接,培养规格与产业需求对接,教学过程与生产过程对接。管理机制创新的目标就是建立相互开放、有效对接的实践教学运行机制,服务技术技能型人才培养的目标。

最后,实践教学体系改革还要构建一体化的质量保障机制,加强实践教学环节的过程控制。"3＋4"项目是带有区域职业教育联盟性的职业教育模式,实践教学质量的保障需要政府、中职、本科高校协同推进，一体化的质量保障机制需要进一步完善"政府主导、行业指导、企业参与"的办学机制。政府要有科学的顶层设计和实施办法，敢于打破体制机制障碍，坚持政策上支持，制度上创新，经费上保障，建设多元投资机制，强化政府在促进产教融合中的主导作用，促进企业的参与；中职生源地要从学生入学初始，加强质量监控，要在加强学生基础知识和基本能力培养的同时，强化学生的基本技能训练，以适应将来本科阶段的实践教学；本科高校要按照职业教育的具体特征，建立完善的实践教学质量监控体系，确保实践教学环节的过程控制。"3+4"项目实践教学体系构建要围绕本科层次职业人才培养目标和培养标准出发，确立合适的目标体系，构建合理的课程内容体系，并通过实践教学管理体制机制创新，加强实践教学基本保障条件建设，实现实践教学模式创新。

五、实施中的问题及前景

在高等工程教育改革中，江苏"3+4"项目的实施，打破了中职教育与高等本科教育的藩篱，疏通了职业教育的人才成长通道，对于当下地方本科高校的转型发展具有重要的借鉴意义。"3+4"项目从 2012 年开始在江苏省职业教育创新发展实验区试行，2013 年以后逐步扩展到全省 34 所应用本科高校。参与学校按照系统培养和终身教育的理念，围绕技术技能型人才培养定位，以职业为导向，完善中职本科衔接、强化实践课程体系，完善具有区域性的现代职业教育体系，学生在工程实践能力、基本操作能力及学习迁移能力方面得到了社会和合作高校的广泛认可。在实施过程中，政府、企业、学校共同参与人才培养的全过程，有效地解决了区域经济技术技能人才不足的问题，项目取得了良好的效果。

当然，也应该看到，作为工程实践教学领域的重大的改革试点，"3+4"项目还存在许多需要完善的地方。特别是在项目实施中，由于中职和本科教学本身的差异性，不同层次阶段实践教学环节的协同配合难度很大，需要解决的操作层面上的问题很多，例如，在一定情况下，知识、技能和态度之间是能够相互转化、互为因果的，但是如何促进中职到本科的转化，还需要认真研究；"3+4"培养模式目前只是一个结构框架,实施中的协同培养、能力标准、课程质量标准等内容有待深入研究;此外,作为工程实践教学体系的新模式,其有效性究竟如何,还没有可靠的样本材料可以分析。

着力解决我国高等工程教育中存在着工程性与创新性缺位问题,已经成为高校工程教育改革的方向,而实践教学体系是改革的重点。随着我国高等教育由大众化向普及化的转变,提升中高职工程人才培养的层次和质量,以策应现代职业教育体系建设,成为地方本科高校的转型发展的重要目标。"3+4"培养模式切合高等工程教育这一趋势,其所体现的工程实践教学理念,以及架构的实践教学体系,具有广泛应用前景。

原文载《高校教育管理》,第 9 卷第 6 期:41－45

参考文献

[1] 张晋.高等职业教育实践教学体系构建研究[D].上海:华东师范大学职业教育与成人教育研究所,2008:30.

[2] 徐莉.对第三次工业革命本质内涵的教育审视[J].教育研究与实验,2013(2):21－24.

[3] 奥尔特加·加塞特.大学的使命[M].徐小洲,陈军,译.杭州:浙江教育出版社,2001:21.

[4] 克拉克·克尔.高等教育不能回避历史——21 世纪的问题[M].王承绪,译.杭州:浙江教育出版社,1999:98.

[5] 时伟.论大学实践教学体系[J].高等教育研究,2013(7):61－64.

[6] 王莉芳,周华丽.我国创业教育政策的价值结构探析[J].四川理工学院学报:社会科学版,2014(4):29－31.

反思与重构:地方本科高校"卓越计划"专业课程体系探索

陆　勇　倪自银

摘　要:传统的课程设置与课程体系仍然是制约工程教育教学改革的瓶颈,体现在课程编制模式上仍然是以"学科"体系为基本框架、培养目标与课程模块缺乏内在逻辑性、学校课程与企业课程没有相互衔接、显性与隐性课程之间相互脱节,等等。重构"卓越计划"专业课程体系必须从优化课程体系入手,抓好四个环节:依据人才培养标准,确立目标原则;按照能力成长规律,构建课程模块;围绕构建教学平台,整合课程资源;依托行业企业需求,动态调整课程。

关键词:"卓越计划";教学改革;课程体系

高等教育教学改革的抓手是人才培养方案,核心是课程体系与教学内容。在"卓越计划"实施过程中,课程与课程体系建设是试点高校"卓越计划"实施成效的重要观测点,是高校工程教育改革的最重要的环节,也是地方本科院校突破制约人才培养质量瓶颈的关键。自 2010 年教育部实施"卓越计划"工作以来,围绕"卓越计划"专业的人才培养方案改革、人才培养模式创新、校企合作方式探索、教师队伍培养、教学管理改革和教学质量监控等方面的研究成果很多,相关的理论探索与实践总结为推进"卓越计划"提供了有益的借鉴和参考。但是,基于"卓越计划"的课程与课程体系建设成果相对不多,权威性的成果是林健教授的文章[1],他根据"卓越计划"的总体要求,从分析课程体系的价值取向入手,研究课程体系应采用的结构形式及其课程体系的整合与重组，对于"卓越计划"参与高校进行专业课程体系和教学内容的改革具有重要的指导意义。按照"卓越计划"通用标准与行业标准，以及学校"卓越计划"专业培养标准，反思与重构地方本科高校"卓越计划"专业的课程与课程体系，对于进一步推进"卓越计划"具有重要的现实意义。

一、反思：地方本科高校传统课程设置与课程体系

课程是高校教学资源配置的基本单位，课程教学是高校培养目标的实现过程。课程体系有广义与狭义之分，广义的课程体系"是在一定的教育价值理念指导下，将课程的各个构成要素加以排列组合，使各个课程要素在动态过程中统一指向课程体系目标（或专业目标）实现的系统"[2]，狭义的课程体系就是指课程结构，"它是所设全部课程互相之间的分工和配合，是教学计划的核心"[3]。

地方本科高校与"985"高校和"211"高校以及高职院校相比，有其自身的比较优势和办学特色，但是，在"卓越计划"实施过程中，如何根据地方院校自身的优势与特色，优化课程体系，这是"卓越计划"试点高校普遍遇到的难点问题。地方本科高校课程体系的构建，从中观层面而言，主要是专业课程的设置能够体现培养目标与规格，各类课程能够按照一定逻辑关系构成统一整体，其核心是课程结构的合理性。从系统论的角度而言，课程体系性质取决于课程结构，课程结构服务于课程功能，"如果课程结构很合理，课程的整体功能必然大于课程内部各部分功能的总和，反之亦然"[4]。

（一）对课程设置与课程体系架构程序的反思

地方本科高校的课程设置与课程体系架构有两种基本模式，即"经验演进模式"和"科学设计模式"，在实践过程中"这两种模式往往是相互渗透和相互补充的"[5]。在人才培养方案制订过程中，按照传统的人才培养经验或者参照其他本科高校同类专业培养经验，设置课程，可以方便、快捷地完成课程体系的架构；依据科技进步和经济社会发展要求，重新编制课程，构建课程体系，可以推进课程创新。从地方本科高校目前的课程体系来看，包括已经实施"卓越计划"的高校，

课程编制模式仍然是以"学科"体系为基本框架，由此，形成一些弊端：

1. 地方本科高校间专业课程体系"同质化"严重，课程设置缺乏特色，课程种类大同小异，都是强调以知识构成的系统性来划分课程结构，例如，人文社科知识、自然科学基础、系统专业知识；注重以知识形成的逻辑性来划分课程模块，例如，通识课程模块、专业基础模块、专业方向模块、专业选修模块，等等。特别是一些地方本科高校完全照搬"985"、"211"高校的专业课程体系，脱离了地方本科高校的实际，使得人才培养缺乏特色，不能体现出比较优势。

2. 专业课程体系构建"封闭化"严重，课程设置缺乏行业、企业参与，课程与行业、企业发展的实际需求脱节。许多"卓越计划"专业完全依赖专业教师对本学科的分析、判断来构建专业课程体系，课程更新速度慢、因人设课现象严重。特别是近年来，地方本科高校引进了许多没有工程背景、缺乏工程经历的高层次人才充实教学，专业课程体系在特定的学术体系"创新"，缺乏行业、企业支撑。

在人才培养方案制订中，也有许多"卓越计划"高校邀请了企业、行业专家参与课程体系构建，但是总体而言，基本是以学校为主，围绕学科体系建构，企业只是充当咨询、参谋的角色，并不能与高校教师成为共同主体，主导专业的课程设置。

（二）对培养目标与课程模块内在逻辑的反思

地方本科高校在总体上应属地方应用型高校，在人才培养的目标定位上是面向地方经济社会发展培养应用型人才，以区别于研究型高校和高职院校。因而，就知识体系而言，课程体系的设置既"不是以培养学术性的专家人才为目的而追求体系的完整和逻辑的严密"，也"不能按照职业教育只要够用为止"[6]，就能力结构而言，课程体系中既包括技术培养类课程，也包括技能训练类课程。通常在人才培养方案的设计中，高校应当把人才培养目标细化成人才培养的标准与规范，按照标准与规范构建课程模块，构建模块化的课程体系。课程模块之间、课程之间以人才培养标准为主线呈现出层次性、关联性，体现出内在的逻辑性。

地方本科高校"卓越计划"专业的人才培养目标定位是：立足行业企业，面向地方经济发展,培养"胜任在现场从事产品的生产、营销和服务或工程项口的施工、运行和维护"的现场工程师[7],按照通用标准、行业标准以及学校标准,构建知识、能力和素质的课程模块,是实现人才培养目标的有效途径。但是,由于受制于传统"学科驱动"培养工程人才的教育理念的惯性,"卓越计划"课程设置存在"课程设置体系滞后,工程型师资匮乏和公司企业参与度低"等问题[8],体现在培养目标与课程模块之间缺乏层次性、关联性。

1. 课程模块不是严格按照培养标准对知识、能力、素质的要求构建,课程模块中的课程设置与具体培养标准缺乏对应关系,或是沿袭基于学科体系构建的课程,对于培养目标之间没有必然的逻辑关系,或是许多与培养目标关联度高的课程,却没有体现在课程模块中。

2. 课程模块以及模块内部课程的实施计划,缺乏前后的关联性,许多模块在教学计划的组织中,违背了知识学习与能力培养的基本规律,缺乏前后继起、承上启下的内在逻辑关系,整个课程体系构建的逻辑主线不明。

3. 理论课程与实践课程虽然在学分学时的比例上有所调整,但是在课程模块的设计中没有深度融合在一起,仍然沿袭的是传统的理论与实践分设的方法,没有按照技术技能性人才培养要求,将相关的理论与实践整合到一起。

(三)对学校课程与企业课程相互衔接的反思

在高等工程教育改革中,校企合作,培养应用型创新人才,这是地方本科高校的改革与发展趋势,对于大多数应用型本科教育而言,培养的目标指向"技术员与工程师的交叉区域,即高级技术型人才或初级、中级工程型人才,也就是技术教育与工程教育在本科教育层次上的交叉部分"[9],校企合作,产学融合,是学校可持续发展的主要路径。"卓越计划"试点的关键环节是校企合作,它要求"在整个卓越工程师培养的过程中,'卓越计划'参与高校与一家或多家企业开展全面、系统和密切的合作,充分发挥高校与企业各自在工程人才培养上的优势"[10],在申报教育部"卓越计划"专业中,要求以"3+1"模式,独立设置企业学习环节,保持学生在企业不间断学习1年以上,系统规划设计企业课程学习模块。

从教育部公布的试点高校"卓越计划"专业培养方案以及各地具体实施过程来看，学校课程与企业课程相互衔接方面存在较多问题。例如，企业课程缺乏系统性，许多高校将企业课程理解为传统的实践课程的复制，仅在课程形式上进行调整，企业课程仅仅作为学校课程的补充或辅助，不能构成系统的课程模块；企业课程缺乏层次性，许多企业课程在设计上仅仅是面向岗位的技能训练类课程，缺乏深层次的技术培养内容的支撑；企业课程独立于学校课程，二者之间没有按照知识成长与能力形成的规律构成一个相互支撑、左右衔接的整体，等等。尤其是在"卓越计划"的"3+1"培养模式中，许多高校没有将其中"1"定义为企业不间断学习的1年，将企业课程集中安排在大学四年的最后一年，没有将企业学习过程穿插在学校课程学习中，使得企业学习过程变成学生在企业的实习过程，从而使企业课程的学习流于形式，缺乏实效。

（四）对显性课程与隐性课程相互促进的反思

高校的课程就广义的课程形态而言，包括显性课程和隐性课程，凡纳入人才培养方案课程体系中以实际形态外显的课程，可以视为显性课程，其他对学生成长起潜移默化作用的活动可统称为隐性课程。

地方本科高校人才培养目标的实现不能仅靠进入培养方案的教学计划来完成，还要通过社会实践、学科竞赛、创新创业活动等各类活动相辅相成，共同完成，在课程体系构建中要注重显性课程与隐性课程的相互促进。同样，在"卓越计划"专业培养体系中，学生知识、能力、素质的要求，不可能全部以显性课程形式体现在具体的教学计划中，项目及工程管理的参与能力、有效沟通与交流能力、良好的职业道德、社会与环境责任意识等综合工程素质的培育更多依靠"隐性课程"来实现。

许多"卓越计划"试点高校，并没有重视隐性课程的开发，没有充分发挥隐性课程功效，体现在：将社会实践、学科竞赛、创新创业活动作为学校的"亮点"工程，没有从面上推广，许多活动在"卓越计划"专业的受益面很小；没有将隐性课程系统地进行研究开发，各种活动零散，没有形成促进学生能力提高和素质提升的合力；虽然在"卓越计划"专业试点申报过程中，许多专业注重以创新学分的形式来发挥隐性课程的功效,但是课程定位仅限于课外活动的层面,缺乏系统的筹划。

二、重构:地方本科高校课程体系优化目标路径

课程体系优化是对课程体系中的课程按一定的结构、比例、顺序进行重构,使得课程更能满足专业人才培养目标需求。地方本科高校课程体系优化涉及学校的培养目标、学科发展水平、学生差异性、教师教学水平和教学过程安排等多种因素,要着眼于人才培养模式创新和学生知识、能力、素质的整体发展趋势,整体规划,统筹设计。"卓越计划"专业要面向地方经济社会发展,依托行业企业发展,按照教育部"卓越计划"试点工作要求,将"学科驱动培养"转变为"需求拉动培养",面向市场需求,以应用型、复合型工程人才培养为目标,重构专业课程体系。

(一)依据人才培养标准,确立目标原则

"卓越计划"人才培养标准是课程体系重构的依据,但是无论是通用标准、行业标准,还是工程专业认证标准,这些仅仅具有参照意义,地方本科高校通常要求高于通用、行业标准,来制定专业人才培养标准。各高校"卓越计划"专业人才培养标准应该是相近的,人才培养特色体现在围绕标准的课程体系构建上。重构"卓越计划"专业课程体系,要立足学校的办学定位、区域经济发展和学校自身的教学条件,遵循四个基本的目标原则。

1."能力为本,职业导向"原则。"卓越计划"专业课程体系要围绕培养学生解决工程实际问题的能力、项目及工程管理能力、有效沟通与交流能力和职业能力,统筹知识、能力和素质相关的课程,优化课程结构。在课程体系中,能力培养是主线,能力导向的课程模块是核心,知识传授是为能力培养服务的;职业导向是方向,工程能力培养是为提升岗位适应能力、职业迁移能力、创新创业能力以及实现充分就业服务的。按照这一原则,理想的课程体系是基于能力培养的知识体系课程、技术培育课程、技能训练课程和综合工程素质课程的统一。

2."先进有用,实质等效"原则。先进有用是指"卓越计划"专业课程具体设

置,要以行业、企业最新的生产技术、生产工艺、生产装备为教学内容设置课程,以体现课程的先进性;要围绕人才培养标准,删增课程,以体现课程对人才培养的有用性。实质等效是指"卓越计划"专业课程对于培养目标的评价意义,课程体系中的所有课程应当符合人才培养标准要求,不同的高校针对标准的具体课程可以有所不同,但是对于标准而言,都具备"实质等效",这是地方本科高校"卓越计划"专业人才培养的特色所在。

3. "学科交叉,多元培养"原则。"卓越计划"专业课程体系要打破学科界限,凡是符合专业培养标准,有利于提升学生能力、素质的课程都可以考虑纳入课程体系中;课程模块应该是跨学科、综合性课程系统,根据社会需求、学生个性和职业趋势,设置多样化的课程模块,促进人才的多元化培养。

4. "上下衔接,左右关联"的原则。"上下衔接,左右关联"原则是保障课程结构的逻辑性与课程实施的关联性。上下衔接是指课程体系中,课程模块的组合和具体课程的设置既要与学生高中阶段的学习课程对接,又要与学生进入高年级学习阶段对接;左右关联是强调课程模块及其具体课程之间,要相互关联,按照知识与能力形成规律和教育教学规律,合理组合,统筹安排。

(二)按照能力成长规律,构建课程模块

提升工程实践能力是"卓越计划"专业学生能力培养的核心,在人才培养方案改革中要强化工程能力培养的课程体系的构建,"从学生工程基本能力和基本素养出发,将设计创新能力、工程实践能力、持续学习能力、开放的视野、工程伦理道德等融入工科专业的人才培养目标和课程目标"[11]。但是,能力结构是分层次的,能力培养也是有规律的,在构建课程模块时,必须按照能力成长的规律,科学设置课程结构,合理安排教学计划。

具体的实施路径是:将人才培养标准矩阵化,形成能力结构图,并以此构建能力课程模块拓扑图;将课程模块所要实现的能力进行分解,形成课程拓扑图,并以此设置相应的能力课程;按照能力成长和知识形成规律,对模块内的课程进行分层,设置课程的学时、学分,合理安排课程实施计划。

（三）围绕构建教学平台，整合课程资源

优化课程体系的重要路径是对原有的课程资源进行整合，"卓越计划"专业的课程体系优化是在解构学科课程体系基础上，重构能力课程体系，整合课程资源是关键。从这个意义上而言，"卓越计划"课程资源整合包括两个方面的内容：一是围绕能力培养，对课程进行模块化整合，构建基于模块化课程的课程体系；二是为保障模块化课程教学目标实现，对教学条件，包括师资、教学仪器、实验室、实践中心、资源平台等硬、软设施等，进行整合。在既定的培养方案下，"卓越计划"专业整合课程资源的重点是整合保障课程实现的教学条件，通常的做法是以构建教学平台为中心，优化教学资源配置，具体的路径就是多元协同，以平台汇聚资源，提升课程体系对于实现培养目标的效果。

由于地方本科高校"卓越计划"专业是属试点性质，课程资源的整合又是跨学科、跨专业的多元协调过程，因而在以教师为主体，发挥教师的主动性和积极性的同时，更要借助学校整体的力量，从学校层面，来构建课程资源多元协同机制，这样才能取得实效。

（四）依托行业企业需求，动态调整课程

在人才培养方案中，课程是既定的教学计划实施的基本单元，课程调整是包括课程的增删、时序重设、内容调整等多方面的内容。在传统的专业培养过程中，课程调整相对滞后，特别新增或者删减课程必须在一轮培养方案（通常 4 年）结束以后，才能实施。"卓越计划"是教育教学改革的工程，课程体系重构过程是不断试错的过程，动态调整课程是"卓越计划"优化课程体系的重要路径，必须依托行业企业需求，构建专业课程动态调控机制。

课程的发展前景、行业企业的需求和学生未来发展是"卓越计划"专业课程评判的三项基本指标，也是课程动态调控机制构建的依据，由此建立的专业课程评估与课程研发机制是课程动态调整的关键。通过课程评估，对现有课程体系中的课程进行分类分级管理，对于符合上述标准的课程，维持正常的教学资源投入，否则对课程进行预警，预警期达不到指标要求的，要按照"实质等效"的原则，在人才培养体系中以其他课程予以替代;通过课程研发,储备反映行业企业最新生产工艺、产品研发和先进设备,具有教学条件支撑的前瞻性课程,按照"卓越计划"实施的具体情况,适时充实到课程体系中。

原文载《黑龙江高教研究》,2015 年第 11 期:36 - 39

参考文献

[1] 林健. 面向"卓越工程师"培养的课程体系和教学内容改革[J]. 高等工程教育研究,2011
    (5):1 - 9.

[2] 胡弼成. 高等学校课程体系现代化研究[D]. 厦门:厦门大学博士学位论文,2004:23.

[3] 赫冀成,张喜梅. 课程体系与人才培养比较[M]. 沈阳:东北大学出版社,1994:19.

[4] 高有华. 课程基础理论及其应用[M]. 镇江:江苏大学出版社,2011:34.

[5] 杨德广. 高等教育学概论[M]. 上海:华东师范大学出版社,2010:163.

[6] 向梅梅,刘明贵. 应用型本科高校实践教学研究[M]. 广州:暨南大学出版社,2011:19.

[7] 林健."卓越工程师教育培养计划"通用标准研制[J]. 高等工程教育研究,2010(4):21 -
    29.

[8] 赵锐. 制约卓越计划高校课程设置的因素及对策[J]. 山西财经大学学报,2012(4).

[9] 潘懋元. 应用型本科院校人才培养的理论与实践研究[M]. 厦门:厦门大学出版社,
    2011:153.

[10] 林健. 校企全程合作培养卓越工程师[J]. 高等工程教育研究,2012(3):7 - 23.

[11] 李红梅,江志斌,郑益慧. 强化工程能力培养的高校课程体系改革[J]. 高等工程教育研
    究,2013(5):140 - 144.

地方工科院校土木工程专业学生
职业素养现状及培养路径
——以盐城工学院为例

陈广正　吴发红

摘　要：当前,我国工科大学生职业素养不高。职业素养培养的路径有校企合作制订人才培养方案、构筑力学和材料学科并重的课程教学体系、优化师资队伍、突出实践能力培养和完善评价体系等。

关键词：大学生职业素养;现状;培养路径

《国家中长期教育改革和发展规划纲要(2001—2020)》提出,"职业教育要面向人人、面向社会,着力培养学生的职业道德、职业技能和就业创造能力"。党中央、国务院确立了走中国特色自主创新道路、建设创新型国家的重大战略,就必须把培养造就创新型人才作为建设创新型国家的战略举措,把培养大学生特别是工科大学生的实践与创新能力作为当前高等学校的一项根本任务。当前中国土建类教育正在向职业教育迈进,高等院校土木工程专业本科教育质量评估制度有效地促进了土建类教育的改革,各高校在工程师培养这样一个职业性目标的指引下纷纷进行课程改革。

一、职业素养的内涵

职业素养,是指个体通过自身的不断学习、积累,在职业生涯中表现并发挥作用的综合品质和社会活动中需要遵守的行为规范。它的概念内涵丰富。一般认为,职业素养包括职业道德、职业意识、职业行为、职业作风、职业技能等方面的内容。职业素养既属于世界观、人生观、价值观范畴,也包含专业理论知识和专业技能以及由此而形成的专业实践能力和创新能力,还包含与从事专业相关的生活目标和态度等特质。影响和制约职业素养的因素有很多,包括社会环境、个人受教育程度以及工作阅历、实践经验等。良好的职业素养是衡量一个职业人成熟度的重要指标,是一个人职业生涯成功与否的关键因素。

大学生职业素养教育就是要遵循职业素养的养成规律,通过教育、实践和自我修养等途径使大学生形成和发展在未来职业生涯中发挥重要作用的外在行为方式和内在品质的教育实践活动。对大学生的职业素养教育应贯穿在大学四年的教学与管理的各个环节中,在加强理论学习的同时要重视创新能力的培养与实践经验的积累。大学生职业素养教育具有基础性、实践性、拓展性、事业性等特点。

二、职业素养的现状

我国工科在校生突破 600 万,工程师总数超 2 700 万,居世界之首,但我国工程师的素质却不容乐观,人均产值很低。每百元产值的工程师数,我国约为美国的 16 倍、德国的 13 倍。麦肯锡全球研究所统计资料显示,80.7%的美国工程师可在全球受雇,而只有 10%的中国工程师和 25%的印度工程师可满足同样的要求。

1. 土木工程专业大学生职业素养不高

工程哲学研究的内容之一就是工程师职业素养培养,包括工程师的基本技能、知识结构、行为规范、精神气质和成长规律等。但对近几年毕业生跟踪调查和用人单位的反馈显示,土木工程专业学生在职业素养上存在一定缺失,主要表现在以下几方面:

(1)学习动力不足,目标不明确,缺乏职业精神

部分学生对所学专业以及将来拟从事的行业知识知之甚少,职业意识淡薄。他们对所学专业的职业发展方向和目标不明确,很难结合社会和行业的需求及

自身的特点设计个人职业发展规划并付诸行动。

（2）能力结构不合理，业务拓展能力和创新创业精神不足

土建行业是一门专业性和技术性比较强的专业，要使自身的知识结构跟得上时代的要求，成为永不落伍的建筑行业的人才，毕业生要有较好的业务拓展能力，自身的专业知识要与先进技术相融合，同时要积极地考取各种行业资格证书。面对新的形势，用人单位对大学毕业生的创业精神和创新能力的要求越来越高，用人单位希望毕业生就业后不仅仅是一个被动的工作者，更应该是主动的职业创造者。实践环节的缺失，导致学生创新创业能力不足。

（3）专业知识概念模糊，对知识的掌握不够深入，整合能力不强

学生对专业知识的理解与掌握还是停留在孤立的地步，只知其然而不知其所以然，不能把所学的知识很好地、有机地组合起来。

（4）理论联系实际能力差，缺乏实际操作能力

不能很好地发挥专业优势和运用所学理论知识联系实际并切实开展工作。

2. 职业素养不高的原因

职业教育肩负着培养高素质技能型人才的使命，大学毕业生只有具备良好的职业素养，对自身的知识、能力等素质进行有机的整合、融会，并通过不断的学习来更新现有的知识结构、提高技能，既有过硬的专业技能，又拥有较高的综合素质，才能适应社会的发展和需要。

（1）职业素质教育不被重视，缺少职业素养教育的研究

当前部分高校存在着职业指导师队伍缺失，职业指导工作存在"重形式、轻实效"等问题，未将职业素养教育纳入教学和管理的机制，对职业素养的重要性认识不到位，存在"重技能、轻素养"的现象。

（2）人才培养与企业需求脱节

大学生在校期间，理论教学课时多于实践教学课时，知识的理论性多于应用性，实践能力的培养不足。用人单位反映，大学生普遍存在眼高手低、不熟悉职场、对行业和岗位不了解、专业学习与职业规划脱节等现象。而企业及岗位要求的是要有一定的工作经验、能迅速顶岗工作、精通业务的人才。

（3）教学部门和就业部门责任落实错位

高校的就业指导仅限于组织学生参加一些校外大型招聘会、校内专场招聘会和提供就业信息等,职业生涯规划也仅仅是在入学教育中进行,且时间和精力投入都不足。教学部门由于不直接负责就业工作,导致专业培养模式、教学内容与社会需求不能适应,培养目标缺乏与企业岗位需求相适应的职业素质标准,培养方案中缺乏明确的关于本专业职业群职业素质的内容。

（4）"双师型"师资队伍建设不足

教师缺乏实际工程体验,不能有的放矢地加强学生的职业素质教育,不能有效通过各种实践性教学环节来培养学生的职业态度和职业行为能力。

三、职业素养的培养路径

盐城工学院秉承"笃学格致、厚德重行"的校训,确立了"质量立校、人才强校、科研兴校、依法治校"的办学思路,围绕建材行业和地方经济社会建设,着力培养高素质应用型创新人才。为此,学校坚持以教学为中心,不断深化教育教学改革,以优化课程结构体系为核心,理论教学与实践教学深度融合,培养学生实践能力和创新精神,形成重基础理论、重创新精神、强实践技能、强综合素质"两重两强"的人才培养模式,大学生职业素养不断提高。

1. 校企合作制订人才培养方案

盐城工学院土木工程专业以培养"基础实、技能强、素质高"的土建行业一线应用型技术与管理人才为目标,根据江苏沿海大开发对土木工程专业人才的需求,深入用人单位广泛开展调查研究,分析研究本行业人才需求状况,把握用人单位对人才的素质、能力和知识结构的要求,进一步密切与用人企业的联系,与企业合作共同确定人才培养方案。结合土木工程专业的办学特点,调整和优化教学计划中的专业方向模块,形成"两阶段"(公共基础阶段和专业阶段)、"三方向"(建筑工程、道路桥梁工程、城市地下工程)、"九模块"的教学计划,学生进校一年级打基础,二年级分方向,三年级选模块,四年级预就业。第四学年根据学生就业意向和用人单位岗位设置要求,有针对性地设计实训模块的内容。

2. 构筑力学与材料学科并重的课程教学体系

力学是构建土木工程学科重要的理论工具,材料是土木工程技术创新的动力和源泉。力学和材料是培养学生建造能力的基础,只有夯实以力学和材料类课程为重点的基础,才能培养出富有应用技术创新能力的土木工程专业人才。土木工程专业通过搭建"五大力学"(理论力学、材料力学、结构力学、土力学和水力学)与土木工程材料并重的教学平台,来体现"力学材料并重"的理论教学特征。同时将"弹性力学"和"新型建筑材料"列为选修课,以适应行业发展需求,拓宽学生知识面,为学生未来发展打下一定的基础。同时,积极鼓励并指导学生参加与企业合作的科研和科技服务活动,参加省级和国家级的力学竞赛、结构模型竞赛等竞赛活动,培养学生的创新精神和创新能力。

3. 遵循"卓越计划",培养学生建造能力

作为学校"卓越工程师教育培养计划"试点专业之一,学院注意学习借鉴国外工程教育的先进经验,紧密结合当前国内"卓越工程师教育培养计划"要求,设计了"2.75+1.25"的土木工程专业培养计划。把 4 年的培养过程分成两个部分:"2.75"指在校进行理论课程和部分实践课程的课时份额,"1.25"指在校内实验实训和在企业学习的课时份额,以实践训练为主,包含部分专业技能课程,使学生在提高工程实践能力的同时,尽早地与用人单位接触,适应用人单位的要求,缩短企业对人才的培养周期。本专业 70%的学生毕业后在施工一线工作,具有较强的建造能力是该专业毕业生受用人单位欢迎的重要原因。由土木学院教师自己编写的《工程项目管理案例》被评为省级建设精品教材,在学生建造能力培养中发挥了应有的作用。近年来,土木工程学院与20 多家建筑企业深度合作,以邀请工程领域专家来校讲学等方式,培养学生的工程意识和建造能力。

4. 内培与外引并举,优化师资队伍结构

目前,土木工程专业博士和在读博士占教师总数的 34.12%,教授占教师总

数的 16.47%。采取培养和引进等措施,加强教师队伍建设,使专任教师中的博士比例达到教师总数的 50% 以上,教授职称教师达到教师总数的 30% 以上,师资队伍结构得到全面改善。注重教师年龄结构、学缘结构合理分布,强化道路桥梁和地下工程方向高层次人才引进,使土木工程三个方向教师协调发展。聘请企业中高水平的技术人员到学校担任兼职教师,派送专任教师队伍中年轻的博士去企业锻炼,解决工程技术难题,提高实践能力。通过科学研究和参与工程实践攻关相结合,建设高水平的工程型教师队伍。

5. 校企共建平台,突出实践能力培养

"十二五"期间,学校平均每年将投入 250 万元以上用于专业实验室建设,每年投入 50 万元以上用于产学研合作单位的校外实训课堂建设,进一步改善校内外实验实训条件,建设省级实验教学示范中心"江苏沿海开发基础设施建设实验室",提高实验室建设整体水平。努力拓展实践教学渠道,积极与行业企业共建实习基地,增加实习基地数量,形成实习基地网络。进一步改革实验教学,创新实验教学内容和实验教学方法,完善实验教学体系。以课题研究带动教学,将研究思维方法和研究性成果内容注入实验教学,帮助学生拓展专业视野,培养学生团队协作精神、创新精神,提高实践动手能力。精心组织各种实践教学,完善生产实习、社会实践、科研训练、毕业实习、毕业设计(论文)等各种形式的产学研合作关系,探索"建造能力"培养的新途径。

6. 完善评价体系,保障人才培养质量

认真执行学校各项教学管理制度,改进并完善教学质量保证体系。该体系分为教学质量管理系统、教学质量信息系统两部分。教学质量管理系统由两个亚系统组成:一个系统是分管本科教学工作的副院长→学院教务科→系(中心)→教师(实验技术人员);另一个是分管学生工作的书记→学生科→辅导员、班主任→学生班干部→学生。这是一个逐层向下监控、逐层向上负责的质量管理系统。教学质量信息系统包括质量信息的采集、处理与反馈,教学管理者可将各种教学质量信息及改进意见,以书面等形式反馈到质量责任人,促使质量责任人在

今后的工作中不断改进,切实保障教学质量的不断提高。同时,加强各项教学工作的规范制度建设,明确管理职责,使教学各个环节得到落实,保证教学工作有序进行。

7. 强化综合素质,塑造"铁军"品质

土木工程学院自觉地把弘扬新时期"铁军"精神,融入人才培养的全过程,融入德育、智育、体育、美育的各环节,落实到培养和造就应用型人才上。广大教师注重在思想教育中灌输,新生入学后的"大学第一课"已成为具有本校特色的教育活动优秀品牌,使学生从进校起就在头脑里打上"铁军"精神的烙印;注重在课外科技文化活动中体现,以塑造"铁军"品质为核心,以创新设计大赛、校园文化艺术节、"重走铁军道路、感受铁军荣光、弘扬铁军精神——赴新四军重大纪念旧址进行红色之旅"等活动为载体,加强大学生的思想品德和科学文化素质教育,培养面向基层、扎根地方、不怕吃苦、"下得去留得住用得上"的人才。通过马克思主义基本理论等公共理论课的学习,培养学生的政治素养,引导学生树立正确的人生观、世界观和价值观;通过国家法律法规以及与环境保护等方面课程的学习,培养学生的法律意识、质量意识、环保意识、节能意识;通过参与企业项目和现场教学,培养学生的工程意识,提高学生的实践能力;通过实施全方位、多层次的艺术素质教育,拓展学生的人文艺术素养,通过参与教师的科研项目和有关建模竞赛等方式,激发学生的创新意识。

原文载《教育探索》,2014 年第 5 期:74－76

参考文献

[1] 朱虹.土木工程类中职学生职业素养内涵及培养途径[C].全国德育教学研究会 2011 年年会论文集,2011.

[2] 王昔华,周军,岳爱臣,等."'卓越计划'132 模式"的创建与实践研究[J].高等工程教育研究,2012(3):47－52,73.

[3] 任雁敏.大学生职业素养重要性及培养策略研究[J].教育与职业,2010(17):79－80.

[4] 杨琳.大学生职业素养教育及评价研究[J].教育与职业,2010(17):79-80.

[5] 刘华利.核心竞争力视角下的大学生职业素养教育培养体系研究[J].继续教育研究,2011(4):91-93.

[6] 吴发红,荀勇.专业评估促进地方本科院校土木工程专业的发展[J].山西建筑,2013(8):224-226.

卓越工程理念下的地方高校人才培养模式新探索

——以盐城工学院优集学院为例

孙　雷　陈　青

摘　要:以培养应用型人才为主的地方高校如何创新人才培养模式,响应教育部提出的"卓越工程师教育培养计划"要求,是地方高校当前发展过程中面临的挑战和必须做出的选择。盐城工学院优集学院积极响应卓越工程师培养计划要求,实施的"能力导向、多元培养"人才培养模式改革,初具成效,受到了企业、学生和家长的欢迎和好评,为地方高校创新人才培养模式,为社会培养更多更好卓越工程人才提供了新思路。

关键词:地方高校;卓越工程;人才培养模式

"卓越工程师教育培养计划"是教育部为贯彻落实《国家中长期教育改革和发展规划纲要(2010—2020年)》和《国家中长期人才发展规划纲要(2010—2020年)》的重大改革项目,也是促进我国由工程教育大国迈向工程教育强国的重大举措。卓越计划对高等教育面向社会需求培养人才,调整人才培养结构,提高人才培养质量,推动教育教学改革,增强毕业生就业能力具有十分重要的示范和引导作用。[1]2014年2月26日,国务院总理李克强在国务院常务会议上明确提出要引导一批普通本科高校向应用技术型高校转型。[2]这些政策和传递的信息表明,国家和教育主管部门都在强调工程技术人才的培养。地方高校从设置和学校发展定位看,多以培养社会需要的应用型人才为主,虽然在学科科研上不如综合性大学,但一般都形成了自身的特色和办学思路,在地方上占有一席之地。这些地方高校是"卓越工程师计划"的重要组成部分,像盐城工学院等许多地方高校已成为卓越计划试点单位,如何培养好卓越工程人才,实现向应用技术型高校转型,需要调整办学理念和思路,改革人才培养模式,走创新型应用型人才培养之路。

一、卓越工程计划对地方高校人才培养的新要求

高等工程教育面临的问题促使高校加快改革步伐。改革开放以来,我国的高等工程教育取得了巨大成就,高等工程教育规模位居世界第一,为国家培养了成千上万的工程科技人才,有力地支撑了我国工业体系的形成与发展。但存在的问题也不容忽视,工程教育大一统的模式、动手实践能力不强、教育与社会脱节、创新竞争能力不足等制约着工程教育发展,迫切需要改革工程教育人才培养模式,提升学生的工程实践能力、创新能力和国际竞争力,构建布局合理、结构优化、类型多样、主动适应经济社会发展需要的、具有中国特色的社会主义现代高等工程教育体系。

成为卓越计划试点高校对地方高校发展提出新挑战。2010 年 6 月,教育部《关于批准第一批"卓越工程师教育培养计划"高校的通知》,批准清华大学等 61 所高校为第一批"卓越工程师教育培养计划"实施高校,揭开了我国工程教育历史的新的一页。2012 年 2 月,教育部又审批通过了 134 所高校 362 个本科专业作为第二批卓越工程师教育计划试点学校和专业;2013 年 10 月,教育部又批准了 153 所高校 433 个本科专业为第三批卓越计划试点学校和专业。[3]从实施卓越计划试点的第二批和第三批高校来看,许多地方高校成为卓越计划试点高校,这充分说明教育部看重地方高校在卓越工程人才培养中的作用和地位,既是对地方高校办学实力和能力的肯定,更是对地方高校如何适应卓越工程计划要求,创新人才培养模式,强化应用能力提出了新的要求。

卓越工程计划实施目标措施等要求创新人才培养模式。卓越工程计划实施主要目标是:面向工业界、面向世界、面向未来,培养造就一大批创新能力强、适

应经济社会发展需要的高质量各类型工程技术人才，为建设创新型国家、实现工业化和现代化奠定坚实的人力资源优势，增强我国的核心竞争力和综合国力。并提出要以实施卓越计划为突破口，促进工程教育改革和创新，全面提高我国工程教育人才培养质量。目标中明确要求创新人才培养理念和模式。卓越工程计划明确了五个方面的实施措施，其中第一条，创立高校与行业和企业联合培养人才的新机制，第二条，以强化工程能力和创新能力为重点改革人才培养模式。[4]这两个方面要求试点高校必须改革人才培养模式，地方高校必须围绕学生工程能力、创新能力培养，重新审视并制定新的发展思路，改革现有人才培养模式已势在必行。

二、地方高校在卓越工程理念下发展的新定位

地方高校是指隶属省级人民政府、位于地级中心城市并由省市财政投资建设的普通高校。这些学校主要面向地方经济和社会发展培养当地急需的应用型人才，在我国高等教育体系中占有十分重要和特殊的地位。[5]地方高校多数以教学为主，定位为教学型高校，有别于研究型大学。但近年来，许多高校对自身的发展定位出现偏差，要么是办成国内一流大学，要么是办成综合性研究型大学，而对如何培养地方和社会急需的应用型人才提得少了。特别是一些地方工科院校，在发展中出现迷失自我的现象，忘记了地方高校办学的根本宗旨和目的，导致学校盲目地发展学科科研，投入大量人力财力，不分好坏，只要能出成果就行，发展自己原本处于弱势的所谓"学科"，与已经形成优势学科的研究型大学在抢项目资源，内外交困。

卓越工程计划实施后，进一步强化了地方高校应用型人才培养的目标意识，还原了高等教育任务之本原。地方高校顺势而为，及时调整好自身定位，对学校发展大有裨益。高素质应用型人才培养是地方高校的办学理念和目标，构建应用型技术大学已成为许多地方高校发展新的目标定位。这一目标定位正好吻合了卓越工程师计划要求，既能促进学用结合，提升学生动手实践能力，又能促进生产一线技术与课堂知识的深度融合，培养更多更好的应用型工程技术人才，一

定会促进学校取得新的发展。

三、卓越工程理念下地方高校"能力导向、多元培养"人才培养模式思路

以应用型、复合型的未来工程师为培养目标，创新地方本科院校工程教育模式，是我国由"制造大国"到"创造强国"的跨越的重要路径。盐城工学院优集学院是学校 2005 年和西门子公司（原美国 UGS 公司）联合成立的一个公办二级学院，从实施"小范围、大幅度"工程教育改革试点开始，创造性地提出了"能力导向、多元培养"工程人才培养模式，经过多年的实践探索和总结完善，形成了一套独特的人才培养模式，并取得了丰硕的成果。

"能力导向、多元培养"教育模式的探索与实践是基于地方高校自身的办学定位和比较优势，立足行业与产业发展，围绕企业对工程人才的需求，将"学科驱动"培养转变为"需求拉动"培养，面向市场需求，以应用型、复合型工程人才培养为目标，而进行的工程教育人才培养模式的创新。这一人才培养模式对于推进地方本科院校工程教育教学改革具有重要的意义，它着力解决了当前工程教育中面临的三个难题：一是以能力为导向，促进地方高校立足区域需求，发挥比较优势，构建面向行业、企业的工程能力培养体系，实现特色发展，避免地方本科院校发展的"同质化"，解决工程教育处于部属院校和高职院校之间，"高不成低不就"的窘迫处境；二是以工程能力素质结构拓扑图，重构课程体系，改革教学内容，通过"校企合作、产学融合"，有效解决工程教育中的专业课程设置及课程教学内容与实际工程问题脱节的问题，避免了地方高校工程教育与行业、企业发展的背离；三是以经济社会人才需求的多样性，确定差异化的人才培养面向，按照工程人才培养平台的多样化，选择多样化的培养路径，实现工程人才的多元培养，解决地方本科院校工程教育中，学生综合能力和择业能力不足的问题。

"能力导向、多元培养"工程人才培养模式的基本架构：首先将工程能力分解成基础能力、必备能力和拓展能力。以现行的工程教育体系和行业标准，确定工程人才必备的能力与素质；按照工程技术的发展趋势、行业企业对人才的要求以及学生的个性化发展需求，确定工程人才的拓展能力；将能力进行细化，绘制成

能力素质结构拓扑图如下：

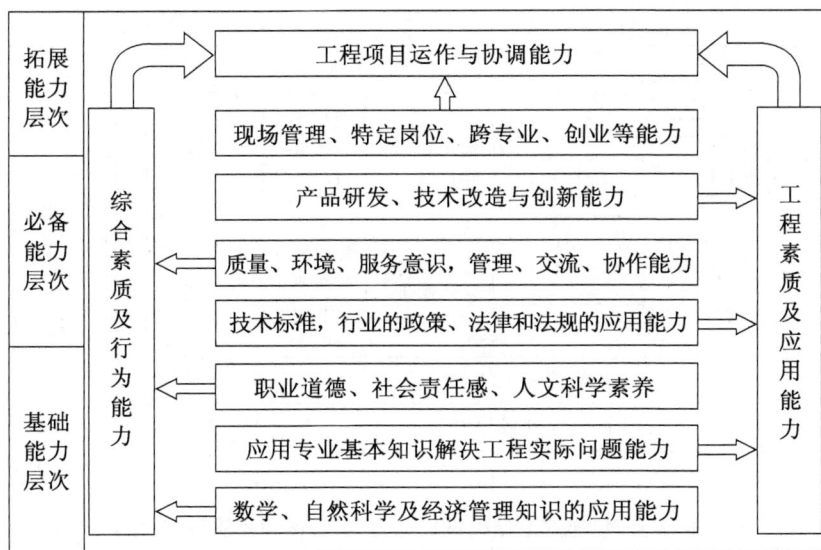

应用型工程人才能力素质结构图

搭建能力结构图：梳理课程之间的内在逻辑关系，按照能力导向，模块化整合课程，形成以能力培养为主线的专业课程体系。例如，机械类专业能力结构如图所示：

机械类专业能力结构示意图

对应的"机械产品结构设计能力"课程模块如图所示:

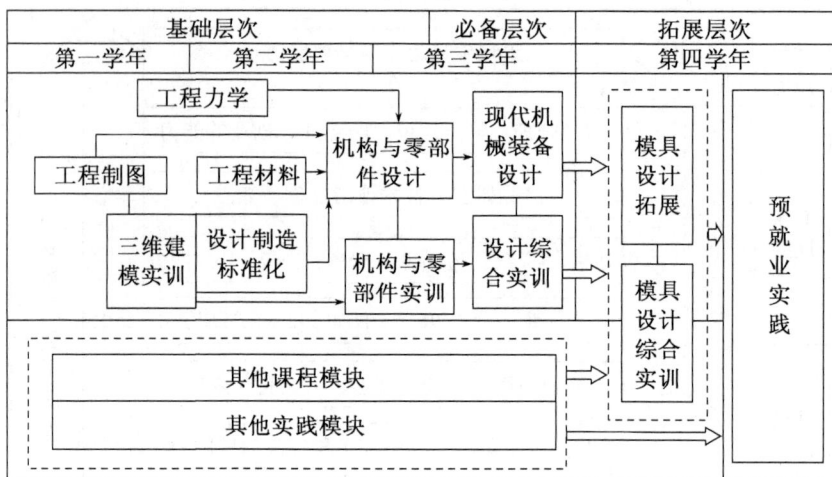

机械类专业"机械产品结构设计能力"培养课程模块(灰色框内)

其次,在确立课程体系模块基础上,按照先进、有用、有效的原则,重组教学内容。能够反映行业最新工程技术和生产工艺、围绕解决行业企业实际工程问题、有利于培养学生工程实践能力。例如,机械类专业"机械产品结构设计能力"课程模块中,将数字化产品开发系统(NX)融入相应的课程教学内容,其中:工程制图融入 NX 后可以形成 NX/Drawing 草图、Modeling 建模、Drafting 工程图和 Assembly 装配等课程;工程力学融入 NX 后可以形成 NX/Scenario for Motion 机构运动分析和 NX/Scenario for FEA 有限元分析等课程;工程材料学融入 NX 后可以形成 NX CAE 材料库等;机构与零部件设计融入 NX 后可以形成 NX 齿轮设计和弹簧设计等功能插件,NX WAVE 控制和形位公差,NX 运动仿真和有限元分析等;设计制造标准化融入 NX 后可以形成 NX 形位公差、NX公差链分析、NX 产品和制造信息(PMI—PDM)等;现代机械装备设计融入 NX后可以形成 NX CAD 综合实训等课程。通过重组、融入和设计,紧紧围绕"能力导向、多元培养"这一目标,厘清了学生能力培养和课程体系设置之间的关联,将企业的新知识需求融入课程体系中,可以极大地丰富课程内容,增强课程教学吸引力,提升了教学的针对性和实效性,有利于工程应用型人才的培养。

最后,校企深度合作实施"3+1"人才培养。学校与一些企业建立固定的校企合作关系,将企业的应用技术和用人需求融入教学管理中去,缩短学生对企业的认识过程,加强学生在校期间针对企业技术的学习应用。学生在校三年完成基本的学习任务,最后一年安排在合作企业顶岗实习,将企业的业务学习和岗前培训等内容转化为教学基本单元,承认学时,计算学分,配备企业导师,实行校企双导师制。在企业完成毕业设计任务,校企双方共同考核,每月或每季度考核合格的,由企业发放有关实习补助费,帮助学生解决住宿和生活费用。实习一年考核合格的,由校企双方共同组成毕业设计答辩专家组,对学生毕业设计结果进行审查考核,考核通过的且符合学校学生毕业条件的,发放毕业证书和学位证书。一年实习优秀的,由企业根据自身发展情况录用为正式员工;不录用的,由企业出具实习情况证明材料,推向市场就业。这一模式实施以来,得到了家长、企业和学校三方的认可和肯定,学生参与度和积极性高,学到了课堂上所学不到的知识,提升了学生就业质量,实现了校企生三方共赢。

当前,在社会各界对于校企深度合作争议不断、真假合作难辩的情况下,在国家大力倡导高校加强卓越工程技术人才培养和走应用型人才培养之路的形势下,地方高校如何顺势而为?依托校企合作,借鉴这一模式,走有自己特色的校企合作培养人才之路,深化教学改革,创新发展,从而为社会培养更多更好的、受社会欢迎的卓越工程技术人才。

原文载《中国成人教育》,2014 年第 22 期:37－39

参考文献

[1] [3][4]卓越工程师教育培养计划[EB/OL]. http://baike. so. com/doc/5437115. html,
    2014－09－25.

[2] 国务院:引导部分普通高校转向应用技术型高校[EB/OL]. http://finance. sina. com. cn/
    roll/20140227/051018346960. shtml,2014－02－27.

[5] 张建东. 地方高校如何走出成人教育发展困境[J]. 中国成人教育,2005(9).

基于人力资本市场需求的应用型
本科市场营销人才培养模式

摘　要： 市场营销专业是一个综合性、实践性很强的专业。随着经济和信息技术的发展，人力资本市场对市场营销专业的人才需求也产生了很大的变化。同时，全球经济已经步入互联网大电商时代，这对市场营销人才又提出了新的要求。如何构建一个科学合理的市场营销人才培养模式已经成为应用型本科教学应该思考的重要课题。

关键词： 市场营销；应用型；课程体系；方向选修模块；培养模式

20世纪末至21世纪初，技术型市场营销人才的需求在上海的产生，标志着我国人力资本市场对市场营销专业人才技能的需求开始发生变化。经济全球化使我国对社会人才需求认识发生了根本性转变，对营销岗位层次的区分也更为深入，并对不同层次人才的能力提出了具体要求。同时，全球经济已经步入大数据时代，这对市场营销人才又提出了新的要求。

一、新经济对市场营销人才需求的变化

随着我国市场经济的不断发展和完善，人力资本市场对市场营销人才需求产生了两个方向性需求：执行和策划。同时，行业的分工越来越精细化，对市场营销人才的行业背景和学习能力提出了更高要求。

1. 人才层次

在高速发展的全球化经济背景条件下，我国人力资本市场对市场人才的需

求也发生了深刻变化,其中最重要的一点体现在对市场营销人才的层次有了较为明确的区分。根据营销岗位不同职位的能力需求,可以把营销人才区分为两个层次:执行型人才和策略型人才。其中执行型人才又可以划分为两个层次:基层的销售和营销策划执行人员;中层的销售部门的各级主管。策略型人才也可以划分为两个层次:中层的企划专员、企划经理、产品经理和市场部经理等;高层次的市场总监和营销总监等决策型高级经理人才。目前,市场营销策略型人才是人力资本市场中最炙手可热的紧缺型人才。

2. 行业实践经验

随着生产技术的不断提高,不仅不同行业之间的边界越来越清晰,同时,由于同一行业之间竞争加剧,同一行业间的市场细分也越来越明显。在市场实践过程中,市场存在三种类型:消费品市场、生产资料市场和非营利组织市场。这三类市场对营销人员的行业实践经验要求各不相同。即使面对的是消费品市场,在这一产业链条上,消费品的制造企业和消费品的销售流通企业对市场营销人才的行业实践经验需求也存在显著差异。对于营销人员来讲,要对行业未来的发展趋势具有敏锐的洞察力,就必须具备较丰富的行业实践经验,这样才能具备把握市场快速变化的能力。

3. 知识结构

首先,在经济全球化的背景下,本土企业将有更多的机会参与到全球竞争中去,从而提高本土企业的品牌影响力。这就要求企业的营销人员除了拥有专业的营销知识以外,还必须掌握与其相关的商务英语、国际法律和不同地域文化等方面的知识。其次,随着行业分工越来越深入,对面向生产资料市场的营销人员产品知识提出了更高的要求。最后,网络信息技术的发展和大数据时代的来临,给传统的营销思维和营销手段带来强烈冲击。对于现代企业的营销人员来说,要想把握"以客户为中心的精准营销和主动式服务营销,在正确的时间把正确的信息传递给正确的人"这种全新的网络营销理念,就必须掌握网络营销方法、网络信息技术及大数据挖掘等方面的知识。

4. 学习能力

《国家中长期教育改革和发展规划纲要(2010—2020 年)》中指出,培养具备学习能力的学习型人才是 21 世纪高等教育教学改革的根本指针和现实选择。在信息大爆炸的今天,知识在不断地更新。随着信息技术的发展,市场营销的理念和手段也发生了革命性变化。同时,科学技术的快速发展,也推动着市场产品更新不断加快,使得市场竞争越来越激烈。要适应这种快节奏的变化,就必须掌握科学的学习方法,提高自己的学习能力。

5. 创新思维

对于企业来说,如果产品没有创新就可能逐渐退出市场,企业就可能丧失持续竞争的能力。在激烈的市场竞争过程中,除了产品的创新外,还有市场的创新、营销方法的创新、营销模式的创新和盈利模式的创新,而这些创新往往能比产品的创新带来更为直接的效果,在短期的竞争中获得明显的竞争优势,为产品的创新提供一定的时间和空间。企业要获得持久的竞争优势,就必须要求营销人员具有创新思维,以提高企业的营销创新能力。

二、应用型人才培养模式存在的问题

1. 营销人才培养定位错误

营销实践表明,市场营销专业是一个综合性、实践性很强的应用型专业。目前,虽然很多高等院校把自己定位成"应用型"本科院校,但几乎所有院校都把"应用型"本科教育错误地理解为就是加强实践教育。事实上,应用型教育和实践型教育并不是同一概念。应用型本科教育是相对于学术型本科教育、实用技术型教育而言的,是以培养知识、能力和素质全面而协调发展,面向生产、建设、管理、服务一线的高级应用型人才为目标定位的高等教育。

2. 课程体系与市场需求脱节

中国高等教育从精英化到大众化,同时人才供求的环境也已经发生了改变。但大部分院校在人才培养模式上并没有结合实际定位进行相应调整,市场营销专业的课程设置和过去精英化培养模式下的课程结构没有本质区别，仍然以系统的营销理论课程为主，辅以与理论课程相关的实践教学。虽然整个专业课程体系的设置呈现出宽口径的特点，但这种宽口径也仅仅是管理学科内的宽口径，并没有和现在人力资本市场对市场营销专业人才的需求实际结合。人力资本市场需要的是跨学科、跨专业的和具有一定专业背景的复合型市场营销应用型人才。同时，这种宽口径教育是一种典型的"通才"教育模式，目的是培养学生在营销理论的指导下什么都能营销，这不仅与当今市场行业分工越来越深入的现实相脱节，还忽略了营销专业人才不同层次的能力需求。

3. 实践型教师资源匮乏

我国高校市场营销专业的教师几乎都是从学校毕业直接到高校工作，他们具备较深的理论研究能力，但实践能力几乎为零。市场营销专业是一个实践性非常强的专业，大部分高校实践环节的指导教师都是由理论课程的教师兼任，实践型教师的资源十分匮乏，这导致理论教学与实践教学的师资结构严重失衡。虽然，由于人才需求环境的变化，很多高校注意到了"应用型"人才培养的要求，在制订培养方案时加大了实践教学环节的比重，但受限于教师队伍的实践经验，对学生实践能力的提高没有实质性帮助。

4. 教学模式认识存在误区

和西方发达国家相比，国内绝大多数高校市场营销本科的专业课堂教学采用的是传统的教学模式，即以教师为中心的理论"灌输式"教学，辅以案例讲解和课堂案例讨论。这种教学方式过多注重教材的选择，而忽略了市场营销环境的变化，导致理论教学与现实的市场实践脱节。另外，"多媒体"的误区使得很多高校把将多媒体技术运用到市场营销课堂教学中来看作教学手段的变革。事实上，多媒体技术的应用除了对增加课堂教学的容量和提高课堂教学的生动性方面有所帮助外，对学生解决问题能力和创新能力的提高几乎没有任何帮助。因此，多媒体技术的应用对课堂教学来讲最多是手段的创新，并不能从根本上改善课堂教学手段的科学性。

5. 考核评价方法不合理

市场营销人才应该具备较强的创新能力。营销的创新能最直接地体现出企业的市场创造能力,并可能在更大程度上直接为企业赢利。几乎所有高校现行的市场营销专业学生学习效果评价方式都是以命题试卷或课程论文形式考核为主,再结合学生的课堂表现进行测评。这种考核评价方法往往只重视对学生理论知识的掌握进行考核,而忽视了对学生实践能力和创新能力的培养。这样的考核评价结果不仅脱离了应用型本科市场营销人才的培养目标,而且其人才培养的结果也不符合社会发展的需求。

三、基于市场需求的营销本科人才培养模式

高校应该根据人力资本市场的需求,结合学校自身的资源状况,构建具有本校特色的应用型本科市场营销人才的培养模式。

1. 基于学校资源的人才培养定位

对于高校市场营销本科应用型人才的定位,一方面,要结合市场的需求和应用型人才培养的目标;另一方面,要考虑高校自身的资源,包括专业资源、教师资源和社会实践资源。一般来说,实践型教师资源和社会实践资源相对薄弱的普通类型的高校营销人才培养目标应该定位在基层的执行型人才,主要满足市场对基层的销售和营销策划执行等人才的需求;而实践型教师资源和社会实践资源相对丰富的重点高校营销人才培养目标应该定位在中层的执行型和策略型人才,主要满足市场对销售部门的各级主管、企划专员、企划经理、产品经理和市场部经理等人才的需求。

2. 构建基于市场需求的实践型课程体系

课程体系是实现培养应用型市场营销人才目标的依托,唯有构建如图所示的基于人力资本市场需求的实践型课程体系,才能从根本上体现市场营销"应用型"的本质内涵。

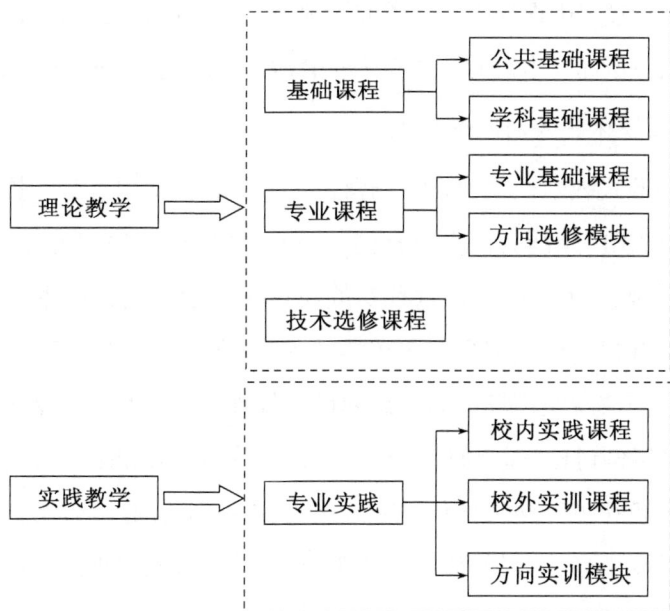

课程体系结构图

3. 建设专兼结合的实践型师资资源库

应用型市场营销人才的培养离不开具有丰富实践经验的优质师资资源,学校可以通过内培外引建立专兼结合的实践型教师资源库。(1)内部实践型教师的培养。一方面,可以轮流选派任课教师到企业的相关营销部门参加为期至少半年的连续实践工作。在实践工作期间,应该以定期的专业实践技能考核和具体工作的实际绩效相结合的方式对教师进行考核,以保证参与者能够真正地提高实践技能。另一方面,学校可以通过培养建立学生创新创业校内导师团队,通过与校外具有创业背景和能力的企业家共同指导具体的创新创业实践项目来提高内部教师的实践技能,并且把创新创业成果作为重要的考核指标对团队进行绩效考核。(2)外部兼职教师的引进。通过聘用来自业界和市场的专业人才和营销专家来担任兼职教师,发挥其实践经验丰富的优势,以弥补校内教师实践能力较弱的缺陷。但在聘用校外兼职教师时不能陷入这样的一个误区:谁的名气大,就找谁。国内很多成功的企业家虽然搞市场很在行,但由于没有经过系统的理论学习,容易导致在教学过程中误导学生。咨询管理公司的资深顾问是比较适合的群体,因为这部分人不但拥有丰富的行业实践经验,而且具有系统的理论知识。

4. 注重情境体验式的教学模式

将情境体验式教学模式引入市场营销专业课程教学中有助于提高学生的学习兴趣、理论知识应用能力及专业技能。(1)虚拟经营实战模拟。虚拟经营实战模拟是一种全新的教学模式,这种实战模拟的教学模式目前主要通过特定的教学模拟软件或模拟网站进行。在教学过程中,学生通过扮演商业关系中的不同角色来模拟完成现实市场中的一系列商业操作行为,从而体验真实的商业环境。(2)情境案例讨论。教师选择当前的营销热点问题和典型的营销案例,引导学生通过角色扮演和角色换位的方式进行讨论,让学生在抽象的市场营销问题情境化的情况下做出分析、讨论和决策,以提高学生分析问题、解决问题的能力和团队合作的能力。(3)情境角色模拟。情境角色模拟法是一种比较有效的互动式体验教学手段。在专业技能课程教学过程中,例如商务谈判、推销学等课程,可以为学生提供一种仿真的商业训练情境,由学生或老师扮演特定的情境角色,在理论的指导下对学生展开专业技能训练。

5. 构建以实践能力为主的考核评价体系

应用型人才的考核评价不能再以学生卷面成绩作为评价尺度,而应该形成以过程考核为基础的综合性评价体系,突出学生专业知识的应用能力和专业背景的实践能力。(1)课程考核过程化体系。考核可以把单元案例分析、商业情境模拟和课程论文答辩等考核方法贯穿到整个课程教学过程中去,构建一个以实践为主的过程考核体系,而不再以课程结束后的书面和非书面考试为主要课程考核标准。(2)专业课程考核模块化体系。对一些专业课程进行分类组合,构建不同的专业方向模块,采用模块化的考核手段,构建一个综合性专业方向考核评价体系,而非单一的课程考核。考核时,不同专业方向可以设置不同的任务来让学生完成,以达到考核目标。

原文载《教育与职业》,2015 年第 25 期:87-89

参考文献

[1] 何叶荣,李玲."卓越"视角下的应用型高校市场营销专业人才培养模式[J].淮南师范学院学报,2014(2).

[2] 卢智慧.高等学校市场营销专业人才培养模式改革研究[J].大学教育,2013(2).

[3] 安强身,柳兴国.基于CDIO教育理念的市场营销专业实践教学体系构建[J].太原大学学报,2013(3).

[4] 张晓谦,李玉春.市场营销专业人才培养体系的构建研究[J].全国商情:经济理论研究,2013(15).

[5] 吴飞美.基于实践教学的市场营销专业人才培养体系研究[J].沈阳工程学院学报:社会科学版,2013(4).

[6] 杜维,李忆,张亚丹.基于发展性评价的市场营销学生考核方式创新研究[J].中国管理信息化,2013(11).

电气与新能源综合实验教学中心建设探究

姚志树　周云龙　胡国文　何坚强

摘　要:以省级实验教学与实践教育中心建设点"电气与新能源综合实验教学中心"的建设实际情况,结合验收标准对实验中心进行了实践实验教学资源、师资队伍结构、实践教学体系和教学方法以及原有管理体系管理方法等方面进行改革。建成实践实验理念先进,管理科学规范,教师队伍经验丰富,教学设备精良,具有较大辐射作用的省级示范中心。培养具有良好的学习能力、实践能力和创新、创业能力的高素质工科应用型人才,满足建设特色鲜明的高水平应用型大学的需求。

关键词:实验教学示范中心;电气与新能源;建设与改革

随着教育改革的深化和素质教育的全面推进,高等教育和科技进步、经济发展的结合日益强化,高校实验室的作用越来越重要。推进实验教学改革、加快实验室建设步伐,是高等学校面临的重要任务。高校的实验教学与实验室建设的水平,客观地反映了学校的办学实力,是学校人才培养质量的重要标志和教学水平、科研水平、管理水平的重要体现,也是学校可持续发展的重要资源和基础[1-5]。

电气与新能源综合实验教学中心是在 1988 年建立的电气技术专业类实验室的基础上,经过多年建设和多学科整合后于 2011 年组建成立,成为省级示范中心建设点。中心下设电气工程及其自动化、自动化、建筑电气与智能化、新能源科学与工程专业类实验室,以及服务面向全校的电工电子训练中心和一个监控中心。其中,电工电子训练中心已于 2007 年建设成为省级示范实验中心。依托电气与新能源综合实验教学中心,按照"面向行业、强弱结合、电气工程为本"的人才培养定位,以电气与新能源技术应用能力和创新意识培养为主线,完善电气类实践教学体系,提高专业人才培养的质量[5-7]。

为了实现上述培养理念,实验中心在获批省级实验教学示范中心后提出新的改革思路:① 对盐城工学院原有的电类实践实验教学资源进行改革和整合; ② 对原有电类实践实验教学的师资队伍进行优化配置改革;③ 对原有电类实践实验教学体系和教学方法进行改革;④ 对原有管理体系和管理方法进行改革。

1 改革和整合实验、实践教学资源

1.1 改革实验教学体系与教学内容

中心面向全校各专业的电工电子实践实验课程体系和计算机实践教学体系进行了调整,同时对面向电气和信息类的各专业实践实验教学体系进行了具体改革。中心从顶层设计和全校角度出发构建了电气与新能源综合实验教学中心的实验、实践教学体系,具体体系图如图 1 所示。

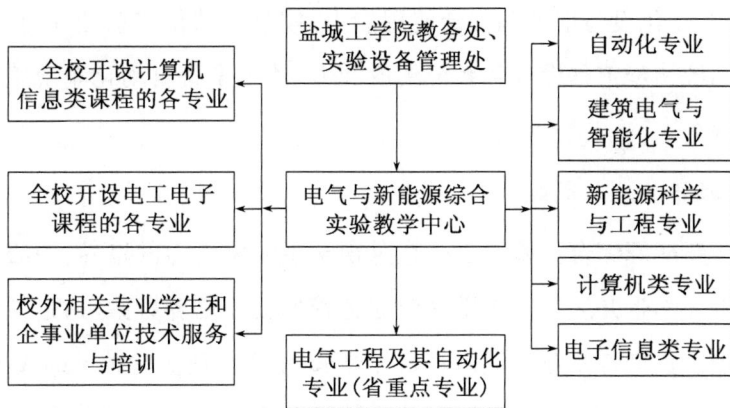

图 1 电气与新能源综合实验教学中心实验、实践教学体系

中心配合全校开设电工电子课程各专业的教学内容改革相应的实验、调整实践教学内容；中心重点加强了电气工程及其自动化专业、自动化专业、建筑电气与智能化专业和新能源科学与工程专业的实验、实践教学内容改革。相对应的各专业实验、实践内容和能力培养改革如下。

（1）电气工程及其自动化专业下分电力电子与电力传动和城市供用电技术两个方向；电力电子与电力传动方向主要培养拖到系统的静/动态分析能力、拖动系统的工程设计能力、电力电子电路的工程设计能力、系统的仿真/分析能力等；城市供用电技术方向主要培养供配电系统设计/计算能力、变电所运行/检修和处理故障的能力、系统的仿真/分析能力等。

（2）自动化专业实验、实践内容主要培养建材工业自动化仪表应用能力、运动控制系统的应用能力、过程控制系统的应用能力、工业网络控制系统的应用能力和工业自动化控制系统分析设计能力等。

（3）新能源科学与工程专业实验、实践内容主要培养风力发电机组电气数据和太阳能光伏发电系统数据检测、风力和太阳能光伏发电系统数据分析和计算、风力和太阳能光伏发电系统电气元件参数选择和初步设计、风力和太阳能光伏发电系统电气工程初步设计及机组维护和管理能力等。

（4）建筑电气与智能化专业实验、实践内容主要培养楼宇设计施工图识读能力、楼宇自动化设备选型和安装使用能力、楼宇自动化信息处理能力、楼宇设备自动化系统初步工程设计和系统集成能力、楼宇设备自动化系统工程建设与管理能力等。

1.2 教学效果与成效

电气与新能源综合实验中心一直重视学生实验能力的培养，中心面向电气和信息类专业学生开展实践教学并建立完善的技能培养方案，通过课内讲授与课外训练加以贯彻各专业实践内容培养要求；中心注重实验教学的改革，在实验教学内容上加强对学生基本理论和基本技能培养，减少单纯的验证性实验，增加综合性实验和研究性实验；实验教学具有独立性、主动性、创新性，提高了实验教学的整体水平,加强了对学生实际动手能力和创新能力的培养[8-9]。

针对不同专业、不同课程的学生,共开设实验项目 353 个。在实验内容安排上坚持由浅到深、由简单到复杂,充分调动学生学习的主动性,让学生通过实验教学进一步巩固课堂理论知识、掌握基本的实验操作方法、正确使用仪器设备、认真观察实验现象、养成良好的实验习惯。对不同的实验进行科学分组,充分调动学生实验的热情,不断提高实验教学质量。

2 优化改革师资队伍

2.1 明确队伍建设目标

中心加强实验教学师资队伍建设,努力建立和培养一支适应实验教学改革、提升实验室水平的实验教学师资队伍,为此,在学校支持下,3 年中,共引进 8 名博士和 5 名硕士充实实验室专兼职教师队伍;同时,不断提升现有教师的学术水平和能力,充分做到校内资源共享,大力推进专职实验教师队伍建设。目前,中心基本形成了一支稳定、高水平而又敬业的教师队伍,各项管理、保障措施日趋完善[10-12]。

2.2 人员结构合理

实验中心现有 79 人,由专、兼职的实验教师组成。其中博士 22 名,副高以上职称教师 41 名,硕士以上学位 71 名。中心人员队伍结构职称、学历、年龄配置合理,能满足教学要求和国家规定的专兼职人员学历层次要求。

近 3 年来,电气与新能源综合实验教学中心教师承担国家级项目 2 项,市厅级以上纵向项目 11 项,横向项目 16 项,到账经费 144.05 万元。在国内外重要期刊发表论文 150 多篇,其中核心期刊 100 多篇,被 SCI、EI、ISTP 收录 70 多篇。取得知识产权 11 项,其中发明专利 6 项,实用新型专利 2 项,软件著作权 3 项。有 12 人接受过企业工程实践训练半年以上,有 8 人长期深入企业从事科技服务和技术改造工作,有 5 人直接从企业引进,具有多年工程实践经验。

3 改革实验教学方法与手段

实验教学方法和教学手段改革如下:① 采用多媒体教学和实物教学相结合;② 采用网络课件教学和实验室课堂教学相结合;③ 采用虚拟实验平台和真实实验平台教学相结合;④ 采用视频公开课与实验室实验课程教学相结合的教学手段;⑤ 采用计划内实验项目和自主创新实验项目教学相结合的教学方法与教学手段;⑥ 采用验证性、设计性、综合性分层次螺旋上升的实验项目教学方法。

4 改革管理模式

4.1 完善管理体制

电气与新能源综合实验教学中心为校、院两级管理体系,下设电工电子实训中心和电气工程学院实验中心两个分中心,于 2011 年申请成为省级中心建设点后电气工程学院研究决定划分 5 个模块来建设,5 个模块构成一个完整体系(见图 2)。

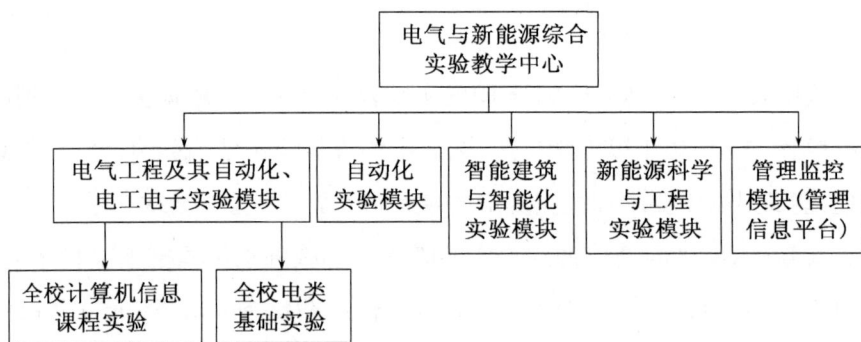

图 2 实验中心管理体系图

4.2 建设管理信息平台

为了充分发挥计算机和网络通信技术在现代化教育中的重要作用,中心十分注重信息平台和网络环境建设,建立了网络化的实验教学和实验室管理信息平台实现网上辅助教学和网络化、智能化管理[13]。

（1）门禁和视频监控系统。电气与新能源综合实验教学中心建设完成监控中心，主要功能为实验室和周边环境进行视频监控，各实验室设置门禁系统，与校园卡对接实现一卡通，目前电气工程学院和信息工程学院已建设完成，电工电子实训中心准备下期建设。监控中心已实现实训预约，学生教师可以从网络平台上预约开展实验和科研项目测试，结构图见图3。

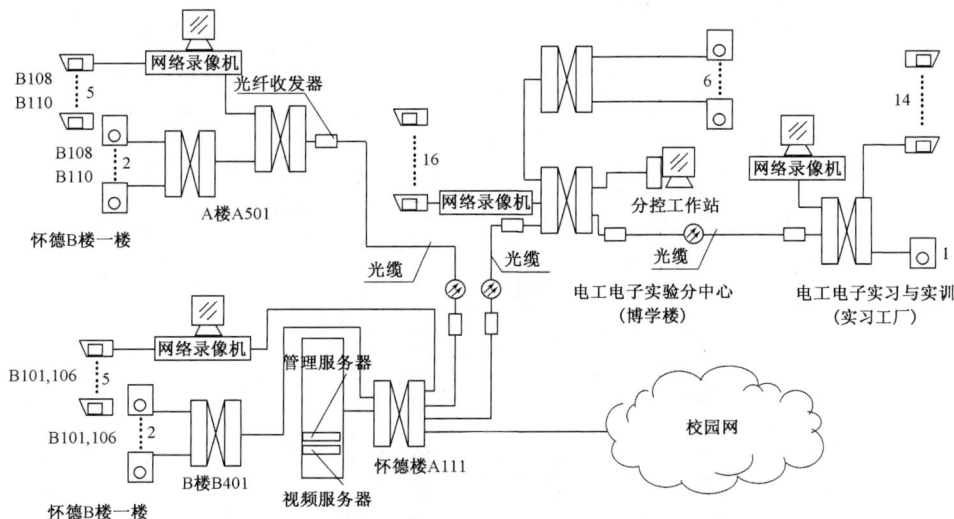

图3　电气与新能源综合实验教学中心管理信息平台结构图

（2）门户网站和管理信息系统。利用学校的网络系统，建立电气与新能源综合实验教学中心信息网络平台见图4，为师生提供一个良好的网络教学与学习环境，并通过建设学校天空教室网、精品课程网和实验中心实验课程网，使学生可以方便地进行网上学习；所有网站资源均24小时开放使用，师生可以随时查找，中心网络信息平台立足本校面向社会开放。

通过信息网络平台加强对学生实验的跟踪。教师可以通过网站的师生交流平台及时了解实验课程、实验室使用情况和学生在实验过程中各个环节的实验操作的状态变化，并及时对学生的反映做出相应的措施；学生可以通过该平台与教师和同学进行在线交流，从而形成良好的学习环境。

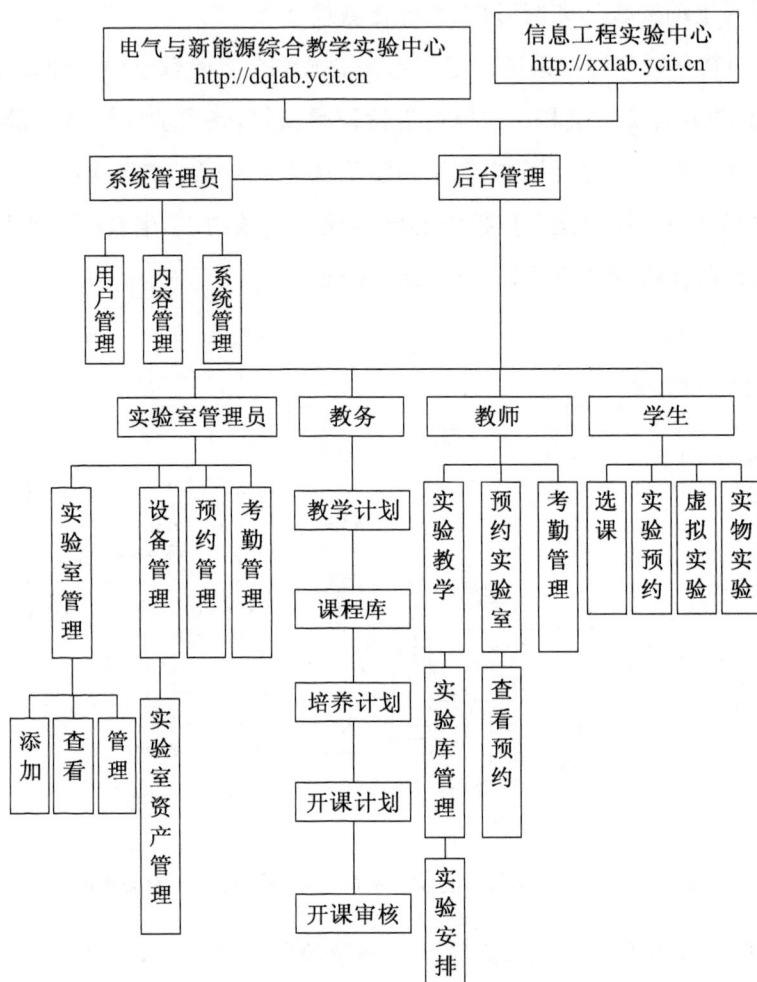

图4 实验中心信息管理平台功能模块结构图

激发学生学习的自主性和积极性。教师和学生可以通过网络平台,进行专题性的学术交流讨论,在网络正常管理下,形成一个公开的学习交流环境。

学生可以通过网络平台,全面的了解各高校基础实验室的基本情况,以便于学习其他高校的先进教学方法、测试手段、教学经验等,可以自主设计实验项目通过网络申请使用实验室。

学生已在教学实验中心的网络平台上进行实验课程的开放教学,教学效果较好,争取在今后的网络信息平台上扩充教学内容和自主学习环境,将信息平台的作用充分发挥出来。

4.3 理顺运行机制

中心加大实验室的开放力度,通过完善各项制度,构建开放、科学、规范的管理运行机制。

目前,中心围绕实验设备运行与管理机制、实验教师队伍管理运行机制、培养方案规定的课内实验教学运行机制、培养方案规定的课内实验教学开放运行机制、学生自主设计的实验项目开放运行机制、学生创新实践训练项目运行机制建设、大学生学科竞赛实践项目运行机制建设和对校外实验与科技服务运行开放机制,建立健全了相应的规章制度[12]。

围绕实验中心的开放,实验室于每学期初制订实验室开放计划,在完成实验教学任务的同时,采取各种方式对全校师生实行全方位开放,所有实验室均实行全天开放,其中课内实验由实验室提供实验项目对学生实行预约式开放,课外实验则以学生自带课题或以参与老师科研实验等方式由学生填写开放实验申请表,经实验中心同意后即可进入开放实验室。在开放管理方面,课内开放实验由指导老师负责实验室的使用和管理。课外实验有指导教师在场指导进行,并由指导教师参与实验室的管理。在开放实验项目方面,可以是中心提供选修项目,也鼓励学生自带课题或以参与老师科研实验等方式进入开放实验室。

目前实验中心开放实验室支持的大学生创新项目有:全国"挑战杯"大学生课外学术科技作品竞赛、江苏省大学生电子电气大赛、全国大学生电子大赛、全国大学生机器人大赛,全国大学生智能建筑工程实践技能竞赛以及盐城工学院的各种技能大赛等。实验中心派专门人员负责各种大赛的培训和指导工作。

5 示范辐射

5.1 省内外高校的交流

实验中心加强与国内外和省内外高校合作交流,3 年来中心先后接待英国格林威治大学、东南大学、中国矿业大学、陕西科技大学、浙江湖州学院等国内外23 多所高校学者参观访问,实验中心的建设理念与建设方法得到普遍认同。中心多次组织实验教学交流与示范交流活动,管理模式已在校内得到推广,为高校系统的实验室建设提供示范作用[13-15]。

5.2 建设成果在校内外得到广泛应用

实验中心自行研制以及与企业共同开发了新能源技术应用实验装置、计算机控制装置、单片机应用实验装置、电气控制装置等多种类型实验仪器设备,被成功应用于实验教学过程,其中,室内外风力发电系统、计算机控制实验系统、电气 PLC 等实验装置已被许继集团、启东计算机总厂有限公司等企业推广应用,实验中心的建设方法被外校借鉴引用。编写的《民用建筑电气技术与设计》《电气控制与 PLC》《单片机原理及应用》《现代民用建筑电气工程设计》《工控机及组态控制技术原理与应用》《电子系统设计与实践》《电工电子实验技术》等教材在全国多所院校广泛使用。其中《现代民用建筑电气工程设计》《建筑电气控制技术》《电工电子实验技术》《电气控制与 PLC》等教材被评为江苏省精品教材。

5.3 实验中心教学资源共享

实验中心除了服务于电气学院学生各类实践(实验)教学,同时服务于全校学生电工电子课程实验、检测技术、微机原理、过程控制与仪表、电气控制技术等专业课程实验,此外还为同城高校学生提供教学服务,为盐城师范学院物理科学与电子技术学院学生、盐城工业职业技术学院机电学院学生提供实践教学服务。现已培训校外相关专业学生达到 9 000 人时数。

5.4 社会服务功能得到延伸

实验中心注重与地方政府和企业的联系,面向社会开放,实验中心接待地方企业、事业单位学习开展多种形式的技能培训、技术咨询、产品开发、校企合作等[16]。承接横、纵向科研项目及教改项目,扩大中心在社会的影响。实验中心与西门子自动化、力控组态公司等国内外知名企业合作共建实验室。目前,中心已成为落户于盐城的国家海上风电技术装备研发中心以及西门子用户、三维力控、长虹集团、同和涂装装备公司等企业的相关科技人员的培训基地。现已培训相关工程技术人员达到 7 060 人时数。

6 结　语

经过几年实践和建设,结合自身情况,电气与新能源综合实验教学中心按照"拓宽基础、强化应用、重视实践、整体优化"原则制订各专业培养计划,不断改革教学方法,积极推进实验中心实验室开放,为各类学科竞赛提供实践平台。具备了一定的特色和示范性,取得了一些成果。中心的建设是一项系统工程,今后我们继续以创建国家级实验教学示范中心为目标,不断发展、完善,通过现代化和科学化的管理,不断提高实验教学质量,为社会培养具有创新意识、创新精神和实践能力的高素质应用型人才。

原文载《实验室研究与探索》,2015 年第 11 期:140－144

参考文献

[1] 马庆水.突出创新强化管理全面推进实验教学示范中心建设[J].实验室研究与探索,2006,25(1):1－4.

[2] 王玉新,李梦辆,郑亚茹.锐意创新加快实验教学示范中心建设[J].实验室研究与探索,2011,30(1):89－91.

[3] 郑春龙,胡惠君,蒋联海.省级实验教学示范中心建设实践与思考[J].实验室研究与探索,2007,26(5):73－76.

[4] 张清祥.地方高校创建省级实验教学示范中心的探索与实践[J].实验技术与管理,2013,30(8):112－115.

［5］罗殷.深化管理体制和机制改革创建高水平省级实验教学示范中心［J］.实验室研究与探索,2012,31(6):119－121.

［6］孙宏国,周云龙,胡国文,等.电气与新能源省级实验教学示范中心的建设与探索［J］.实验技术与管理,2013,30(10):139－144.

［7］赵丽平,何正友,李中西.电气工程专业实验中心建设的实践［J］.实验科学与技术,2010,8(2):151－153.

［8］张姿炎,范立南.地方高校创建省级实验教学示范中心的探索与实践［J］.实验技术与管理,2011,28(2):123－125.

［9］司佑全.省级实验教学示范中心在科技创新人才培养中的作用［J］.实验技术与管理,2012,29(3):123－126.

［10］张志伟,沈喜海,王维刚,等.省级实验教学示范中心建设研究［J］.中国现代教育装备,2011(3):13－15.

［11］谢云成,李强,曹优明,等.新建地方本科高校省级实验教学示范中心建设与思考［J］.实验技术与管理,2012,29(8):125－128.

［12］赵维佺,李勇.计算机科学与技术省级实验教学示范中心建设——以东莞理工学院为例［J］.实验室研究与探索,2011,30(8):296－299.

［13］吉东风,李海燕,李俊龙,等.深化体制改革推进国家级、省级实验教学示范中心建设［J］.实验技术与管理,2010,27(2):97－99,103.

［14］周岚,朱路扬,刘燕.深化教学改革创建省级实验教学示范中心［J］.实验室研究与探索,2006,25(8):954－957.

［15］梁迎春.省级实验教学示范中心的建设模式探索［J］.实验室研究与探索,2011,30(2):88－90.

［16］朱卫垣.省级实验教学示范中心在地方高校校企合作中的作用-基于肇庆学院的分析［J］.中国现代教育装备,2014(19):29－32.

结合中国传统文化进行大学英语教学

王　奇

在大学英语课程教学中,中国传统文化是英语学习可资利用的资源。大学英语课程不是向学生传输单一的西方文化,而是基于文化比较组织学生进行多元文化探索,以此培养学生的文化思辨能力。中国传统文化是英语学习者赖以生存与生长的土壤,相比西方文化,学生对中国传统文化更加熟悉。当中国传统文化成为英语课程的重要内容时,英语学习活动变得更加丰富多彩。中国传统文化为英语学习提供了大量的语言素材,学生在说英语、写英语时更倾向于借用传统文化思想阐述观点,因此丰富了说与写的内涵。学生在英语学习中以中国传统文化思想为基础,客观地对待与评价学习过程中所接触的西方文化内容,提高了文化认识层次,不会轻易盲从或顺从某一外来文化。这样学生就能够成为中国优秀传统文化的传播者。大学生以英语语言作为中国传统文化的载体,宣传优秀的中国传统文化,实现了英语课程的社会价值。

在大学英语课程教学中融入中国传统文化,可以通过开发体现文化价值的英语教材,组织基于中国传统文化的课堂教学,开展以文化比较为目的的传统文化活动等来实现。

1. 开发体现中国传统文化价值的英语教材

目前,我国出版的大学英语教材几乎很少甚至没有课文介绍或呈现中国传统文化,所选文章作者都是西方作者,文章内容都反映西方的生活与价值观。对于这种情况,多途径开发体现中国传统文化价值的英语教材以丰富教材的文化内涵变得尤其重要。

开发基于传统文化的校本教材。不同专业的学生有着不同的文化认知需求。例如,工科各专业的学生需要了解与其专业相关的企业文化与相关科学背景知识,英语校本教材须结合学生的专业特点,将与其相关的中国元素纳入教材,使学生在学习科学技术的同时,了解中国在相关领域的历史地位与发展状况。如文章"Made in China"Urged to Upgrade("中国制造"急需升级)能够让学生通过中西方科学文化方面的比较,了解我国古代科学技术对于世界社会文化所做的贡献、我国现代科学发展现状以及我国传统的企业文化所要面对的挑战;医科类学生使用的教材可以多选用反映我国中医文化博大精深方面的文章以及反映我国现代医学发展状况的文章。这类文章对于医科专业的学生来说,不仅能够加深他们的专业兴趣,更能激发他们的民族自豪感;文科类的学生对文、史、哲方面的内容会更有兴趣,我国在这些方面对世界也做出了巨大贡献,选取相关文章充实校本教材可以让学生立足中国传统文化并放眼世界,构建基于中国文化的核心价值观,全方位地将学生塑造为可以为社会做出贡献的优秀人才。

基于传统文化的校本教材不仅应该关注学生的专业兴趣、专业发展,还应关注学生文化意识的提高。优秀的校本教材应从多视角出发,精选反映我国优秀传统文化的文章,帮助学生树立正确的人生观、价值观,使学生认识到专业学习的目的是为了创造社会价值,更好地为祖国建设服务。

选择基于传统文化的网络美文。新时期下的网络为我们提供了极其丰富的信息资源,其中不乏大量的外文资源。在使用自编或自定教材的同时,可以积极搜索并利用网络中的优质英语资源补充现行教材中传统文化元素不足的缺陷,丰富英语课程的文化内涵,开拓学生的思维。我国许多报刊都建立了公开的英文网站,如"中国日报""21世纪英文报""上海日报""南华早报""北京周报"以及"今日中国"等。这些国内网站里的大量文章都介绍、反映了中国传统文化的方方面面,体现了中华民族的人文精神。选择这样的文章作为教材,会对学生产生积极的影响。

网络美文关注社会热点,且更新快,其所含文化内容丰富、可读性强以及可供灵活选择等特点可以成为英语课程资源的重要组成部分。教师所选择的网络美文不仅应该具有民族性,还应该具有时效性、时尚性、趣味性等特点。所选择的网络美文在内容上应尽量与中国传统文化及社会热点问题相关,吸引学生关注中国优秀的传统文化,激发学生对传统文化的兴趣,启发学生思考问题,探索解决问题的方法;网络美文有可能在语言表达和部分内容上不适合学生作为教材使用,教师对网络美文可以适当加工,可以根据课程要求与学生情况进行修改;另外,教师可以将网络美文的选择权交给学生,让学生参与教材的选择,指导学生根据课程要求选择和中国传统文化有关的文章。

选读外文期刊,开阔传统文化视野。鼓励学生订阅外文报纸杂志,可以使学生广泛地、深层次地涉猎中国传统文化,比较中西方文化,感受中西方文化的交融和差异。大量阅读是提高大学英语学习效率的重要途径,《英语世界》《英语沙龙》《21世纪报》等期刊关注中国传统文化的传播,鼓励读者通过中西文化比较反思中国传统文化,因此可以成为学生重要的阅读源。教师还可以指导学生进行针对性阅读,将期刊中关于中国传统文化的文章介绍给学生,或者让学生互相推荐,使好的文章得以广泛传阅,将期刊文章转化为课程教材的一部分;另外,教师可以通过任务型阅读、合作学习等手段,鼓励学生多做期刊阅读笔记,通过课堂呈现、书面表达等方式,让学生发表文化观点、展示阅读效果。

2. 组织基于中国传统文化的课堂教学

大学英语教学承担着彰显中华民族优秀传统文化的任务,英语课堂中引入中国传统文化可以丰富课堂的文化内涵,提高学生的文化思辨能力。

教师将中国优秀的传统文化引入英语课堂可以激发学生的学习兴趣,培养民族自信心。例如 The Standard for Olympic Excellence(奥林匹克精神)一文以西方的事例体现了西方的奥林匹克精神,在课文教学中教师可以将中国传统文化元素引入文本解读,通过图片、视频等媒体,使学生在感知奥林匹克对于中国的影响的同时,认识到中华民族对于奥林匹克精神的影响和贡献。在引介中国传统文化中,要充分体现教师的主导作用。教师在英语课堂中引介传统文化时要充分展示民族自豪感,以具有感染力的教学语言激发学生参与文化比较,认知中国传统文化在世界文化中的地位,培养文化自信心与民族认同感。

教师在将中国优秀传统文化引入英语课堂教学时,还可以进行一些交流与互动,在交流与互动中加深对中国传统文化的理解。例如,在以 Why is Christmas so popular with Chinese youngsters 为题开展写作教学时,通过组织讨论西方圣诞的起源及其宗教意义、现代西方圣诞文化现象与中国圣诞文化现象、中国年轻人热衷于圣诞文化的原因以及圣诞文化带给我国的利弊等问题,多方位、多层次启发、激发学生对节日文化的理解,引导学生关注中国的传统节日文化。

3. 开展以文化比较为目的的文化活动

组织文化活动的目的是英语语言的习得、中西方文化的比较以及对中国传统文化的认知。活动必须是生动有趣的,让每个学习者都有参与活动的时间和空间。笔者在组织一次"谚语与文化思想剖析"活动时,向学生展示了一句英语谚语 Every man thinks his own geese swans(每个人都以为自己的东西了不起)。学生在老师的指导下,剖析了该谚语反映出的西方文化因受到文艺复兴时期的唯意志论的人道主义思想的影响所表现出的放大自我的情感意志的思想,并从中国传统文化出发,表达了对人际关系以及个人与集体关系的理解。学生用英语阐释中国成语、谚语如"唇亡齿寒"、"覆巢无完"、"家庭不睦,万事不兴"等,探索中国传统文化中人们对人与人之间关系、个体与集体关系的理解,同时收集、展示、阐释英语中的相关谚语,通过比较,分析西方文化与中国传统文化在此观点上的相同点与不同点,发现中国传统文化的闪光点。在组织文化活动的过程中须将中国的传统文化置于重要地位,因为中国传统文化是学生在知识上与思想上赖以生长的土壤。学生在文化活动中对中国传统文化会感到更加熟悉与亲切,在此基础上比较、分析中西方文化时会更加透彻与准确,在语言表达上也会更加丰富多彩。

原文载《中国高等教育》,2014 年第 24 期:49-50

参考文献

[1] 王菲.我国大学英语教材中的文化选择与配置——以两套大学英语《综合教程》为例[J].西安外国语大学学报,2010(6).

[2] 赵庆红,徐锦芬.大学英语课堂环境与学生课堂行为的关系研究[J].外语与外语教学,2012(4).

[3] 李雪萍.重新审视我国高校人文传统教育[J].现代大学教育,2012(3).

高校思想政治理论课实践教学机制创新

张桂华

摘　要:实践教学是高校思政课教学活动的重要组成部分,也是提高思政课教学效果的重要手段。目前,思政课实践教学状况并不令人满意,原因之一就是实践教学机制尚不完善,运行不够顺畅。因此,推进实践教学改革,完善并创新实践教学机制,从而真正提高思政课教学效果,是高校教学管理部门和思政课教学部门面临的一项新课题。

关键词:高校思想政治理论课;实践教学;机制创新

高校思想政治理论课(以下简称"思政课")是对大学生开展马克思主义理论教育的主渠道,在坚定学生理想信念、提高思想道德素质、培养社会主义合格人才方面发挥着不可或缺的作用。随着经济社会飞速发展,改革开放不断深入,多元化的价值观念对大学生的影响冲击愈发明显,高校思想政治理论教育面临新的挑战。如何改变传统的"重理论、轻实践"的教学模式,通过教学内容、模式、方法的创新,不断增强教学的针对性和感染力,成为当前加强和改进思政课建设的迫切任务。教育部《关于进一步加强和改进高等学校思想政治理论课的意见》要求,高校思政课所有课程都要加强实践环节,探索实践育人长效机制。根据教育部文件精神,许多高校对思政课进行了改革,设置了实践教学环节,明确了实践教学内容,在经费、职责、考核等方面也都做了一些规定,但是效果不太理想。通过调查发现,由于受到多种因素的影响,特别是由于机制方面存在缺陷,一些高校实践教学实际上处于一种放任自由状态,教育部规定的要求并没有真正落实到位。解决这一问题,一个重要举措就是要完善并创新实践教学机制,保证机制正常有序运行,从而切实提高实践教学效果。

一、概念阐释——高校思政课实践教学机制创新的前提

"机制"(Mechanism)一词起源于希腊文,本义指机器的构造和工作原理,引申为一个工作系统的组织或部分之间相互作用的过程和方式。在《新华字典》中,"机"有"对事情成败起重要关系的环节"释义,"制"意即"制度"、"规定",机制就是通过一定的运行方式和制度规范,使事物内部各环节有机联系、协调运行并发挥组织作用。因此,所谓实践教学机制,是指实践教学作为一个系统,具体由哪些部分组成以及各构成要素之间相互联系、相互作用所形成的内在运行过程和方式[1]。具体地说,思政课实践教学机制就是为了保证思政课实践教学活动的正常运行,而对其做出基本的制度安排,通过制度保障,解决运用何种方式、采用何种手段合理地制订教学计划,统筹配置资源,协调教学行为,优化过程管理,进而实现组织功能的问题。一般而言,高校思政课实践教学机制主要包括领导机制、保障机制、协调机制和考评机制等要素,它们密切联系,相互作用,相互制约,共同构成一个有机整体。

我们之所以提出思政课实践教学机制这个概念,主要基于思政课实践教学活动是一项复杂的系统工程,涉及教师、学生、场所、经费、教学安排、对内对外组织协调等方面,其组织实施的过程相比课堂理论教学和其他课程的实践教学要复杂得多,因此,必须要从系统的角度来分析研究其内在的运行方式和运行过程。通过对实践教学机制概念进行准确阐释和深入剖析,有助于我们掌握其内在构成要素,分析其相互影响关系,发现其运行规律,在此基础上提出进一步优化创新之举措,促进实践教学效果朝着良好方向发展。

二、现实需要——高校思政课实践教学机制创新的必要性

思政课实践教学机制创新之所以成为研究对象,是因为这个课题具有重要的现实价值。如果机制不健全不科学,实践教学活动就会相当松散且杂乱无章,

这将会极大地影响思政课教学效果,不利于推进教育教学改革,不利于学生综合素质的培养。

1. 创新实践教学机制是促进理论与实践紧密结合的需要

理论联系实际是马克思主义的优良学风,是我们党在长期革命斗争和社会主义建设中形成的优良法宝。高校思政课理论性、实践性都很强,仅靠课堂理论教学,很难使学生做到真信真懂;如果实践教学不能抓好抓实,理论不能与实践有机结合,理论同样难以深入人心。因此,加强实践教学,把抽象的理论教育与鲜活的社会实践相结合,让学生在实践中感悟理论的科学性、真理性,是提升思政课教学效果的重要手段。而要达到上述目的,必然要求对原有实践教学机制进行创新,着眼于提高效果,进一步明确各方职责,理顺各方关系,使实践教学与课堂理论教学真正融为一体,才能实现理论与实践的紧密统一,形成强大的育人合力。

2. 创新实践教学机制是助推思政课教学改革的需要

2005 年,胡锦涛同志在全国加强和改进大学生思想政治教育工作会议上指出:"要坚持政治理论教育与社会实践相结合,既搞好课堂教育,又注重引导大学生深入社会、了解社会、服务社会。"[2] 2012 年,教育部等部门出台《关于进一步加强高校实践育人工作的若干意见》,进一步强调要强化高校实践教学环节。这些文件是我们推进高校思政课教学改革的重要指南。作为大学生思想政治教育的主渠道、主阵地,思政课必须将实践教学纳入整个教学活动之中,并作为其重要组成部分统筹设计安排,并通过创新实践教学机制,理顺各个要素的职责和关系,保障机制有效运行,提升实践教学质量和效果,助推思想政治教育教学改革,实现思想政治教育教学改革目标。

3. 创新实践教学机制是提高实践教学质量的需要

实践育人是基于实践的观点而形成的育人理念,是一种促进学生形成高尚品格和正确价值观念、提高创新能力的新型育人方式。思政课实践教学是实践育人的重要方面,但由于实践教学尚处于探索起步阶段,还没有形成像理论教学一样具有一整套有效的运行机制,在经费、组织、评价等方面都还没有一个比较科学有效的制度安排,客观上实践教学质量还不能得到有效保证。因此,通过思政课实践教学机制的创新,进一步规范实践教学活动,使广大学生真正在社会实践中接受教育、增长才干、增强本领,成长为具有坚定理想信念、高尚思想品质和良好道德修养的优秀人才,既符合思政课开设宗旨的客观要求,也体现了国家和社会对新时期青年学生的要求和期望[3]。

三、问题分析——高校思政课实践教学机制创新的切入点

从实际来看,思政课理论教学机制还是比较完善的,但实践教学机制还没有完全建立,已有的机制还存在不科学、不合理的方面,不但制约了实践教学活动的组织开展,而且直接影响了育人质量和效果。

1. 领导机制职责不明

任何一项教学活动,有效的组织领导是保证质量的前提。目前,虽然大多数高校都已认识到思政课的重要性和必要性,但对实践教学这一重要环节还存在思想重视不够、认识不到位现象。这直接表现在现有的思政课实践教学领导机制不健全,职责不明,呈现虚设现象。有些高校虽然也成立了思政课实践教学领导小组,但既没有明确各自职责,又很少开会研究实践教学问题,领导小组不知领导什么,相应职能部门不知负责什么,就连思政课教学部门也是能应付就应付一下。由于缺乏统一有序的组织领导,思政课实践教学很难得到师生重视,具体要求和举措得不到贯彻落实,实践教学效果令人担忧。

2. 保障机制协同不力

尽管教育部对高校思政课建设的经费、物质、人力等投入都有明确要求,规定高校每年要按一定的生均标准划拨专项经费用于教学,但在高校扩招和办学经费紧张的情况下,思政课实践教学特别是校外实践教学,由于缺乏制度保障,其开展经常处于无序状态。此外,实践教学基地缺乏、师资队伍数量不足等也成为影响思政课实践教学实施效果的重要因素。一些职能部门把思政课实践教学

保障当作教学部门单方面的事情，没有从保障机制方面给予整体统筹，各项保障措施协同不够。

3. 协调机制运行不畅

由于缺乏统一的领导管理和协调机制，高校内部各个部门常常各自为战，彼此间缺少一个统一的协调合作机制，导致高校思政课教学工作和大学生日常思想政治教育工作相互配合不够，难以形成实践教学的整体合力。同时，与校外实践基地等单位的沟通联系也多由教学部门自行组织，甚至有的就由任课教师自己联系实践单位，缺乏学校层面的统筹规划和统一协调安排，致使与实践单位的实质性合作共建机制不成熟，影响了实践育人效果。另外，思政课四门课程之间的实践教学也缺乏统一协调，不仅造成资源浪费，也不利于实践教学整体质量的提高。

4. 考评机制虚化不实

思政课实践教学活动普遍存在重布置轻考核现象，缺乏科学、系统、客观、公正的考核评价机制。对教师来说，实践教学环节较多，需要提前联络，做好内外协调、过程组织、报告批改、活动总结等，还要考虑经费申请、学生安全等事项，往往比理论教学更耗时耗力，再加上在教学工作量计算、教学效果衡量、成果量化等方面缺少一套科学有效的方法，导致教师开展实践教学积极性不高。对教学管理部门来说，由于实践教学活动弹性较大，效果难以量化，考核评价相对比较困难，要真正实施考核，又必然涉及增加投入等问题，因此，教学管理部门也没有积极性做这件费力又看不到显性效果的事情，导致思政课实践教学考核虚化、空化和形式化现象非常明显。

四、解决措施——高校思政课实践教学机制创新的落脚点

创新高校思政课实践教学机制，必须针对上述存在的问题，从领导机制、保障机制、协调机制和考评机制等方面进行改进和创新，保证实践教学系统良性运行。

1. 建立职权明确的领导机制

思政课是高校党委加强意识形态工作的重要抓手,高校党委必须承担起思政课教学的领导职能。鉴于实践教学在整个思政课教学中的重要地位,必须要建立由党委统一领导、思政课教学部门具体实施、教务部门统筹协调、宣传、学工、财务等部门共同参与、各负其责的领导机制。党委书记应亲自担任领导小组组长,分管副书记和分管教学副院长担任副组长,领导小组主要负责实践教学经费的安排、实践教学内容和实践教学考评制度的审核;思政课教学部门是实践教学活动的具体组织者,主要负责实践教学计划的拟订、实践教学内容的设计,提出实践教学保障的需求;教学管理部门既是实践教学管理部门,又是实践教学的协调部门,日常的实践教学活动由教学管理部门牵头处理;其他相关部门对涉及部门职能方面的内容可以提出合理化建议,同时要积极配合思政课教学部门组织好教学活动。领导机制在实践教学机制系统中属于顶层设计,领导机制科学合理,既可以在全校层面上达成思想共识,又可以在措施上形成全校的统一部署,使得各部门各负其责,保证对实践教学的人力、财力、物力投入,避免在具体的实践教学活动中出现空位、错位等扯皮现象。

2. 建立协同有力的保障机制

思政课实践教学活动涉及多方因素,只有各方保障到位,才能保证活动顺利开展。首先,要建立专兼协同的师资队伍。高校思政课多是大班上课,学生人数较多,单靠专职教师组织实践教学确实困难很大。因此,在校内进行有效协同,建立一支以专为主、专兼结合的实践教学教师队伍,不仅是实践教学的现实需要,也是将实践教学融入学生日常思想政治教育工作之中的迫切需要。专职教师由从事思政课教学的教师组成,兼职教师主要由各二级学院分管学生工作的党总支书记和专任辅导员等组成,专职教师是实践教学的主体,发挥着主导作用,要对兼职教师进行业务指导,不断提高兼职教师开展实践教学的能力和水平。需要强调的是,由于各高校在教师引进方面注重的是学历和职称要求,忽视实践能力,因此,许多教师学历层次和学术水平很高,但实践经验往往不足,这就要求加强对教师队伍整体实践素质的培养和提高,通过政策引导,鼓励教师到基层进行实践锻炼,鼓励教师探索思政课实践教学的新思路、新方法。其次,要保证实践教学经费投入到位。由于实践教学活动的特殊性,没有必要的经费是难以组织实施的。高校要将思政课实践教学所需经费纳入学校年度财务预算,专款专用,作为学生校外实践实训、教师业务进修、培训考察及开展实践项目研究、校内实践教学奖励费用等,以确保教学活动正常运行。再次,要保证必要的学时学分。许多高校迫于压缩总学时总学分的压力,往往首先压缩思政课的实践教学课时,导致实践教学课时不能保证。因此,高校必须要将实践教学纳入思政课教学总体规划,对实践环节学时和学分总量进行明确规定,从制度上保证师生对实践教学的足够重视,避免其流于形式[4]。

3. 建立协同有序的协调机制

思政课实践教学的有效实施,需要校内相关部门密切配合、通力协作、形成整体合力;需要整合校内校外资源,统筹好理论教学与实践教学、校内实践与校外实践、学校与其他单位的关系;需要实现实践教学与学校思想政治教育和德育工作之间相互促进、协调发展,注重将实践教学活动与校园文化建设、党建、团建、"三下乡"社会实践活动、大学生社团活动、班级主题教育活动等有机结合[5]。其中有任何一个环节堵塞,整个教学活动就受到影响。因此,做好各环节、各系统之间的统筹协调显得特别重要。

4. 建立科学有效的考评机制

建立科学、高效的考评机制,有利于总结思政课实践教学的执行情况,有利于调动教师和学生两个方面的积极性,有利于提高思政课实践教学的质量。高校要建立一套客观、公正、全面的实践教学考核评价体系,通过结合过程评价与结果评价、教师评价与学生评价,形成奖励激励机制,促进教学方式的不断改进。对教师而言,要将实践教学内容的选择和实践方案设计、教学过程的组织实施效果、学生实践报告指导质量等纳入其教学工作综合评价,作为评奖评优、职称评聘的条件;对学生而言,要改变过去单一的考核评价方式,将其参加社会实践活动的时间、质量、成果逐一量化,纳入学习成绩范围,并加大相应权重;对教学管理部门而言,要加强对实践教学的质量监控,切实提高实践教学效果和人才培养质量。

原文载《黑龙江高教研究》,2014 年第 7 期:146 - 148

参考文献

[1] 罗敏.高校思想政治理论课实践教学机制创新刍议[J].琼州学院学报,2013(2):24 - 25.

[2] 胡锦涛.在全国加强和改进大学生思想政治教育工作会议上的讲话[J].中办通报,2005 (6).

[3] 徐忠.高校思想政治理论课实践教学机制创新初探[J].安顺学院学报,2009(6):40 - 41.

[4] 李鹏.高校思想政治理论课实践教学机制的构建[J].中国科教创新导刊,2011(1):74 - 75.

[5] 罗斌.试论高校思想政治理论课实践教学长效机制的构建[J].法制与社会,2009(6)下:303.

高校创业教育中的误区反思与对策选择

薛浩，陈万明，张兵，陈桂香，韩雅丽

摘　要：虽然经过十多年的发展，我国高校创业教育已取得一定的成效，但仍存在一些亟待梳理与解决的认识误区。诸如创业是差生的事，创业教育是技能培训，创业教育是少数人的事，创业教育是创业指导中心的事，大学生创业工作的责任主体是高校，评价创业就是对创办企业数量和收入的评价，等等。要走出这些认识误区，必须更新创业教育观念，加强创业教育的顶层设计，建立高校、政府、企业、社会协同育人机制，建立科学合理、具有可操作性的评价机制。

关键词：大学生创业；创业教育；认识误区

　　加强创业教育，培养创新创业型人才，对于国家、高校和大学生都有着重要而深远的意义。21世纪是创新创业的世纪，创新创业是国家经济发展的核心动力，也是"经济新常态"下大学生的"就业新常态"。从高等教育与经济社会发展的互动来看，大力开展创业教育，是高校在知识经济时代主动迎接经济变革、大学生就业挑战的必然选择，是高校自身改革与发展的客观要求。虽然经过十多年的发展，我国高校创业教育已取得一定的成效，但仍存在一些片面乃至错误的认识误区亟待梳理与解决。观念是行动的先导，只有走出这些认识误区，才能不断提高高校创业教育的质量和效果，推动高校创业教育更加全面深入地开展。

一、高校创业教育中存在的认识误区

1. 创业是差生的事

部分人中存在着将"创业"与"差生"挂钩的旧思维模式,认为只有那些就业无门的人才会去自谋出路。其实创业成功者往往是"优秀的差生",不能简单地将"创业"与"差生"画等号。从创业的意愿角度划分,创业有两种类型:一是被动型创业,二是发展型创业。被动型创业是指为了缓解就业压力而被迫创业,内心深处并不想创业;发展型创业并不是因为就业压力而创业,甚至有的是放弃了优越的工作而选择创业,以发挥个人潜能,实现自我价值。根据马斯洛的人的需要层次理论,人有生理的需要、安全的需要、情感与爱的需要、尊重的需要和自我实现的需要五个层次。在发展型创业中,创业者对整个创业过程都有自主性,将创业视为一种挑战自我极限的行为,在挑战自我身体极限、精神极限的过程中,体会拼搏的乐趣,感受存在的价值。可以说,发展型创业是实现个人价值的有意义尝试,是一种职业发展的精神追求,是一种人生大跨度的战略转变。从创业的科技含量划分,创业又可分为低层次创业和高层次创业。低层次创业多指在传统行业领域中小打小闹,做点小生意,当然这也是缓解就业压力的一种办法。而高层次创业以创业者的专业知识为背景,更强调对新领域、新市场的开拓,更强调技术和理念的领先及企业的可持续发展。在高层次创业中,专业知识是创业的基础,创业是专业的价值实现,促进专业知识的学以致用。我们所提倡的大学生创业,更多的是指发展型和高层次创业。由此可见,"创业"并不等于"差生的事",在现代社会,缺乏专业知识作支撑的"差生"是无法创业成功的,即使暂时创业成功也不能持久。

2. 创业教育是技能培训

对于创业教育的开展,部分人认为就是进行创业技能培训,让学生学会买卖商品,开办企业。其实,这是将创业简单化、肤浅化的一种表现,是一种功利性主义的创业观。根据联合国教科文组织对创业教育下的定义,创业教育是一个能力倾向的概念。高校创业教育显性的效果的确是让大学生成功创办企业,但这仅是"冰山一角",其隐性的功能是通过教育活动和实践,培养学生科学的世界观、价值观、职业观、创业观、人才观,使其具备创业的专业素养、能力素质和道德修养,使之成为一个全面、和谐发展的人。创业教育不仅具有社会价值,还具有个体价值。其中,个体价值不仅包括经济价值,还包括人文价值和自我实现的价值。创办企业固然是创业教育的经济价值体现,但创业教育的人文价值、精神价值才是最为根本的,创业教育首先要培养学生的创新和创业意识、精神、品质和能力,并享受人的尊严和价值之美感。正如以创新创业教育闻名的斯坦福大学的创办者利兰·斯坦福先生所说:"为开拓思路和培养人才,我极其重视一般文学修养。我自信自己已经注意到这一事实,即受过技术教育的学生不一定成为最出色的企业家。人生道路上的成功有赖于培养和发展想象的能力。一个不善于构思的人是成不了大气的。"[1]因此,创业教育的内容十分丰富,它渗透在整个教育过程之中,而绝非仅是技能培训。

3. 创业教育是少数人的事

部分人认为"创业教育是少数人的事","不准备将来创业,故不必接受创业教育"。这种观点是错误的,是将"创业教育看成是创办企业"的狭隘理解导致的结果。实际上,高校创业教育包括组织创业团队、建立创业企业、创新战略、组织设计、应变能力、管理沟通、创意激发等内容。接受创业教育并不意味着将来必须创业,创业教育更多的是培养一种创新精神、合作意识、冒险意识、创造意识,这是一种优秀的品质,对于将来从事任何职业都是有意义的。更为重要的是,我们处在一个创新创业无处不在的时代,创新创业与普通人的生存和发展息息相关。大学生是青年群体中的精英分子,代表着民族和国家的希望与未来,更应该将创新创业作为自己的精神追求和社会责任。当前,我国正处在经济转型发展的关键时期,优化产业结构,大力扶持新兴产业,转换经济增长驱动方式,这些都离不开全民创业、草根创业。2014年李克强总理在他主持召开的39次国务院常务会议中共18次提到鼓励创业。在2015年"两会"上的《政府工作报告》中,李克强总理正式将"大众创业、万众创新"提升到中国经济转型和保增长的"双引擎"之一的高度,再次掀起了创业潮。[2]可以说,"大众创业潮"是我国继20世纪80年代改革开放初期"个体户"的创业潮、90年代末互联网泡沫中各种"网络精英"式的创业潮之后的第三次创业浪潮。这次创业浪潮是在新经济环境下由政府与市场共同催生的,正以一种史无前例的影响力冲击着我们的就业观、创业观、人生观、价值观。当今时代,创业不再只与少数人相关,也非高不可攀,它将祛魅化、去魔化,走进我们每个人的生活、工作。同理,创业教育也不是地方本科院校、高等职业院校的"独角戏"。在创业的时代,欲成就创新创业的国度,必普及创业教育。在西方发达国家,创业教育不仅普及到大学生,更是从娃娃抓起;开展创业教育的高校,既包括名不见经传的地方院校,也包括世界一流的著名大学。因此,我国的"985"、"211"高校应从象牙塔中走出来,放下清高与任性,成为"全民创业、万众创新"的引跑者。

4. 创业教育是创业指导中心的事

对于"大学生创业教育主体是谁"这个问题,部分人会不假思索地脱口而出:是高校创业指导中心。的确,高校创业指导中心是协调全校大学生创业教育工作的职能部门,但其能力、作用的发挥是有限的,它在学校大学生创业教育工作中的主要职责是做好服务、协调工作。高校创业教育的经费、师资、课程等要素归属于学校不同的部门和单位,要将这些要素统筹起来,必须由学校出面,统一组织领导。如创业师资,一部分来源于校内经济学院、商学院等院系的专业教师,一部分来源于各院系受聘担任兼职创业指导师的总支副书记和辅导员,一部分来源于企业、金融、政府等领域的高管和领导,这些人才力量的凝聚,单凭创业指导中心是无能为力的,必须由学校出面,统一组织领导,形成利益导向和评价分配机制,去统筹全校导师力量和社会导师力量。又如创业课程,要实现创业教育与专业教育的渗透和融合,形成全员育人的整体氛围,也必须学校出面,从人才培养方案改革入手,以课程改革为重点,使全校各部门各单位在教育、教学、服务、管理工作中体现创业教育,采取融透式教育策略,使显性教育与隐性教育相结合,达到全员育人的效果。

5. 大学生创业工作的责任主体是高校

现实中客观存在着"大学生创业工作的主体是高校"的观念,既然是大学生的创业工作,由高校全盘负责似乎是顺理成章、合情合理的。这实际上是将高校责任无限放大的一种体现。高校的责任边界必须清晰:在大学生创业教育中高校的确是责任主体,这一点毋庸置疑;但在整个大学生创业工作中,其责任主体则不仅是高校,而是多元的。大学生要成功创业,既需要在学校接受创业教育和培训,又需要通过成功人士的传授和自己的亲自实践等多种途径获得各种创业经验,还需要在实际创业过程中得到各方面的支持和帮助。由此可见,大学生创业工作是一个系统工程,不是单凭高校一家之力就可以完成的,需要高校、政府、企业、社会机构的广泛参与和协同。但目前我国的大学生创业工作中仍然缺乏这种有机联系、协同育人的特征,或者说这种特征还不明显。近几年来,中央和地方政府出台了诸多促进大学生创业的政策,包括金融、场地、税收等方面的优惠扶持,然而"口惠而实不至"的现象相当程度地存在。如政策规定的无息或低息小额创业贷款,大学生创办企业,在到银行申请办理的时候仍然要以固定资产等作为风险抵押,从而使创业者对国家的政策失去信任,导致政府公信力下降,再有类似政策优惠,亦无法唤起兴趣,这是一种恶性循环。另外,现在即使存在着校、政、企之间的走动与交流,也是一种机械式、象征性的合作,高校只是点缀式地请工商或企业、管理界人士去高校客串一下,作作讲座、当当嘉宾,这种联系是肤浅、破碎的。作为大学生创业实习基地的企业,也会因考虑技术保密、商业秘密、管理成本等因素,而不给学生提供具有实质性的实践岗位,这也给双方的深度合作带来障碍。一言以蔽之,大学生创业工作迫切需要建立一种多元主体共同承担责任的有机联系模式,才能从根本上解决问题。

6. 评价创业就是对创办企业数量和收入的评价

评价具有导向作用,因此必须科学合理、具有可操作性。目前我国高校创业教育的评价体系已经建立,评价实践也已初见成效,但仍存在一些误区:一是评价内容重硬指标、轻软指标,重即的效果、轻长期效果。纵观近年来教育主管部门的创业教育评价体系,可以发现,评价对创办企业数量、企业利润等"硬件"的指标赋值较大,对于不好操作的创业意识、精神和能力等"软指标"则没有考虑。其实,高校创业教育的成效是呈倒"金字塔"形的,位于最高层、人数最多的是接受"创业通识教育",位于中间的是接受"创业专业教育",位于最下方、人数最少的是接受"创业机会能力教育",并成功创业。另外,评价内容重即时效果、轻长期效果,对于学生就业三年后的发展情况、创办公司三年后的运营情况等关注不够。二是评价主体政府主导。对于高校办学效益的评价,我国在借鉴国外经验的基础上,已引进第三方评价,现在不仅有以政府、高校为主体的评价,也有中国校友会网、网大教育等民间评价机构的评价。但目前对高校创业教育成效的评价仍主要是由政府实施,这种方式与市场经济条件下高校作为独立的法人身份与政府平等的地位不相符。因此,需引进第三方评估机构,以增加评价的平等性、公平性、公正性。三是评价方法重形式、轻内容。目前,对于高校创业教育的评价主要采取学校报告和上级视察两种方式。报告是高校自拟的,报喜不报忧,为自己唱赞歌,成效好坏全凭"装饰"功力了。而视察的方式,视察者多是走马观花,重结果轻过程。实际上,即使是取得相同创业教育成效的不同高校,其历史不同,发展过程不同,发展方式不同,而这些在视察和报告这些环节中都不能很好地体现,当然视察者、评价者也就不会很好地做出有针对性的反馈,这种评价无法客观地反映高校办学效益的好坏。

二、走出高校创业教育误区的若干对策

1. 更新创业教育观念

更新观念的主体不仅有高校,还有学生、家庭、社会和政府。对于高校而言,要真正认识到创业教育对于民族和国家的重要意义,放下等待、观望与清高,大力开展创业教育;要真正认识到创业教育不是"企业家速成教育",而是着眼于设定未来几代人的"创业基因"[3],不是就业的"镇痛药",而是学生全面发展的"营养液",在人才培养理念上实现由精英向大众、由刚性向柔情、由技能向能力、由

控制向激励的转变[4];要真正认识到创业教育不只是创业指导中心单个部门的事情,而是全校上下共同的责任,从大一开始,全过程、全覆盖地开展创业教育活动。对于学生及其家庭而言,要放下"学而优则仕"、"吃皇粮"等传统官本位思想,迎接改革创新,搏击创业浪潮。对于政府而言,要担当起公权机构应有的责任,积极作为、创新作为。对于社会来讲,要担当起公民责任,尊重创新创业,支持创新创业,共同建设一个创新创业的国家。

2. 加强创业教育的顶层设计

"创新创业教育"这一概念,是教育部在 2010 年 4 月 22 日召开的"推进高等学校创新创业教育和大学生自主创业工作视频会议"上提出来的。会议指出,要"面向全体学生,结合专业教育,将创新创业教育融入人才培养全过程"。因此,高校应加强对创业教育的顶层设计,从学校人才培养方案、课程体系设置、教育教学方法、学分学制改革、人事制度、利益保障、物资保障等方面,统筹规划、协调部署,从而使全校形成大力开展创业教育的共识与合力。高校特别要加强创业教育课程体系建设这一创业教育的基础性环节,因其对大学生的创业意识、创业能力具有建构性的作用。目前我国高校的创业教育课程设置仍处于起步阶段,相当一部分高校并未开设创业教育课程,仅是以报告、讲座的形式搞搞活动;就已开设创业教育课程的高校来讲,仍然存在课程内容缺乏特色、课程设置不够合理等问题。2012 年,教育部印发实施《普通本科高等学校创业教育教学基本要求(试行)》,这是政府部门对我国高校创业教育教学第一次做出的规范性要求,包括教学目标、教学原则、教学内容、教学方法和教学组织五个方面的内容,是我国高校开展创业教育的纲领性文件。高校要将创业教育纳入学校改革发展规划和人才培养体系,建立健全领导体制和工作机制,提供有力的教学保障;要坚持全覆盖、个性化,强调创业教育与专业教育相结合,以教授创业知识为基础,以锻炼创业能力为关键,以培养创业精神为核心,采取课堂讲授与课外活动、社会实践相结合的方法,发挥信息技术的优势,提高创业教育的实效性和创新性。当然,建设高质量的课程体系也不是一日之功,需要多方面的资源与精神投入作为保障。

3. 建立高校、政府、企业、社会协同育人机制

根据"全球创业观察"(GEM)的研究模型,在九个与创业相关的架构(政府政策、教育与训练、财务支持、文化与社会规范、研究与发展的移转、政府计划、商业与专业的基础建设、实体的基础建设、内部市场的公开)中,政府政策、教育与训练、财务支持是其中的关键因素。[5]该研究模型充分说明,创业是一个由多因素非线性共同作用的,多层面、多主体、多学科的活动。在高校创业教育中,需要高校、政府、企业、社会等组织深度合作、协同育人,他们有着相同的目标追求:培养创新创业型人才。于政府而言,是公共政策的制定者,要通过良好的制度与政策,对创业教育和活动进行引导和扶持,营造深厚的创业文化氛围。"一个真正看重增强在知识经济和人才领域生存发展能力的国家和地区,它们的工作将着力提供适合知识分子的组织和制度保障。"[6]政府是公共资源的掌控者,要发挥其在推进大学生创业过程中的引导作用。美国、英国等西方发达国家,均通过立法动员全国力量加强创业教育,并制定优惠政策促进大学生创业,这为我国高校创业教育的开展提供了有益的借鉴。根据世界银行的研究结论,公共政策规制所产生的进入壁垒对创业活动有明显的负面影响。我国目前的创业政策包括制度激励、融资政策、场地扶持、税收减免、创业实习、孵化器等,但要在增强政策的可操作性上下功夫,进一步细化和规范创业政策,并引导大学生善于利用优惠政策,要利用信息技术优势,加大政策的配套保障。如成立由政府任法人的担保公司,避免大学生创业资金的筹措难题;建立大规模创业产品网络展示平台,减少产品营销、推广过程中的成本;简化新设企业履行程序、缩短程序周期、减少程序成本,创造宽松的市场准入环境;建立企业支持创业的激励政策,促进企业自觉融入创业教育的系统中来;建立合理的社会风投机构资金退出机制,使大学生创业有压力、有动力、有活力;从制度上予以保证,形成由国家、学校、社会、企业共同筹建创业基金的机制,并提高资金的使用效率,避免"有资金无人申请"、"有人申请无增值"现象。于高校而言,要变革人才培养观念,营造创业文化氛围,引导学生敢于创新,勇于冒险。高校是新思想和新思维的创新基地,拥有优秀的人力资源和丰富的科技知识,培养人才、服务经济社会发展的职能要求高校既要"顶

天"又要"立地",必须围绕社会、经济、企业的需求来培养人才。于企业而言,要自觉增强责任意识,增强创新创业意识,主动与高校开展人才培训、科技服务等合作,为高校提供创业基金、创业导师、创业实习实践等服务。

4. 建立科学合理、具有可操作性的评价机制

创业教育质量评估是创业教育反馈和优化控制的基础,是衡量高校创业教育成效的依据,也是衡量高校办学水平的指标。[7]高校办学类型和特色不同,如研究型大学、研究教学型大学、教学研究型大学、教学型大学、职业性大学等,各自的创业教育模式也存在较大的差异。目前我国还没有形成成熟、完整的高校创业教育评价标准体系,评价主要是由政府部门以年度检查、基地挂牌等形式进行。我们建议,创业教育评价可以从创业教育环境、投入、产出、文化、影响力、社会效益等维度进行,应强调创新创业精神、能力和实践能力,关注创业教育的广度和深度,并根据不同维度的重要性设定各自的权重,从而形成一个比较科学合理、具有可操作性的高校创业教育评价体系。

原文载《高等教育研究》,2016 年第 2 期:74 - 78

参考文献

[1] 周少南. 斯坦福大学[M]. 长沙:湖南教育出版社,1991:62 - 63.

[2] 李克强. 2015 年两会政府工作报告全文[EB/OL]. http://www. sh. xinhuanet. com/2015 - 03/17/c_134073477. htm.

[3] 向东春,肖云龙. 美国百森创业教育的特点及其启示[J]. 现代大学教育,2003(2):79.

[4] 张项民. 创业型人才理念的新变化[N]. 光明日报,2010 - 03 - 19(7).

[5] 转引自徐小洲,李志永. 我国高校创业教育的制度与政策选择[J]. 教育发展研究,2010(11):12.

[6] 刘易斯·布兰斯科姆. 美日两国大学与产业界之间的纽带[M]. 尹宏毅等,译. 北京:新华出版社,2003:49.

[7] 徐小洲,李志永. 我国高校创业教育的制度与政策选择[J]. 教育发展研究,2010(11):17.

以社会主义核心价值观匡正大学生创业认知误区

韩同友　　包雅玮

摘　要:指导大学生将兴趣爱好、专业学识、发展目标与社会需要有机统一起来。在培育社会理性中达到大学生创业者在国家、社会与个人三个层面的价值共识。树立正确的创业意识,秉持诚实守信的品质并将其贯穿创业过程的始终。

推进"大众创业、万众创新",是党中央、国务院实施创新驱动发展战略的重要战略部署。大学生创新创业教育作为"大众创业、万众创新"的重要组成部分,得到国家、社会和学校的普遍重视。现实中,由于各种主客观原因,大学生创业呈现出创业热情高涨与创业成功率低下的现象,其主要原因之一在于社会、高校与大学生在观念上对创业理解存在偏差,而社会主义核心价值观可以对这些偏差做出思想上的匡正。

现实困境:大学生、高校与社会对大学生创业的观念误区

在"大众创业、万众创新"的号召下,大学生群体作为时代的先锋,充分发挥其创新意识和开拓精神,开启创业的"微时代"。然而,在现实中,大学生创业却面临着学生自身对创业的认知困惑、高校学生管理者对创业的认知误区,以及社会对创业的误解误读等困境,导致大学生创业质量不高。

1. 大学生对创业的认知困惑

一是就业观念相对局限,对创业的内涵认知、认同不足,对创业的角色定位

缺乏正确的认识。部分高校学生在大四面对就业抉择时,才开始谈论关于职业发展规划的话题,没有明确的奋斗目标和清醒的个人认识便匆匆投入到"创业大军"中;还有大学生看到身边的同学阶段性创业成绩不错,在不甚了解的情况下盲目加入创业队伍,在"学业"与"创业"的时间分配中难以权衡,在"学生"与"商人"的角色扮演中难以拿捏,在"休学创业"与"在校创业"的抉择困惑中左顾右盼。二是创业观念相对狭隘,对创业困难预估不足。大学生没有经过社会历练,往往将创业过程看得过于简单,而且倾向于追求热门行业,这表明大学生的创业观念还处在相对模糊的状态。这种认识误区导致其对创业困难认识不足,既缺乏理性和计划性,又缺乏社会经验和心理准备,一旦在创业过程中遇到困难与挫折便会陷入沮丧消沉或一蹶不振。

2. 高校学生管理者对创业的认知误区

首先,对高校大学生创业认识不足。一些高校并未将大学生创业纳入高校教育教学的顶层设计中,因而在创业教育过程中,过分强调学科教育而忽视创业的实践教育。其次,大学生创业专业性塑造缺失。高校创业教育必须以系统理论支撑,然而事实上,高校创业教育投入力度不足的现象仍然普遍存在。高校创业指导教师本身拥有的创业教育知识不够系统全面,缺乏一体化的学科体系,将创业教育等同于普通的学科教学,导致高校在实践过程中难以体现创业教育的特殊性、时代性和实践性。最后,对高校创业教育的定位模糊。我国的创业教育起步相对比较晚,即使现在有了快速的发展,但还处于"摸着石头过河"的探索阶段,而在探索过程中,形成了"窄化"和"泛化"两种定位倾向。"窄化"是把狭窄的"企业家教育"推向全体学生,而"泛化"是将创业教育定位于素质教育。这两种定位都是对创业教育缺乏深入研究的表现。

3. 社会对大学生创业的误解误读

大学生创业的发展,需要来自社会和市场更多的公益支持和有效的资源配置。目前,能够协同服务大学生创业的市场机制尚未完全建立,社会公益配置的力度和效度仍然存在较大不足,创业资源缺乏仍然是大学生创业者的首要"拦路虎"。与此同时,媒体对大学生创业的解读过分渲染个别创业项目的阶段性成果,缺乏对大学生创业社会效益的长期性关注,导致大学生创业发展"重心不稳"。

理论基础:社会主义核心价值观与高校大学生创业本质上内合

以社会主义核心价值观引领高校大学生创业,基于高校创业教育需要对社会主义核心价值内涵达成认同共识,体现在社会主义核心价值观与高校大学生创业本质上的内合。

1. 国家层面:体现创业战略构想

近年来,国务院连续发布了多项关于大力发展众创空间、"互联网+"行动等支持性政策,进一步助推大众创业、万众创新。除此之外,国家还设立了 400 亿元新兴产业创业投资引导基金,为"互联网+"创业提供资金支撑。这一系列的政策措施都体现出国家重视创业、鼓励创业和藏富于民的战略构想。而其实现在社会层面有赖于创业氛围的营造,在个人层面有赖于创业意识的树立,这些都呼唤着正确的价值观。

社会主义核心价值观凝练了社会主义核心价值体系的核心理念,用社会主义核心价值观引领大学生创业意蕴深远。"富强"的价值目标,从顶层设计的层面赋予大学生创业深刻内涵,其可以是个人通过创业成就自身事业的"富强",更高层次则是为实现国家的"富强"做出个人的贡献,而这样一种深层目标的实现,需要加强高校创业教育,这既需要国家加强对高校创业教育的资金投入,又需要高校加强对创业教育的理念渗透。创业教育不能拘泥于传统的教育形式,思维的创新是滋养创业的甘露,要想大学生创业"茁壮成长",在高校大力开展创业教育的同时,需要国家为其提供"宽松"的政治环境、社会为其创设"自由、平等"的发展背景。大学生创业也需要将社会主义核心价值观中的爱国精神、敬业原则、诚信品德、友善态度融入创业的全过程。诚然,创新与自由都是有限度的,创业必须要在"文明"与"法治"的框架内,这样大学生创业才能实现"富强"的目标,实现高校创业教育"和谐"的局面。

2. 社会层面:营造创业和谐氛围

社会层面的价值取向倡导"自由、平等、公正、法治"。我们要积极指导大学生创业者实现和谐创业,并自觉将兴趣爱好、专业学识、发展目标与社会需要有机统一起来,在通过创业实现自我价值的同时,推动和谐社会的发展。用社会主义核心价值观引领大学生创业活动,就是把大学生的创业行动与中国特色社会主义建设的共同理想结合起来;把大学生创业的必要性和当前的国情教育结合起来;把大学生创业实践与全面建设小康社会的伟大目标结合起来;把大学生的创业梦想与祖国的繁荣富强、中华民族的伟大复兴结合起来。无论是创业设计、创业启动,还是创业管理、创业风险应对,都需要体现社会主义核心价值观的精神内核,使学生在"特色理论"指导下把握时机,在"共同理想"鼓舞下奋发有为,在"两种精神"激励下敢为人先,在"八荣八耻"规范下追求卓越。

3. 个人层面:培育创业价值共识

社会主义核心价值观具有社会价值和个体价值两大取向,社会价值主要表现为政治认同的培育,在于传播政治意识、培养政治情感、引导政治行为、整合政治关系;个体价值主要为公民教育,在于引导政治方向、激发精神动力、调控品德行为、塑造个体人格。社会价值认同是社会主义核心价值观教育最为核心的功能与职责,价值多样化的事实和价值个体的张扬与价值共识并不矛盾,高校可以通过社会主义核心价值观融入创业教育的全过程,在培育社会理性中达到大学生创业者在国家、社会与个人三个层面的价值共识,而这样一种价值共识的实现,有利于提高大学生创业的质量和水平。就价值目标而言,高校需要超越对创业教育基于"实用主义"的狭隘认识,不能将创业简单地看作是解决就业困难退而求其次的选择,更不能为了创业而创业。现阶段,高校创业教育不能仅仅停留在单纯的理论教育灌输与实践模式探索的层面,而需要将社会主义核心价值观的现实语境与其结合,这样既可以体现当代中国特色社会主义的本质特征,也为高校创业教育注入浑厚的精神力量。就个人层面,高校创业教育要围绕"爱国、敬业、诚信、友善"八字箴言,注重诚信创业与公益创业,最终将社会主义核心价值观落实到大学生创业的理论与实践全过程。

路径指南：以社会主义核心价值观匡正大学生创业观念误区的具体策略

在大学生个人层面，我们要引领学生树立正确创业观，并提倡符合道德规范的创业实践行为；在高校层面，要通过社会主义核心价值观来提高创业教育队伍素质；在社会层面，则要用社会主义核心价值观来营造创业文化氛围。

1. 以社会主义核心价值观引领大学生树立正确创业观

大学生群体正处于世界观、人生观、价值观逐渐形成并确立的关键时期，任何一种不完整、不全面的价值观念都会对他们产生一定的影响。因此，需要通过社会主义核心价值观来引领高校创业教育，运用社会主义核心价值观的价值导向功能来匡正大学生错误的、不全面的价值观念，在此基础上，促使大学生树立正确的创业意识，思考为何创业这一重要命题，同时秉持诚实守信的品质并将其贯穿创业过程的始终。以社会主义核心价值观引领创业教育，就要在帮助大学生树立正确的创业意识、明确时代赋予的主体角色定位的同时，使其更加明确创业时机与创业方向，引导创业大学生提前进行职业规划，提前思考适合自己的发展空间和优势领域，根据个人特点与实际情况，真正解决"学业"与"创业"、"学生"与"商人"、"休学创业"与"在校创业"的实际困惑。

2. 以社会主义核心价值观提高高校创业教育队伍素质

教师群体在大学生创业中的作用，体现于率先垂范，积极成为创业的理论渗透者、价值认同者、积极传播者和模范践行者，在满足时代对人才需要、履行教育职责的同时，实现自身的价值追求，立足高等教育这一特殊领域，将创业的内涵在实践中进一步发展、完善、辐射和深化。教师群体作为高校创业教育中坚力量，应该在社会主义核心价值观的指引下，加强创业理论知识的学习并促进知行转化，将社会主义核心价值观的精神内核深入到大学生创业教育研究的方方面面，了解青年大学生的现实需要，把握青年大学生身心发展规律，积极培育他们形成良好的创业行为习惯。在此基础上,努力跳出创业教育形式与内容的狭隘视野,发挥社会主义核心价值观凝聚共识的功能,积极鼓励青年大学生将创业活动与社会实践、专业学习和公益服务等方面相结合,从而在提高创业教育队伍素质的基础上,实现社会价值的整合。

3. 以社会主义核心价值观营造高校创业文化氛围

以社会主义核心价值观引领高校创业教育就是通过凝聚中国特色社会主义共同理想信念,确立以创新为核心的时代精神,树立社会主义荣辱观,促使大学生始终坚守信念、树立诚信意识、培养社会责任感,并将自己的创业梦与中国梦紧密相连,将个人荣辱与民族复兴融为一体,用激情与勇气规划创业,用创业的实践点亮人生与梦想,从而在创业实践的道路上走得更稳更远。同时,通过将创业先进典型的榜样力量和社会主义核心价值观教育相结合,并在青年学生中推荐,共同营造高校创业教育的主流价值文化氛围。

总之,以社会主义核心价值观匡正大学生创业认知误区,就是在社会主义核心价值观凝聚共识功能的指导下,促使大学生坚持马克思主义意识形态的指导地位、社会主义核心价值体系的合理内核和社会主义市场经济的健康发展方向,解决目前大学生创业过程中遇到的理解偏差和实践瓶颈。就是促使大学生在正确的价值导向下,做出更有利于自身、他人和集体发展的创业选择,并将自身的创业梦融合在中国梦的实现过程中,从而推动大学生创业内涵式发展。

原文载《中国高等教育》,2017 年第 Z3 期:60－62

参考文献

[1] 杨晓慧. 我国高校创业教育与创新型人才培养研究[J]. 中国高教研究,2015(1).

[2] 王伟忠. 大学生创业指导服务的三维联动与要素协同[J]. 教育发展研究,2015(23).

[3] 杨吉春. 大学生创业教育问题与对策研究[J]. 东北师大学报(哲学社会科学版),2016(1).

[4] 任拓. 论核心价值观指导下的大学生创业教育[D]. 长沙:中南大学,2012.

[5] 董晓红. 高校创业教育的理论与实践[M]. 山东:山东人民出版社,2013.

大学生创业扶持政策评价体系构建研究

薛　浩　陈桂香

摘　要：大学生创业政策评价是及时发现和解决问题、进行政策调整修正偏差的过程，政策评价体系是政策评价的前提和基础，其评价标准应该包括效率性、效益性、公平性、回应性、执行力。在相关研究的基础上，通过文献法确定大学生创业政策绩效评价的共识性指标，再通过专家评价法对指标进行筛选和增补、赋值，提出由 3 个一级指标（B 层），6 个二级指标（C 层），32 个测评点（D 层）构成的大学生创业政策评价体系（A 层），并运用层次分析法对各指标进行赋值，旨在优化大学生创业政策评价体系，更好地促进大学生创业。

关键词：大学生；创业政策；评价指标

21 世纪是一个创新创业的时代，正如创业教育先驱狄蒙斯所言"创业革命对 21 世纪所产生的深远影响将相当于甚至超越工业革命对于 19 和 20 世纪所产生的影响"。学界与政界基本达成共识：大学生创业是一件"一举多惠"的上上策，对于推进创新型国家建设、促进经济转型发展、促进毕业生就业和社会和谐、提升大学生自我价值发展等都有着重要的意义，甚至是战略价值。近年来国家和地方各级政府纷纷出台促进大学生创业的扶持政策，取得了一定的成效，大学生自主创业率和创业成功率有所提高，但是效果并不明显。各地政策内容、政策力度和实施效果各不相同，呈现较大的地区差异性。国内外学术界侧重于宏观上的创业政策研究，形成了创业政策理论框架（如 MOS 框架、CEM 框架），产生了广泛的影响。我国的创业政策理论框架,建立于引进基础上的创造。南京大学王玉帅的理论框架中,强调机会的把握;浙江大学张钢则突出创业不同阶段政策要素的作用。然而,国内外学术界对于创业评价的研究比较薄弱,评价指标体系、权重以及评价方法也是仁者见仁、意见不一。国家和地方政府出台的这些政策的科学性、有效性如何,是否对公共资源进行公平分配,是否实现预期目标,政策所产生的经济效益、社会效益、发展效益如何等,如何科学评价大学生创业扶持政策绩效成为亟待解决的问题。

一、大学生创业政策评估内涵厘定

"政策"在通常情况下与"公共政策"通用。大学生创业政策与一般创业政府本质相同,只是针对大学生这一特定目标确定而言,是指国家为激励和扶持大学生创业、促进毕业生充分就业、促进社会经济发展与和谐稳定而制定的、需要相关部门配合予以保障的系列规定总称。其以激发大学生创业动机、提升创业能力为本质,以支持创业过程为重点,以减少创初企业风险为手段,以创业制度、创业文化为保障,运用政策工具来促进创业成功。大学生创业政策体系主要包括创业培训政策(提供创业培训)、创业促进政策(减少创业障碍、简化创业程序、提供技术和商务支持)、创业融资政策(提供金融支持)和创业环境政策(培育创业文化)等内容。

可以说,2012年党的十八大以来,创新创业特别是大学生创新创业已越来越成为国家政府关注的热点和焦点。这些政策究竟是否有效有行,是否公平科学? 大学生创业政策评估应运而生。大学生创业政策评估可以套用政策评估的定义,有广义和狭义区分,广义的大学生创业政策评估包括对政策方案、政策执行和政策后果进行评估,张世贤、林水波认为"政策评估是运用多种评价方法,对政策方案、政策执行是否按预定目标进行,从而评价政策实施效果"[1]。狭义的政策评估仅是对政策效果的评估,安德森认为政策的评价主要指政策的效果估计与鉴定,评价政策是否达到了预期目标或者解决了目标问题。[2]综上所述,政策评估是依据一定的评价标准,通过相关评价程序,对其政策投入、产出进行检测与评价,及时发现和解决问题、进行政策调整修正偏差的过程。

二、大学生创业政策评价的价值取向

对大学生创业政策评价如其他政策的评价一样,具有很大的挑战性与不确定性,这是因为:一是政策的人力、物力和财力难以量化,且人际关系投入、机会成本等不可简单量化;二是政策效果与政策投入不是简单地一一对应关系,一种政策效果是多种政策共同作用的结果,这种"一果多因"导致很难剥离出一对一的关系,很难对一种政策效果进行区分和评价。大学生创业政策评价具有不确定性,政策效果具有多样性、广泛性和滞后性,虽然不易,对大学生创业政策效果进行评估却是非常必要的,没有评价就没有反馈,没有反馈就没有完善,更无法得知是否实现政策目标。对大学生创业政策进行评价首先要建立科学、合理、公正的评价标准,在此基础上,建立一套系统化、相互独立又有机联系、具有可操作性和导向性的评价指标体系。国内外学者提出了不同的政策评价值标准理论:邓恩认为创业政策评估标准包括效率、效果、公平性、回应性、充分性和适当性。在邓恩标准的基础上,陈庆云认为还应包括投入工作量绩效、社会发展总目标以及政策执行力。笔者认为,大学生创业政策评价须按照可比性、全面性、综合性和综观性的原则,评价标准应该包括效率性、效益性、公平性、回应性、执行力。

（一）效率性标准

效率性标准是经济标准,指大学生创业政策投入与产出比较,它通常有两种形式:单位成本上所产生的利益最大化或为达到政策目标所需付出的成本最小化。效率性标准目的在于使大学生创业政策投入产生最大化的利益,操作的困难在于需要对各种政策资源和政策结果进行量化,而很多政策产出是公共产品,很难用市场标准进行估值。其实,1966 年美国著名经济学家托马斯·谢林第一次提出了"价值意愿法"的政策量化方法,即用调查问卷的方法调查人们愿意为获得政策机会、机遇、能力而支付的金额大小,这种方法对创业政策给大学生的创业能力、创业机会等带来的价值可以近似衡量。不过,笔者还是按照传统的政策评价方法,主张对大学生创业政策的经济绩效指标主要是政策在财务上的收入和支出,即各级政府经济投入和该期间新增创业企业销售收入或营业收入的比较。

（二）效益性标准

效益性标准,即是通过监测预定政策目标的完成程度、执行过程与结果是否与政策目标方向偏离等内容来评价政策效果。效益性标准要求政府在制定政策的时候就有明确的目标、政策的总体效益和社会问题要解决的程度。如江苏省人社厅《关于印发〈发展众创空间推进大众创新创业带动就业工作实施方案(2015—2020年)〉的通知》,明确提出"新建省级创业示范基地230个、留学回国人员创业园70家,创建以'互联网＋'工作空间、网络空间、社交空间和资源空间为一体的全新创业载体","遴选扶持江苏省大学生优秀创业项目3 000个,实现公共创业服务机构、平台、网点对各类高校和城乡基层全覆盖"。2014年认定42个省级创业示范基地,2015年又认定59个省级创业示范基地。通过江苏省人社厅创业政策目标的完成程度可以从效益性标准角度上衡量政策的效果。

（三）公平性标准

公平是公共政策追求的终极目标,是社会和谐的根本所在。公平性标准要求大学生创业政策在制定和执行环节中考虑不同群体的利益,包括政策的受益人、受害人、受影响人、制定者、执行者、评估者,等等。公平的价值取向是政府在制定和执行大学生创业政策时的根本标准,不仅要考虑政策的经济效果,更要维护大学生这个特殊群体的根本利益。大学生作为国家发展和民族振兴的脊梁,作为创业者中掌握科技知识、具备良好文化素养的群体,他们在对创业政策的回应和利用方面,有着返乡和失地农民、下岗失业人员等不具备的优势,但是也有着不可回避、不能忽略的劣势:近20年教育成本使其劳动力价值增加,相应失业带来的社会成本增加;他们一穷二白,资金和经验是其软肋。因此,毫无疑问,大学生创业扶持力度应该成为各地、各级政府、各类创业扶持中力度最大的一种。

（四）回应性标准

回应性标准重点考量的是大学生创业政策对大学生群体目标的需求满足程度,通过大学生对创业政策效果的反馈间接了解政策的执行情况,从而为政府完善政策提供依据。回应性标准体现大学生群体对创业政策的态度,是积极还是消极。只要大学生认为创业政策满足了自己的利益,焕发出较高的热情去执行和服务该政策,促进了经济发展和社会进步,就可以说这项创业政策的回应度高。一项政策即使有较高的效益和效率,但是如果回应度不高,同样也不能被认定为是一项成功的政策。显而易见,政策回应度关注的是政策的内容和实际结果。

(五)执行力标准

政策的生命力在于执行。一个政策再好,如果缺乏执行力和对执行程序的监督,就会使政策效果大打折扣。可以说,政策的执行是政策的回应度、公平性、效率、效益的保障,没有执行,政策是一纸空文。如:2010 年教育部印发的《关于大力推进高等学校创新创业教育和大学生自主创业工作的意见》,2015 年国务院办公厅印发的《关于发展众创空间推进大众创新创业的指导意见》《关于深化高等学校创新创业教育改革的实施意见》等,这些文件都对高校创业教育推进和改革中高校、企业、政府的责任和权利作出规定,但是缺乏对政策执行和监督情况的规定。同时,在大学生创业政策执行过程中,有关部门对政策执行情况的检查频度不够、深度不够、形式单一,从而呈现"口惠而实不至"现象。另外,部分大学生创业政策因缺乏配套支持政策,从而可行性不够,使很多大学生创业优惠和扶持政策只是噱头,停留在概念上,甚至出现"画虎类犬"的现象。

三、大学生创业政策评价指标体系

大学生创业政策评价指标体系的设计是影响评价结果的重要因素。因大学生创业政策绩效评价影响因素众多,是一个复杂的系统,不能用单一层次的少数几个指标来衡量,需要按照上述原则建立一个多层次、多指标的有机体系,并且采取科学、合理的方法为各指标赋值,以便保证评价体系的科学性、个性化和合理性。

(一)大学生创业政策指标体系

根据大学生创业政策推进产生的实际效果,在相关研究的基础上,通过文献法确定大学生创业政策绩效评价的共识性指标,再通过专家评价法对指标进行筛选和增补,通过层次分析法对其赋值,提出由 3 个一级指标(B 层),6 个二级指标(C 层),32 个测评点(D 层)构成的大学生创业政策评价体系及其权重,最高目的层(A 层)就是某一地区大学生创业政策绩效。构造的递阶层次结构模型如下(见表 1)。

表 1　大学生创业政策绩效评价指标体系及权重

内容	一级指标	二级指标	三级指标	单排序/总排序
大学生创业政策绩效 A	创业总体竞争力(B1) 0.30	创业规模 (C1) 0.33	创业率(D1)	0.25/0.025
			创业成功率(D2)	0.25/0.025
			大学生创业企业占地区企业率(D3)	0.5/0.05
		创业质量 (C2) 0.67	企业存活率(D4)	0.17/0.035
			企业发展(D5)	0.37/0.075
			非小微企业率(D6)	0.17/0.035
			创新成果占有率(D7)	0.16/0.032
			从事行业属国家重点鼓励行业率 (D8)	0.13/0.027
	创业效益 (B2) 0.54	经济效益 (C3) 0.5	创造 GDP(D9)	0.25/0.068
			利润总额比例(D10)	0.5/0.135
			税收总额比例(D11)	0.25/0.068
		社会效益 (C4) 0.5	创业占就业比例(D12)	0.15/0.041
			创业带动就业率(D13)	0.2/0.054
			创业文化(D14)	0.06/0.017
			创业意愿(D15)	0.06/0.017
			创业观念(D16)	0.06/0.017
			创业环境(D17)	0.15/0.041
			人才招留率(D18)	0.06/0.017
			社会创新能力(D19)	0.2/0.054
			社会和谐稳定(D20)	0.06/0.017

（续表）

内容	一级指标	二级指标	三级指标	单排序/总排序
大学生创业政策绩效 A	创业服务（B3）0.16	优惠政策（C5）0.5	进入壁垒(D21)	0.15/0.012
			小额贷款(D22)	0.15/0.012
			融资渠道(D23)	0.15/0.012
			税收减免(D24)	0.1/0.008
			社保补贴(D25)	0.15/0.012
			创业培训(D26)	0.15/0.012
		创业服务（C6）0.5	行政效率(D27)	0.15/0.012
			政策宣传(D28)	0.22/0.018
			基础设施建设(D29)	0.15/0.012
			创业政策认知程度(D30)	0.11/0.010
			项目跟踪服务(D31)	0.15/0.012
			政策监督机制(D32)	0.22/0.018

（二）大学生创业政策指标赋值

运用层次分析法,构造不同层次两两比较判断矩阵,并分别计算它们的最大特征根、与此相对应的特征向量、各层次的单排序以及进行一致性检验,确定诸因素的相对重要性。以 A-B 层次判断矩阵计算为例,构造的 A-B 层次判断矩阵如下(见表 2)。

表 2   A-B 层次判断矩阵

A	B1	B2	B3
B1	1	1/2	2
B2	2	1	3
B3	1/2	1/3	1

按照方根法,将方根向量归一化,得特征向量 w 的第 i 个分量,分别为 $w_1 = 0.30, w_2 = 0.54, w_3 = 0.16$。

计算判断矩阵的最大特征根 λ_{max},记 A-B 层次判断矩阵为 A,则有:

$$\lambda_{\max} = \sum_{i=1}^{3} \frac{(AW)_i}{nW_i} = 3.009, CI = \frac{\lambda_{\max} - n}{n-1} = 0.0046, CR = \frac{CI}{RI} = 0.008 < 0.1$$

因此,A-B判断矩阵满足一致性检验要求。同理,可以依次计算 B1-C, B2-C,B3-C,C1-D,C2-D,C3-D,C4-D,C5-D,C6-D 各层次判断矩阵及权重。通过 D 层次的总排序可知,按照由高到低的顺序,最重要的前七大指标分别为:利润总额比例(D10)、企业发展率(D5)、创造 GDP(D9)、税收总额比例(D11)、创业带动就业率(D13)、社会创新能力(D19)、大学生创业企业占地区企业率(D3)。

(三)大学生创业政策指标体系评价分析

1. 大学生创业总体竞争力

大学生创业总体竞争力由创业规模和创业质量构成,分别赋值 0.33、0.67,体现对创业质量的重视。创业规模是从创业数量上测评大学生创办企业的多少,可以通过创业率、创业成功率、大学生创办企业占地区企业数量 3 个测评点进行。据相关调查研究显示,我国大学生对创业的关注度较高,但实际创业率并不高,目前仍不足 4%,因此,提出创业率是衡量一个地区创业政策的回应度。创业成功率顾名思义指创业学生中成功创业的比例;大学生创办企业占地区企业比例是衡量该地区大学生创业的活跃度。创业质量主要包括企业存活率、企业发展率、非中小企业率、创新成果占有率、企业属国家重点鼓励行业率 5 个测评点。企业存活率考察存活 1 年以上或 3 年以上企业占同时期该地区创业企业的比例;企业发展率(同期比率)可界定为 1 年或 3 年内达到一定规模(员工、资产规模)的企业占同时期该地区创业企业的比例;非小微企业率主要考察一个地区创业企业中大学生创办的非小微企业的比例;创新成果比率指一个地区的创新成果中大学生创新成果转化为市场价值的比例;从事国家和地区政府鼓励行业的创业项目比例指大学毕业生新办咨询业、信息业、技术服务业的企业或经营单位占同时期该地区创业企业的比例。这些测评点可以考察一个地区大学生创业项目的质量。这一指标的数据采集可以从相关职能部门获取。

2. 大学生创业效益

大学生创业效益由经济效益和社会效益构成,分别各占一半,体现经济效益与社会效益均衡发展的理念,在某种程度上讲,大学生创业的社会效益比经济效益更重要,因为他们作为没有资金和经验的"一介书生",创业在短时间很难取得明显的经济效益,但是他们作为引领社会创新创业文化的"排头兵",其创业行为对社会的创新创业文化、就业创业观念等有着重要的战略意义。经济效益是指大学生创办企业、投资项目为地区所创造的总经济收入,包括 GDP 总量、利润和税收占一地区创业企业中的比例 3 个测评点,即为社会发展和财政收入所做贡献大小。社会效益即大学生创业所提供的社会贡献净额,是相对经济效益硬性指标的软性指标,包括创业占就业比例、创业带动就业数、创业文化、创业意愿、就业观念、创业环境、人才招留率、社会创新能力、社会和谐稳定 9 个测评点。创业占就业比例,仍是以地区大学生创业总量与就业总量的比例;创业带动就业数即一定时期、一个地区平均一个人创业带动的就业数,[3]创业对于就业有"倍增效应",已成为引领就业、促进就业的有效途径。此指标不仅反映一个地区创业规模与质量,还能反映大学生创业带来的社会效益;创业文化指标是指大学生创业政策所带来的社会文化影响,政策本身也是一种制度文化,大学生创业政策对培育社会重视创新创业的心理、文化有着重要影响,这是政策的社会效益的另一形式;创业意愿和创业观念指标均是考察大学生创业政策对于主体观念的影响,可以通过政策前后,主体对于创业的态度变化来衡量;创业环境指大学生创业政策对于大学生成功创业的环境支持度、社会认可度;人才吸留率指大学生成功创业对于吸引和留住做出的贡献,这对促进一个地区劳动者整体素质的提高有着积极而深远的影响;创新创业能力是指大学生创业对于促进一个地区创新创业能力、科技竞争力的影响;最后一个社会效益指标是社会和谐稳定,指的是大学生创业、以创业带动就业对于一个地区和谐稳定做出的贡献,对于治安秩序、文明进步等的影响。这一指标中经济效益的数据采集可以从相关职能部门获取;而社会效益的数据采集和测算,除了从职能部门获取外,还可以通过专家访谈等形式,给予定性评价。

3. 创业服务

创业服务指标对前两个指标的补充,从而使整个大学生创业政策评价体系成为一个有机整体。创业服务指标包括创业优惠政策和创业服务 2 个二级指标,分别各占一半,从赋值上体现对创业服务的强调,再好的创业优惠政策,如果没有好的服务和执行力,仍然是空口理论。创业优惠政策包括进入壁垒、小额贷款、融资渠道、税收减免、社保补贴、创业培训 6 个测评点,创业服务包括行政效率、政策宣传、基础设施建设、创业政策认知程度、项目跟踪服务、政策监督机制 6 个测评点,这些具体测评点能在一定程度上反映一个地区大学生创业的活跃度、政策的回应度、政策的执行力。在 12 个测评点中,对于行政效率、项目跟踪服务、基础设施建设等给予强调,赋值 3 分。创造性地增加政策监督机制,这是目前国内大学生创业政策执行中普遍存在的弱点,没有监督、没有反馈,政策执行就会走偏、变样。这一指标的数据采集可以通过问卷调查的方式进行。

原文载《国家教育行政学院学报》,2016 年第 03 期:14 - 19

参考文献

[1] 林水波,张世贤.公共政策[M].台北:台北五南图书出版公司,1984:499.

[2] Dharles O. An IntroduDtion to the Studyof PubliD PoliD [D]. Miss:Duxbery, 197.

[3] 崔如梅.明清以来下梅村的空间结构及其发展机制[D].厦门:厦门大学,2008.

"互联网＋双创"构建校园文化建设新格局

韩雅丽

摘　要: "创业"的首要标志是实践性,重视过程的可操作性与现实性。"创新"的核心是原创性,重视结果的个体独特性与综合性。无论是创新育人,还是创业育人,最终都应指向一个共同目标——人文性。

国际战略格局的调整、经济全球化浪潮的兴起、互联网技术的发展,以及我国全面加快推进社会主义现代化建设的伟大实践,都对高校校园文化建设提出了新要求和新任务。以此为背景,结合国家关于创新创业发展的新要求,江苏盐城工学院将"互联网＋双创"育人模式融入校园文化建设,以创新驱动为先导,以创业能力为核心,逐步为大学生搭建了一个全新的创新空间和技术平台,全面加强了校园文化建设的综合性、个体性、创造性和实践性。

"互联网＋双创"内涵及培养定位

"双创",顾名思义,就是综合培养创新和创业型人才。"双创"育人旨在把创业意识和创新精神内化为大学生的价值追求,使学生的个性、思维和整体素质得到不断发展。网络时代,高校利用微信、微博等新媒体的传播方式和文化教育优势,构建了官方、集体、个人聚合的公共空间,真正实现了随时随地的信息发布、互动交流,以及相关人士针对某个特定事件、观点的即时互动与"聚焦式讨论"。就培养定位而言,这非常有助于校园"双创"型人才的发掘和培养。

"互联网＋双创"模式中之"创业"偏重引导和鼓励大学生开辟与传统行业相

异、较为依赖计算机网络等先进数字技术的新事业,其首要标志是实践性,重视的是过程的可操作性与现实性。而"创新"则主要指方法、理论、制度或技术等某一方面或某几方面的发现、发明、改造或改进,其核心是原创性,重视的是结果的个体独特性与综合性。对高校而言,无论是创新育人,还是创业育人,最终都应指向一个共同目标——人文性,因为人文性是高校校园文化建设的根本。

近年来,江苏盐城工学院全面调整校园文化格局,重视创新创业人才培养,充分运用互联网平台,满足现代大学生对信息的强烈渴求,以卓有成效的实践成果响应了李克强总理提出的"互联网+"战略,形成了实质上的"互联网+双创"育人模式,赋予了大学校园文化新的内涵,增强了校园文化的开放性、自主性和互动性,有助于从多方面培育学生的健全人格和人文情怀,营造正能量、高境界的教育场域。

"互联网+双创"模式的探索与实践

学校基于"互联网+"思维打造创新创业文化族群。全校近 200 个大学生创新创业团队充分发挥工科院校的计算机与网络技术优势,以"产品开发型"和"技术服务型"为创新和创业发展的方向和特色,取得了众多可喜的创业成果,还涌现出一批创新创业明星,如"摩度创客空间"王瑾、"智跑哥"蒋坤、"家教王"梁佳伟、"校园淘客"胡国栋、"桃博士"恽晶慧等。学校开展"互联网+双创"的具体措施包括:

1. 构建网络协同机制

"互联网+双创"模式的推行,需要现实制度保障与多个机构的协调、参与。随着"大数据+云计算"日益成为连接一切因素的智能化根基,学校构建纵横有道、虚实相生、线上线下密切互动的大学生创业能力培养体系,把校内外自然资源、社会资源和信息资源等更加高效地整合起来,以更加开放、自主、快速和互动式的信息传播方式,在虚拟的工作空间中实现了全体师生密切接触,逐步建立起创新创业文化培育的网络协同机制。

具体而言,一是明确组织实施机构,就业创业处牵头,党委宣传部、团委、教务处等部门以及二级学院相互配合,各部门分工各异,主次有别。学校实行网络群化管理,保证每个部门都能享有平等的信息发布与接收权利,从体制层面,提高了协同创新效率。二是组建专职教师为主导、兼职教师为主体的创新创业师资队伍。教师借助互联网技术,引导学生通过用户数据库分析市场受众信息和使用产品的喜好,从广大受众中划分出小众,有针对性地研制新产品,提供个性化的服务,从而创立新事业。三是依托信息数字化和网络技术,及时捕捉兄弟院校的先进管理经验,及时沟通解决创新创业制度建设、课程设置等具体事务。学校与盐城市政府、盐城市人社局、江苏悦达集团等政府部门和企业建立"资源共享、优势互补、利益共赢、责任共担"的网络协调机制,大大增强了信息传播的时效性,从政策、制度、资源等方面推进了创新创业文化培育。

总之,网络技术的发展为双创育人提供了重要的物质技术保障,保证了双创育人进程中各实体部门的高度协调,实现了更大范围的互动和参与,从制度层面、物质层面和行为层面,保证了高校校园文化的根本性特征——人文性的发展。

2. 优化创新创业文化培育的课程设置

"互联网＋双创"模式唯有落实到大学课堂,才能最终实现培养目标。学校通过出台《盐城工学院推进创新创业教育工作的意见》《盐城工学院关于加强大学生职业发展与就业指导课教育教学的意见》等文件,科学合理地推进创新创业教育课程改革。学校将课程分为线上和线下课程,或者说课堂课程和网络课程,其中,网络课程经由教师在各种全球网络课程在线系统中筛选后才面向学生发布,均能反映出本专业或者本行业的最新动态。同时,学生也可借助互联网,接触不同类型的课程讲解以及专题阐发,这样既避免了信息死角,也有利于对知识、理论的真实性、可操作性以及实用性进行甄别,增加了双创育人的理性成分。

3. 积累创新创业感性体验

高校师生科技成果转化成功的第一步是自我体验与自我确认。为此,学校构建了全景式、多层次的实体化创新创业体验平台,借由体验式的感性空间的建设和积累,形成理性共识,并在此基础上,逐步培养学生的自我批判能力。实践中,学校建设大学生创业训练营,通过实验室模拟引擎,为学生提供创新创业实践的训练平台,让学生在虚拟创业空间里体验创业的全过程;将大学科技园建成学生创新的孵化载体,将大学生创业园建成学生创业的主要平台,为有志于创新创业的大学生们提供基本的办公条件,并为他们提供创业启动扶持资金;建立创业研究院、青年创业学院,定期召开创新创业文化培育研讨会、培训会,将其建成大学生创新创业信息融汇的平台,通过传达政策、讲授知识、交流经验积极推进创新创业。经过创业训练营、科创园的实践,学生创新创业意识、能力逐步提升,成为他们未来职业生涯终身受益的内在"基因"。

4. 重视创新创业理论的积累与阐发

哲学意义上的理论是对事物的合理解释和预测,它是实践的总结,又是实践的向导,是推进"互联网+双创"模式不可或缺的组成部分。互联网本身使得理论讨论的空间形成"慎议"—更加理性、自由、宽容、平等和广泛,形成的决策具有更大的共识性,很大程度上能避免传统交流中遇到的讨论面窄甚至参与对象不敢、不愿表达或者对事态进行蓄意错误引导的情况。以下成果或可看作学校借助网络平台进行理性讨论所形成的结果:近5年,校领导率先主持完成国家级、教育部及省级创新创业文化育人的课题近10项;学校大学生创业指导教师团队在国家核心期刊、重点期刊上发表创业方面论文55篇,出版《创业职场与创新教育》、《创业教育管理学》等创业方面专著近10部。

"互联网+双创"丰富校园文化建设内涵

"互联网+双创"模式在开拓"双创"工程新格局的同时,也赋予了高校校园文化建设新内涵。

首先,"互联网+双创"模式使高校校园文化建设具备更强大的综合性。伴随"互联网+双创"进程的展开,校园文化建设与哲学、心理学、传播学等学科密切联系的程度越来越深,越来越成为综合性的活动;"互联网+双创"推行顺利与否不是由单项因素决定的,而是受到双创主体的知识、理论、趣味、思维能力等多方面因素的综合影响,因此,"互联网+双创"背景下的校园文化建设是一个综合积累的渐进过程。

其次，"互联网＋双创"使校园文化建设更具个性化。如果说校园文化的综合性是由校园文化建设的主体和受体的社会性决定的，那么，校园文化建设的个体性则体现了投身校园文化建设的每一个主体自身的能动性，共同体现为高校校园文化的鲜明特色。即便是同样的创业或者创新项目，来自不同的地域以及受到不同文化影响，都会呈现不同的特色。

再次，"互联网＋双创"背景下的校园文化建设更富创造性。所谓创造，就是在常规的基础上有所出新，它比个性化更进一步，是双创主体的个体性符合共性而又超越共性的体现，表现为"既与众不同，又与前不同"。物质性双创劳动实践和结果，确证的是双创主体的知识和技术，而校园文化建设作为精神创造活动，经过较长时间的实践，其最终目标是开发学生心智，增强学生创造能力。

最后，"互联网＋双创"背景下的校园文化建设更具实践性。层出不穷的网络新经验和新现象需要通过实践行为去确证，因此，必须在实践中引导大学生体认和内化先进的双创知识和理论。

总之，现阶段的校园文化格局调整应超越摸索和试验阶段，努力追求先进理论指导下的科学化实践，提倡人文主义的校园文化建设观，把"双创"看作学生的生命体验和律动，看作学生实现人生价值的重要基因，看作学生尝试与社会更好对话并拥有更多上升通道的依托，在此理念指导下，从综合性、个体性、创造性和实践性四方面，全面推进高校校园物质文化、制度文化、行为文化和精神文化建设，保证高校校园文化的根本性特征——人文性的发展。

原文载《中国高等教育》，2015 年第 23 期：36－38

参考文献

[1] 吴鼎铭. 微博：一个准公共领域的诞生[J]. 媒介批评(第四辑)，2010(4).

[2] 李莹莹. 新媒体环境下大学校园文化的特点及变化规律[D]. 南京理工大学，2014.

公司化运作大学生创业园面临的问题与对策研究

何登溢

摘　要:近年来,随着高等教育改革的深入和产学研合作的开展,大学生创业园作为创新创业型人才培养的重要平台获得快速发展。但在运行过程中还存在一些亟待解决的问题,面对时代发展新形势,大学生创业园建设要以培养大学生的创新意识、创业精神为目标,以市场为导向,积极探索公司制运行模式,努力培养高素质的创新创业型人才。

关键词:公司化;大学生创业园;问题;对策

近年来,在国家和地方政府部门的积极推动下,大学生创业园发展取得显著成效,逐渐形成政府主导型、校企共建型等多种模式。但在运行发展中,大学生创业园还面临诸多问题有待解决,因此,深入研究分析制约大学生创业园发展的制约因素,建立和完善大学生创业园运行机制,深化大学生创业园公司化改革进程,对提高大学生创业园发展水平,实现创新创业人才培养目标具有重要的现实意义。

一、当前公司化大学生创业园发展中面临的问题

1. 创业园区规模较小,实力较弱

从目前大学生创业园区发展状况看,多数园区规模较小,整体实力较弱,很多大学生创办的企业还处于初创阶段,无论在创业项目的科技含量,还是经营管

理水平上都有待提高,还需要经过很长一段时间的发展积累才能从孵化器中走出来,在激烈的市场竞争中逐步走向成熟壮大。对处于初创期的大学生创业企业来讲,市场抗风险力不强,同时受到创业资金、项目选择、创业风险评估、市场开发等因素的制约,对企业发展都会产生不可预测的影响。如果仅仅依靠大学生的创业激情,不遵循市场发展规律,盲目蛮干,只会给自己的企业带来困难,加之大学生初次创业的实践经验缺乏,市场变幻莫测,如果遇到大的市场波动,将会给企业带来致命打击[1]。因此,如何提高大学生创业园区的抗风险能力,为大学生创业营造良好环境,还需要有关方面深入思考研究,采取有效措施,为大学生企业的健康成长创造条件。

2. 创业园区基础软硬件投入有待强化

目前,公司化大学生创业园区的硬件设施主要体现在经营场地和基础配套设施上,由于管理体制机制等因素的制约,创业园区内不但能够满足大学生创业需要的经营店面数量有限,而且在经营店面的线路改造安装、门面装修、园区内的道路硬化、绿化、管道铺设等方面都有待明确负责管理部门和人员,以维持正常的运转。此外,在创业园区的软件投入上,对大学生开展创业教育培训的经费不足,导致创业教育活动的开展得不到有效保障。同时,园区内开展创业教育的师资力量薄弱,这些创业指导教师不但缺乏较高的专业理论知识,而且实践经验不足,在创业教育、项目选择、市场开拓等方面缺乏指导的针对性、系统性。

3. 大学生创业能力不足,创业项目科技含量有待提高

市场经济作为一种优胜劣汰、适者生存的竞争性经济,对创业者素质能力要求是十分严格的,特别是对于刚走出校门的大学生来讲,创业之路注定不会是一片坦途。当前,大学生创业能力不足的问题已成为影响其创业成功的重要制约因素。具体表现在:大学生知识结构较为单一,知识层面不够宽泛;大学生刚走出校门,实践经验和社会阅历较为缺乏,对开展创业的风险和艰辛缺乏充分的思想心理准备,一旦在创业过程中遇到挫折和挑战,心理承受能力和抗压能力不强,很容易出现意志消沉、半途而废的现象。此外,通过调查发现,当前很多大学

生创业经营内容基本是低端商品,创业项目创新性不强,科技含量不高,对创意设计、现代物流、电子商务等高科技领域很少涉及。在经营管理上缺乏创新性的思路和理念,没有形成自身鲜明的特色。

4. 创业园区组织管理水平有待提高,评价体系不科学

在公司化大学生创业园的建设管理过程中,为吸引鼓励大学生入园创业,学校有关部门把园区内的经营场所以优惠政策交给学生从事经营,这对调动学生创业积极性起到重要作用。但也存在一些问题,如园区的管理制度不健全,管理机制还不完善,对入园企业项目缺乏科学有效的激励帮扶措施,同时,对大学生的创业项目缺少个性化指导服务,存在重建设、轻指导的弊端,对大学生创新创业的健康开展产生不利影响[2]。另外,评价体系的不完善、不科学是制约公司化大学生创业园发展的又一制约因素。当前在评价大学生创业园的价值时,往往只注重培育多少家企业,从创业园中走出多少位企业家作为唯一的衡量标准,这与大学生创业园开展创业教育、提高大学生的创新创业意识的目标是相背离的。因此,对大学生创业园的评价应该以"是否充分发挥其人才培养服务的功能,是否对创业园公司化运作机制的完善起到促进作用,是否彰显学校在创业教育方面自身的特色优势"为标准。

二、公司化运作下的大学生创业园功能定位

1. 把握好孵化和培育中小微企业的基本功能

加快中小微企业的培育孵化,使其能够快速成长壮大是公司化大学生创业园的基本功能。这是由大学生创业园的实际发展条件决定的,多数大学生创业园经营场所有限,组织管理机制和水平与真正的企业园区还存在一定差距。加之大学生创业初期资金有限,在创业项目选择、创业实践经验积累等方面还需要慢慢提高,因此,大学生创业园企业主要以中小微为主。对公司化下的大学生创业园来讲,要在建立完善各项管理制度和运作机制的同时,制定优惠政策为大学生创业的顺利开展提供帮助。同时还要对大学生创办企业按照公司化的运作管

理标准提供个性化指导服务,引导大学生积极开拓市场,完善管理,逐步把创业项目孵化成长为企业实体,为国民经济发展注入新活力。

2. 要牢牢把握创业园区人才培养的主要功能

公司化的大学生创业园区为提高大学生创业成功率提供重要基础,但创业园区作为高校开展创业教育的重要载体,它的主要功能在于为培养创新创业型人才提供服务。在提高创业园区公司化运作的同时,要紧紧围绕大学生创业实训、实践、实体这一发展定位,充分利用创业园区内的企业资源,为大学生创业能力、职业精神的培养和提高提供有力支撑。在发挥创业园创业教育功能的过程中,要紧紧抓住实训、实践、实习这一环节,加强个性化指导,将教学活动与企业的商务活动有机融合起来。一方面,要结合人才培养规划合理设计实习项目,组织学生撰写企业实习调研报告[3];另一方面,要将对学生的实践教育课程安排到创业园区进行全真模拟演练,使学生在全景式的市场环境中提高职业技能。同时,要将园区企业的部分工作任务安排给学生去完成,在实践锻炼中积累经验,提高实战能力。

3. 不断强化校企合作示范园区的重要功能

大学生创业园区的建设在推进校企合作、实现工学结合方面发挥重要作用。由于企业集中分布在创业园内,为实现资源共享,借助学校的人才、科技、智力资源优势提供良好条件。在创新创业型人才培养上,由于与企业生产经营密切融合,因此,有效地提高了人才培养的质量。同时,大学生创业园还有效地解决了企业发展的动力机制问题,学校为入园企业在经营场所、水电、税收等方面实行优惠政策,对调动企业积极性发挥重要作用。园区内的企业创业主体多数是本校学生或毕业生,他们从思想、行为上与母校有深厚感情,因此,有利于加强双方之间的沟通交流,为大学生创业园向更高层次发展奠定了坚实基础。

三、提升公司化运作下大学生创业园发展的对策及建议

1. 以创新创业人才培养为目标,按照公司化模式加强与企业有效对接

大学生创业园作为高校开展创业教育,培养创新创业型复合人才的重要载

体,在探索完善公司化运作模式的过程中,要紧紧围绕提高人才培养质量这一根本目标,积极做好学校与入园企业、人才培养与企业经营、教学资源与企业发展资源、学校文化与企业文化的有效对接工作。一是加强学校与入园企业的对接。学校要发挥引导作用,鼓励校内有关院系与入园企业结成帮扶对子,探索建立遵循大学生创业园发展规律,适应市场化运作管理的新机制、新模式,充分发挥各自优势,实现互利共赢。二是做好人才培养与企业经营对接。要按照公司化管理要求,加强对入园企业的公司化运营,同时要将高校人才培养融入企业的经营过程中,校企合作共同开发创新创业人才培养课程。组织安排学生进入企业进行实习锻炼,熟悉企业经营管理流程,增强实践经验积累,提高他们的公司化企业经营管理的能力与水平。同时,企业还可以将部分业务交给学生去完成,提高理论与实践结合的能力。要加强实习业绩考核,将在企业管理或经营中的业绩与实训成绩相挂钩,实现校企合作的双赢。三是做好教学资源与企业资源的有效对接。学校要积极组织部分教师到企业任职,企业老总或高级管理人员也要到学校兼职,对教师进行指导。此外,学校还要为企业在入园发展的相关手续、程序、项目论证、经营指导等方面提供服务,加快企业发展壮大步伐。四是做好校园文化与企业文化的有效对接。通过大学生创业园这一平台,加快产业文化、行业文化、企业文化与校园文化的深度融合。学校要邀请知名企业家或企业高级管理人员走进学校,通过专题讲座等形式,结合自身的创业实践经历宣讲企业文化,引导学生树立企业文化理念。学校要定期举办各类以创新创业为主体的职业技能竞赛,培养学生的创新意识、创业精神、团队意识。对大学生创业实习基地要按照企业经营环境进行包装升级改造,营造浓厚的企业文化氛围。

2. 要以市场化方式为入园企业提供专业服务

要结合大学生创业发展实际,发挥国家和地方各级政府的政策引导扶持作用,制定优惠的政策措施,加大对大学生创业园的扶持力度。要成立专门的组织管理机构入园办公,加强对各项政策的执行跟踪,尽快落实到位。要按照市场化运作机制加强对大学生创业园的管理,坚持入园企业的市场经济主体地位,进一步提高企业在管理机制、内部结构、生产经营、产品研发、市场开拓、对外合作等方面的规范化水平。对落户创业园的大学生创业项目要积极做好跟踪服务指导,并在创业课程开发、创业企业的职场训练、创业辅导等实行税收优惠或减免,为企业成长发展和人才培养起到助推作用。要制定科学的考核措施,帮助企业规避风险。高校要发挥主体作用,制定科学的考核管理办法,定期组织人员对企业情况进行考核,并在年终对创业企业进行全方位考核评估。根据企业的生产经营业绩采取一定的奖惩措施。如对生产经营较好的企业可以从政策、资金等方面加大扶持力度,并与学生创业实践活动和第二课堂联系起来。对违反相关政策规定、经营业绩乏善可陈的企业要提出警告,使创办主体对企业定位、经营管理等方面有一个更清晰的认识,引导其尽快进入正常的生产经营活动中。

3. 建立规范、高效的企业运营管理机制

对大学生创业园项目要按照企业化管理、市场化运作的原则,构建健康良性的运转机制,提高创业园经营管理的科学化、专业化、规范化运作水平。一是提高入园企业项目的质量。要对进入创业园的大学生创业企业或创业项目进行认真筛选,可以通过科研训练、项目评估、创业竞赛等途径,使那些在组织管理能力、经营能力等方面突出的优秀大学生创业团队和创业项目脱颖而出。同时,对不同层次、类型的创业企业或项目进行分层、分类管理,对那些科技含量高、市场前景广阔的创业企业要优先安排进入创业园区发展。要组织部分教师、行业知名专家、成功企业家及学校主管部门组成入园企业或项目评委会,采取学生申请、院系推荐、现场答辩等环节,对入园企业或项目进行评审推荐,提高入园企业发展成功率。二是进一步完善创业园的保障机制。学校要加强对大学生创业园的管理,成立专门工作机构,理顺组织管理体制,按照市场化运作模式赋予创业园更大的自主权,提高创业园的市场化运作水平。要加大对创业园的经费投入,发挥校友资源、科研资源等方面的优势设立创业园管理基金,对大学生创业企业的公司化运作提供必要的保障[4]。要加强对大学生的创业辅导教育,着力打造一支业务精、结构合理、专兼结合的高素质教师队伍,对大学生创业给予指导服务。三是建立科学管用的绩效评估体系。公司化运作下的大学生创业园要结合实际制定合理的管理运作目标,并从基础设施、政策创新、配套服务、管理运作等方面制定科学规范的措施,提高创业园区的公司化水平。建立健全科学的评估体系,对入园的大学生创业团队的经济能力、组织管理能力、市场开拓能力、产品技术水平、企业发展前景等进行综合评估,不断提高大学生创业园区的档次和水平,提高大学生创业的成功率与实效性。

原文载《黑龙江高教研究》,2017 年第 03 期:141－143

参考文献

[1] 栾茂峰.就业压力下大学生的社会交往动机及对策分析[J].辽宁行政学院学报,2014
(8):47－48.

[2] 陶韶菁,雷育胜.高等教育大众化进程中大学生创业问题探析[J].华南理工大学学报(社会科学版),2014(12):30－32.

[3] 王静.创业教育与高校社团的载体作用[J].浙江科技学院学报,2015(12):43－45.

[4] 张日恒.学生创业园的定位与运作问题探析[J].江苏技术师范学院学报(社会科学版),2009(6):65－66.

高校、政府、企业联动耦合的
创新创业型人才培养机制形成分析
——基于三螺旋理论视角

陈桂香

摘　要:21 世纪的人才是创新创业型人才,三螺旋理论是构建大学生创新创业能力培养协同机制的理论基石。高校、政府、企业协同培养创新创业型人才,有利于发挥各育人主体的资源优势,激活资源存量,放大资源效能,实现协同方利益最大化。协同育人日益成为人才培养与经济社会发展相结合的有效途径。协同育人的关键是建立大学生创新创业能力协同培养的体制机制,形成育人共同体,加强各协同方的联系、扩大耦合界面。高校、政府、企业三方联动的人才培养机制具有目标一致性、主体互动性、时空接续性和效益放大性的特征,包括战略协同、资源协同、信息协同、决策协同和制度协同等内容。三方联动耦合的人才培养机制的实现,可以从组织领导、资源共享、激励约束、考核评价和组织文化等方面着手。

关键词:创新创业能力;大学生;协同育人

高等教育领域发生了两次革命:第一次革命使教学与科研相结合,产生了研究型大学;第二次革命则使大学具有教学、科研和服务经济发展的使命,从而产生了创业型大学[1]。创业型大学的主要使命就是要培养创新创业型人才。然而,当前我国大学毕业生自主创业率仅为 2.0%,远低于世界平均水平 10%,更低于发达国家 20%～30% 的创业率,创业成功率不到 10%,也远低于一般企业[2]。培养大学生创新创业能力单纯依靠高校的力量,是远远不够的。裴斯泰洛齐认为:"把学校与工场结合起来,并在真正的心理学的基础上办学的时候,新的一代必然会培养起来。"[3]凡是具有重大性、全局性问题的解决,必须以协同的理念去分析,采用协同的办法去解决。协同教育是未来高等教育的必然选择和主导范式,培养大学生创新创业能力需要构建政府、高校、企业三方联动耦合的人才培养机制。

一、三螺旋理论与高校、政府、企业三方联动系统

三螺旋理论是美国社会学家亨利·埃茨科威兹(Henry Etzkowitz)和罗伊特·雷德斯多夫(LoetLeydesdorff)在总结美国 128 公路和硅谷形成的经验基础上产生的。三螺旋理论认为,在知识经济社会内部,政府、企业与大学是相互独立又相互联系、相互作用的三个核心社会机构,它们根据市场要求而联结起来,形成三种力量交叉影响的三螺旋关系。三螺旋理论不同于传统的官产学研合作,其终极目标在于寻求大学、企业、政府的思想通识,在宏观层次上的战略合作,形成创新、育人的长效动力机制[4]。

三螺旋理论模型揭示了大学、企业、政府三种组织日益联系紧密和交叉的关系,是协同育人的理论基石。其动力运行路径包括横向资源整合和纵向分化演进。如图 1 所示:

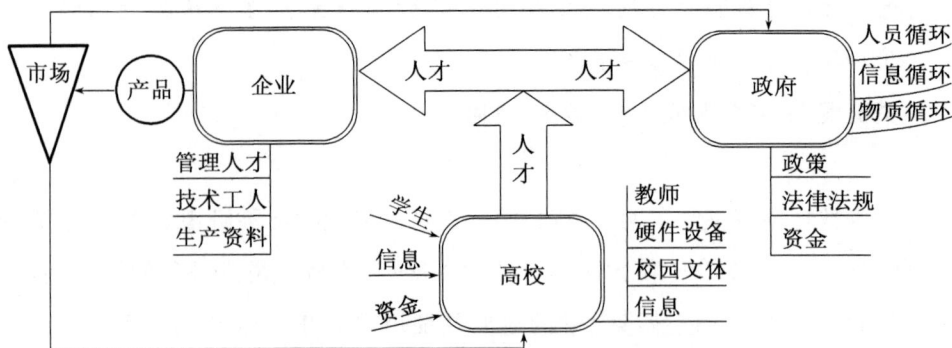

图 1　协同育人动力运行路径图

在横向上,资源整合意味着创新要素在大学、企业、政府之间循环,人员、信息、产品循环是三螺旋运行的主要动力源泉。资源循环包括内部资源循环与整合和外部资源循环与整合,又叫"微观循环"、"宏观循环"或"内循环"、"外循环"。前者通过循环产生产品,后者通过循环产生合作政策、合作项目、合作机构或组织。在大学的内循环系统中,输入的是学生、信息流、资源流,通过培养教育,产生的产品是人才、科研成果;在企业的内循环系统中,输入的是新技术、新材料、高水平工人,经过企业加工,产生的是走向市场的产品和服务;在政府内循环中,输入的是信息、市场情况等,输出的是政策、法律和服务等。三方的联系界面越大,联系得越紧密,协同度就越高,质量和效益就越好。培养创新创业型人才是高校、政府、企业共同的价值追求,也是三方的联结点,为了共同的价值目标,三方不断扩大彼此联系界面,功能也出现了交叉和重叠[5]。在纵向上,三螺旋系统演进倾向于分化,二种环境相互作用、相互影响会产生一种稳定态,但第三种环境的出现会打破这种稳定态,对系统运行进行反馈,从而在时间维度上推动系统的分化和演进,而最终形成一种强稳定态。在三螺旋系统中,横向上的资源整合与循环同纵向上的分化演进相伴相随,从而使三螺旋育人系统成为一个更加复杂的事物,在质和量上互变互升,推动协同育人系统呈螺旋上升态势。

二、高校、政府、企业联动耦合的创新创业型人才培养机制的主要特征

基于三螺旋理论,建立高校、政府和企业的创新创业型人才培养的协同机制是关键。这种机制具有以下特征:

一是目标一致性。乔尔·布利克和戴维·厄恩斯特指出,一个组织的"协作能力和意愿就是预测其能否成功的最佳标准"[6]。政府、高校、企业虽然是三类不同性质的组织,对大学生创新创业能力的培养具有不同维度的影响。大学生创新创业能力培养是政府、高校和企业战略协同的契合点,协同育人组织建立在多方主体共同利益基础之上,以"培养创新创业型人才"为共同目标,而将不同育人主体凝聚在一起,进行长期合作。虽然人员流动性较大,但组织保持动态的稳定与平衡态。

二是主体互动性。在协同机制下,政府、高校和企业之间的壁垒消除了,政府的政策链、高校的专业链、企业的技术链达成一体化状态,提高了相关资源的利用率,体现了多方融容、合作进步、协同作战的模式。三方之间呈现一种新型的关系:互惠互利、共生共荣的网络组织结构取代了层级节制、界限分明的点状松散结构,接纳与配合代替了等级和排斥,协调与互助代替了指挥与控制,鼓励和促进代替了限制与禁止,积极参与代替了被迫接受,认同、信任和包容成为共同行动的基础。大学生创新创业能力的培养成为三方共同的行动理念和价值追求。

三是时空接续性。从时间连续上讲,大学生创新创业能力的培养是一个量变引起质变的过程,需要长期坚持下去,"一曝十寒""三天打鱼两天晒网"是不能实现最优目标的。从空间连续上讲,大学生创新创业能力的培养不能仅仅局限于校园,要从校园走向社会,参加体验式、情景式的能力训练。协同机制是一个动态匹配的过程,政府、高校和企业之间的相互关系在时间上是连续的,在空间上是衔接的,三方组成的协同系统呈现"失调——协调——新的失调——新的协调"的波浪式前进趋势,最终提升大学生的创新创业能力。

四是效果放大性。在协同机制中,政府、高校和企业围绕共同目标,调整自己的行动政策和价值追求,各展所长,各尽其力,共同致力于大学生创新创业能力的培养,其效果在相互作用中共振和放大,从而达到非协同情况下无法达到的效果。政府着眼于整个国家综合竞争力和社会和谐稳定,出台有利于培养大学生创新创业能力的政策;高校根据企业对大学生创新创业能力的要求,深化教育教学改革,强化内涵建设,培养适销对路的人才;企业参与高校的教育教学计划的制定,并融入对人才在能力结构和程度的具体要求以选留符合自己要求的人才,降低了人才招聘和培训的成本。

三、高校、政府与企业联动耦合的创新创业型人才培养机制的影响因素

协同培育创新创业型人才需要各个主体之间良性互动和资源整合。运行过程中,要受到个体因素、组织因素和互动过程影响。

一是个体因素。协同培育创新创业型人才的领导者、导师队伍的素质与能力直接影响育人效果。优秀的协同育人领导者需要具备综合的学科知识、丰富的工作经验、管理工作阅历及协调学科差异和组织文化差异的能力。领导者还需要具备令人信服的个人魅力,这会吸引社会资源积极参与育人活动。优秀的创新创业导师团队同样重要,导师团的来源有高校名师或研究机构研究者、成功的创业企业家、投资或金融专家、管理专家等。导师团应具备丰富的创业经验和创新创业理论,具备积极的跨领域合作思维、良好的沟通能力,对创新创业精神感同身受,对自己的成功充满反哺意愿。

二是组织因素。大学生创新创业能力协同培养的组织机构、组织目标、组织结构、组织文化、组织任务等因素影响育人效果。一般来说,协同育人的组织机构要健全,基于三螺旋理论建立双边或三边混生组织,专门负责大学生创新创业能力培养工作。组织要有明确的目标、清晰的结构、优良的文化及完善的制度。从整体上来看,在成功的三螺旋育人模型中,把大学——产业——政府关系表示为一个相对平等,却也是相互依赖的制度领域。他们相互重叠并承接其他制度的角色,通过制度结构控制创新系统的运行。

三是过程因素。在协同育人过程中,协同主体间、主体成员间的沟通、交流、共享等因素影响育人机制的正常运转及效果。协同育人工程是一个复杂的系统工程,涉及多元主体、多种资源、多种利益,因此需要在组织领导下进行充分的沟通与交流,在人才培养目标和质量方面形成共识,建立共同的价值目标,实现知识资源的共享、分歧和差异的化解、利益和风险的均衡,使得协同育人组织沿着健康、和谐的轨道前进。

四、高校、政府与企业联动耦合培养创新创业型人才的实现

在三螺旋理论的指导下,培养创新创业型人才需充分考虑大学生创新创业能力协同培育机制的影响因素,可以从以下方面着手。

(一)健全三边组织领导

三螺旋理论不刻意强调谁是主体,而是强调政府、高校和企业的协同关

系,强调这些主体的共同目标是实现科学研究和商业化之间保持最优化的联结。三者同等重要,只要一方存在"短板",整个螺旋就不能稳定运转。建立大学生创新创业能力培养协同机制,最根本的是要建立具有重叠、交叉的功能的双边或三边混生组织,如建立协同育人中心、大学生创业园、青年创业学院、不同层级的协同育人联盟,设立协同育人中心委员会、协作委员会或院务委员会,由政府、高校、企业相关人员担任中心主任,由具有教育、企业、行政等多重知识背景的人员担任委员,实行主任负责制。委员会统一规划、统一商定有关大学生创新创业能力培养的关键问题、重大(要)问题,提高决策的科学化、民主化、法制化的水平,减少任何一方单独抉择时的随意性和盲目性以及信息传递的时间耗费。协同育人委员会下设信息科、财务科、教务科、人事科等机构。同时,要完善协同育人制度、明确机构工作职责,为协调各方行动、信息、资源提供组织制度保障,这也是三螺旋理论的精髓。制度协同是一个"制度耦合——制度不耦合——新的耦合"的不断演进过程。当制度供给不能有效满足制度需求时,制度非协同的状态就会产生。政府作为宏观经济控制主体,要充分发挥设计各种运行机制并监督其执行的职能,动态调整创新创业政策,保护协同方利益,协调协同方行为,不断优化协同育人政策环境(税收、金融、市场等政策)[7]。高校、企业的协同育人制度要以政府的政策、制度为依据而展开,并根据实际情况进行制度创新和调整。

(二)动员和利用共享资源

"即使最富裕的国家也不可能提供普及高等教育所需的经费,……这种慷慨的资源分配是根本不可能的事,因为我们面临的问题是怎样合理地分配有限的剩余资源。"[8]大学生创新创业能力培养需要政策资源、设施资源、人力资源、信息资源和资金资源,这些资源掌握在不同的主体手中,高校单凭自身力量难以利用所有资源。政府和企业是影响高校人才培养最为重要的两类组织,高校在人才培养过程中始终存在着与政府(纵向影响因子)和企业(横向影响因子)之间千丝万缕的联系,大学生创新创业能力的培养是三方的重要联系点。建立资源协同机制就是促进各类资源的深度融合,提高资源优化配置和获取能力,增强协调指导和服务保障能力,为大学生创新创业能力培养营造良好的环境。高校要发挥关键角色的作用,有效地组织、串联起协同育人系统中各类节点,激发、整合各种优势资源的流入和投入,发挥各育人主体的资源优势,释放相关要素的活力,形成育人系统稳健、持续地运行和发展,实现协同方利益最大化。根据三螺旋理论,只有扩大三方的联系界面,才能增加三方联合的紧密度。如何增加三方联系界面呢? 首先,高校应该在根据市场需求而对专业设置、课程安排和教学方法进行调整,只有生产出"适销对路"的合格"产品",才能增强对企业的吸引力。要增强学生工程实践意识和能力,建立稳定的校外实习基地。要加强人才资源协同,高校创新创业型人才培养需要一支有着丰富的实战经验和渊博的理论知识的"双师型"导师队伍,吸引优秀企业高管、政府高参到高校来,或者选派优秀教师到企业、政府机关去,是两种不同方向的人才资源协同方式。还要同企业联合搞科研,扩大科研选题和经费支持的来源。要加强资金协同。高校要拓展创新创业型人才培养筹资渠道,吸引政府、企业、社会资金流入。再次,要加强信息平台建设,促进高校协同育人合作方互动关系网络形成,建设良好的信任环境,保障信息渠道的畅通和民主协商的畅通。最后,要建设资源共享平台。推进资源在政府、高校、企业、社会等之间的开放程度,实现知识、资源、信息、成果共享,形成协同育人的乘数效应。如,由政府主导,制定优惠政策,协同高校与社会网络经营商建立大学生创新创业产品展销网;建立区域或省际科技创新转移中心,统筹中观科技创新成果的转化,等等。

(三)建立激励约束机制

没有激励约束机制的组织是不能持续健康发展的,大学生创新创业能力培养协同组织的正常运转和发展同样需要构建长效动力机制和约束机制。协同育人的动力包括外部动力和内部动力,外部动力源于市场不断变换的挑战和宏观经济环境刺激,内部动力源于大学生创新创业能力培养各合作方对预期利益的追求,这种利益又分为内部边际收益和非物质利益(各协同主体发展的需要、精神上的满足等)。高校创新创业型人才培养的利益相关者实际上就是一个利益共同体,只有形成共同体,才会有相近的价值、共同的目标、协调的行动并取得良好的效果。在高校、政府、企业协同育人共体中，各方在利益/权力矩阵中所处的地位是不同的，客观要求协同育人机制在顶层设计上要尽量寻求各方利益的最佳平衡点，建立一整套制度或契约安排，根据各方贡献大小、风险大小，合理公平地进行利益分配，弥合各方在成果评价、分工协作上存在的沟壑，最终实现互利共赢。约束机制是动力机制的有效补充，相对于动力机制，约束机制可谓"压力机制"。如果动力机制是正激励的话，约束机制可谓负激励。要建立完善的约束制度或奖惩制度，明确大学生创新创业能力培养协同方的职责，做到奖罚分明。

（四）完善考核评价制度

考核评价机制是大学生创新创业能力培养协同机制的重要组成部分，不仅能对协同育人各方对组织的贡献和不足进行评估，更可为宏观上对协同育人政策、措施进行调整提供参考，完善组织反馈机能。目前，学术界在协同育人绩效考核评价指标体系方面尚未形成一致意见，育人效果缺乏考核、激励和约束机制，这不利于创新创业型人才培养工作的持续性，因此，要建立科学的、有效、可行的考核评价指标体系。可以从协同育人环境、投入、产出、运行过程、育人效果几个方面构建评价指标体系。协同育人环境考核评价内容包括政府对大学生创新创业扶持政策，对协同育人企业税费优惠、金融支持政策，创新创业法律法规，协同育人联盟数量，创新创业服务平台数量，社会服务机构数量及服务机构服务能力等。协同育人投入包括人力、资金、设备、场地等投入，投入水平高低直接影响育人效果。投入的评价指标包括高校创新创业导师数量及结构、创新创业活动经费及经费中来自政府资金和企业资金的比例、学生创新创业活动场地面积、创业孵化园数量、级别和面积等。协同育人产出评价指标包括学生专利数、创业率、创业成功率、创新竞赛获奖层次及数量等。协同育人运行过程评价指标包括协同主体规章制度执行情况、信息资源共享情况、摩擦差异协调情况等。协同育人成效评价指标包括学生创新创业意识、创新创业知识、创新创业能力情况，创办企业盈利情况等。在大学生创新创业能力培养评价考核体系中，应根据不同评价内容的性质、地位赋予其不同的分值。评价考核可以采取自评、他评与专家评价相结合,短期、中期和长期评价相结合,定性评价和定量评价相结合的方式进行。评价机制与激励约束机制呼应,对于评价内容中不足的方面要及时反馈、调整或者引进退出机制、惩罚机制。

(五)营建和形成组织文化

大学生创新创业能力培养的协同组织是政府、高校、企业在知识经济背景下衍生的双边或三边混生组织,其成员来自于不同的学科、部门、行业,难免带有各自领导的文化特征,这种差异既是各成员的优势,同样也会成为协同育人的障碍。因此,组织文化建设显得尤其重要,通过组织文化的无声作用,搭建组织成员沟通的桥梁,浸润组织成员的精神,从而起到凝聚人心、协调差异的作用,避免组织成员"人在曹营心在汉"、"人在心不在"的现象出现,构建高校——企业——政府三螺旋育人模式[9]。协同育人组织文化是一种以"协同培养创新创业型人才"为核心的育人价值观念、道德准则、企业理念、管理方式和行为规范的综合体,它能够营造全社会协同培育人才的良好氛围,激发和推动高校人才培养模式改革与创新。在"2011 计划"的推动下,高校、企业、政府协同创新、协同育人活动频次增多,多方协同解决问题的意识不断增强,但是协同育人文化的形成机制有待进一步完善。目前,高校协同育人的文化氛围还不太浓厚;混生组织与源组织之间存在明显的沟壑与界限,在沟通多方就育人问题达成共识方面的功能有待进一步发挥;混生组织成员对组织的认同度不高,抱有"临工"心态,有的组织成员"貌合神离"。因此,要进一步完善协同育人组织文化的形成机制,可以从外部环境和内部要素两方面入手。在外部环境方面,社会文化是重要的影响因素。根据 Hofstede1967 年提出的文化指标体系,我国属于远东文化群,社会文化的整体特征为:个人主义较弱、权力距离较大、避免不确定性较强、男性特征中等。这些文化中,集体主义对协同育人的全员参与是有积极作用的,但是权力距离大、等级观念强、男性特征中等、不敢冒险等因素对协同育人的平等参与、创新创业是有消极作用的。高校要注重对社会文化的传承与批判创新,营造协同育人新文化,引导社会文化发展潮流。在内部要素方面,组织成员的协同、合作、平等、创新精神需要大力弘扬;组织制度要鼓励创新创造、合作共进;组织结构要扁平化,有效激发集体智慧,反对集权主义和官僚主义。

原文载《大学教育科学》,2015 年第 1 期:42-47

参考文献

[1] Henry Etzkowitz, Chunyan Zhou. (Introduction to special issue) Building the entrepreneurial university: a global perspective[J]. Science and Public Policy, 2008 (11):637-646.

[2] 麦可思研究院. 2013 中国大学生就业报告蓝皮书[M]. 北京:社会科学文献出版社, 2013:125.

[3] 张焕庭. 西方资产阶级教育论著选[M]. 北京:人民出版社,1979:205.

[4] [荷]劳埃特·雷德斯多夫,马丁·迈耶尔. 三螺旋模式和知识经济[J]. 周春彦,译. 东北大学学报(社科版),2010(01):12.

[5] 蔡翔,王文平,李远远. 三螺旋创新理论的主要贡献、待解决问题及对中国的启示[J]. 技术经济与管理研究,2010(01):28.

[6] [美]乔尔·布利克,等. 协作型竞争——全球市场的战略联营与收购[M]. 北京:中国大百科全书出版社,1998:48.

[7] Drongelen K. V., Bilderbeek I. C. R&D Performance Measurement: More than Choosing a Set of Metrics[J]. R&D Management, 1999, 29(1): 25.

[8] [美]约翰·S. 布鲁贝克. 高等教育哲学[M]. 王承绪,等,译. 杭州:浙江教育出版社, 2001:69.

[9] 张海滨. 高校产学研协同创新的影响因素及机制构建[J]. 福州大学学报(哲学社会科学版),2013(03):104.

本质主义与建构主义：大学生创业问题研究范式比较

韩雅丽

摘　要：国内创业教育在适应文化经济社会的需要层面上，由于体制顶层设计等诸多因素的影响，尚未形成具有某种稳定结构的观念体系，对于围绕大学生生存和发展的一些基本问题、重要问题的认识颇为杂乱。建构主义为这方面的探索提供了一个很好的视角。在批判性回顾本质主义研究范式的基础上，总结了我国大学生创业问题研究的进展与不足，结合时代背景分析了建构主义思想在大学生创业问题研究中的重要价值，并对未来发展趋势进行了展望，以期给转型期大学生创业问题研究提供新的反思。

关键词：大学生创业研究；反思；本质主义；建构主义

自中国 1999 年实行大学扩招，国内高等教育进入迅速发展阶段，本科毕业生激增，大学毕业生就业形势日趋严峻，创业条件也随之发生变化，大学生创业问题（自我雇佣）在新千年以后逐渐成为中国高等教育发展的一个新热点，既引人注目又纷繁复杂。大学生创业属于高质量就业，尤其是大学生利用所学专业进行创业，促进产学研的进一步合作，有利于自主知识产权的形成，在此基础上还可以提高国家创新能力和创业水平。

一、大学生创业问题研究的危机及其本质主义研究范式

伴随转型期中国市场化、商业化和产业化进程的推进，国内高等教育场域发

生了结构性变化，数百所原本具有显著职业技术特色的大中专院校，纷纷升格为综合性本科院校，在其学科性增强的同时，应用技能性逐渐弱化，直接导致中国劳动力结构发生动荡和变化：本科毕业生激增，而技术工人数量下降，应届毕业生的失业率一度高达 16%，为劳动力市场整体失业率的 4 倍，而工资溢价却降低了近五分之一，而半熟练工人的薪酬在不少城市已超过大学毕业生[1]。构建以就业、创业为导向的现代职业教育体系势在必行。

2007 年教育部出台了《大学生职业发展与就业指导课程教学要求》，不少大学相继开设了就业教育和创业教育课程，且在不断探索协调和整合这两种教育实践的可能与方案，在此，我们主要探究创业问题。"狭义的创业专指创办企业，可以基于创新，也可以基于模仿，而广义的创业则无所不包，泛指开创事业或包含创新的行为等，小到生产线上的一项具体改进，大到航天计划的实施"[2]。改革发展至今，全社会鼓励大学生创新创业—"创新"最初是经济学概念，被熊彼特提出，用来描述企业家在创业活动中通过"建立一种新的生产函数"改善经济绩效的行为，包括技术创新和制度创新。

大学创业类课程的教学本应该成为大学生创业理论生产、传播以及创业人才培养的最主要渠道。然而，目前国内发行的各种教科书和各色教育观念、模式作为这个渠道的中心环节，总是简单地把创业类课程视作一门已经具有"普遍规律"和"固有本质"的学科，甚至同其他一些理论课程一样实行统一命题。殊不知统一命题的前提条件是命题对象作为一门学科已经产生出了普遍有效的"绝对真理"，并相信受众只要掌握了命题中的正确、科学的方法，就可以一劳永逸地把握"普遍规律"和"固有本质"。这种机械教条的考试方式与评估方式在貌似客观公正和管理科学的外表下，不仅难以回答学生在实践中出现的各种问题，也不能解释学生已经获得的知识和实践经验，严重束缚了大学生的创业积极性。"创业"和"创业教育"的概念内涵越来越模糊，创业教育陷入盲目追求课程学科化的泥淖中，这集中反映了本质主义的弊端，学生们背地里称这样的课程为"水课"。这种局面又直接影响了理论研究参与的积极性，因为理论创新的最根本动力是能对现实中提出的问题做出及时回应，动力没有了，教、学、研三者之间的关系谈何良性循环和可持续发展?

然而,一个有意思的现象是,虽然相当数量的学者认为创业教育无学可言,但相关大学生创业的研究可谓汗牛充栋,以"大学生创业"为篇名关键词,截至2014年6月22日在中国知网搜集到7 289篇文献,其中期刊4 772篇,硕、博论文275篇,这些既有研究长期以来集中在探究具有普遍性的创业模式和评价体系,对于围绕大学生生存和发展的一些基本问题、重要问题的认识还颇为杂乱,也未见能引起广泛讨论和争议的著述,各色观念各执一词并没有产生被广为推广的本土经验和均衡认识。有鉴于此,笔者以为,针对大学生创业问题,当下有意义的发问不是"什么样的假设模型是正确的、本质的",这种提问方式本身就与大学生创业理论的开放性相违背,是本质主义研究范式的反映。当下,针对变动不居的大学生创业实践,有意义的问题应当是"什么时期,具体什么情况下,什么样的理论被认为是对于大学生创业本质的正确的揭示",以及"各种对大学生创业的理论话语是如何被建构出来的,它们被什么人出于何种需要建构出来,为什么在这个时候这种关于大学生创业的话语成为主流",等等。换言之,现阶段,需要揭示大学生创业知识、理论生产的社会历史条件,承认这个问题的历史性、地方性非常重要,而不是抱着本质主义的立场,迷恋去寻找一个一劳永逸绝对正确的定义、模型或者指标评价体系。本质主义立场,忽略了社会现象的复杂性、不确定性以及社会活动的具体性,束缚了大学生创业问题研究的自我反思能力与知识创新能力,致使大学生创业问题的研究与公共领域、社会现实的互动性减弱,社会关注度降低,对于教育行政手段的依赖性增强,这势必又反过来强化了大学生创业问题研究中的本质主义倾向。

具体而言,研究者们反思大学生创业问题研究中采取的本质主义立场,至少基于以下两个基本理由:首先,本质主义常常把某些特定群体在特定时期出于特定的目的和利益而生产的对于某些问题的理解,普遍化为一般本质或者永恒本质,如果它得到某种权力的支持,就会成为霸权性的知识并强加于其他的社会群体。在中国大学扩招的头几年,国家从生存型向发展型急剧转型,经济急速增长下"实用主义"盛行,全国的大学纷纷开设金融、财会和计算机等实用专业—从某种意义上讲,这就是特定时期权力集团把自己对大学功能的理解"强加"给其他社会成员的典型例子。十几年过去,特别是 2007 年以来,为适应国家全面改革的战略部署以及社会需求的变化,以人的发展为目标,改革及时、主动地从经济领域拓展到政治、社会和文化等各个领域,但依然陆续有人被邀请到大学演讲,打着励志的旗号,赤裸裸地鼓吹发财淘金的神话,"实用主义"、"个人主义"和"消费主义"依旧肆无忌惮地在中国大学校园蔓延,相当数量的大学生把"实惠"作为人生信条,把"发财"作为人生的全部意义,忽略专业基础知识和技能的培养,文化素养以及大学人文精神日渐坠落。表面看,十几年过去,在校大学生创业已经作为一种可接受的思维方式和行为模式,渗透到人们生活的各个领域,其实,"创业"的概念内涵并没有逐步得到澄清,创业在很大程度上还是简单地等同于挣钱,还停留在 20 世纪 80 年代末 90 年代初的经商风盛行时的认识阶段。物质主义、消费主义甚嚣尘上,不少大学生从刚进大学校门的第一天开始,就把专业学习摆在业余位置,得过且过,把主要精力放在倒买倒卖、摆摊位做小生意上,满脑子想着怎么发财,这显然与 21 世纪知识经济大潮相逆,与当前国家全面改革的战略部署背道而驰。与此同时,大学生创业问题研究不能够对以上的"不合时宜"做出及时而有力的回应,大量的论文和著述还迷恋在数据的搜集或者所谓模型的建构,不仅不及时引导大学生认清实用主义蕴含的强烈的个人主义价值取向,反而为图方便,依赖媒体反智主义倾向的报道,在个案研究中,直接借用类似个案,客观上表现为一种本质主义思维,不负责任地把某些特定群体在特定时期出于特定的目的、为了特定的利益而生产的对于某些问题的理解,普遍化为一般本质或者永恒本质。

其次,正因为本质主义常常把在特定时期中建构的大学生创业的特征,普遍化为一般的或者典型的规律,所以它必然存在过分概括的倾向。忽略了内部差异,把创业过程机械地划分为固定的"阶段"和"过程",某一时期的"普遍特征"常常被理所当然地上升为"普遍规范和目的",没有考虑到问题本身的历史性、多元性特征,以至于成了阻碍和束缚研究进一步发展的教条。笔者通过对新时期以来引用率比较高的,影响较大的关于大学生创业的论述加以分析得知,相当数量的著述在论述大学生创业问题时，表面看分别从整合能力、创新能力、协调能力等诸多能力培养方面架构文章，还配以图形或者模型，显得比较多元化，但其实质还是本质主义的思维的基本特征—内在和外在、实体与现象、中心与边缘的二元论[3]。这样做固然有一定的价值，比一般的人文社科类的文章看起来具有科学性，但概括性有余，对问题的历史性、差异性、变动性和开放性等关注不足，毕竟万古不变的原理、规律和模型是不存在的，对于理论问题的研究当基于大学生创业理论问题的实践，同具体的历史经验联系起来加以考察，不能用模型模式化大学生创业问题，否定大学生创业问题研究的多元性，这种固守本质主义研究范式生产出的理论、规律、模型、体系等对大学生创业而言，实际上只是一个虚构的神话。

改革开放 30 多年来，中国大陆媒体在报道大学生创业成功案例的时候，依旧带有陈旧的反专业性、唯财富论的色彩，特别是"反智主义"日渐盛行—新闻生产层面的反智主义报道表现在大学生问题上就是：悬置专业，弱化大学生的知识分子身份，强化金钱意识，热衷宣传一些具有极端性、偶发性的大学生发财案例，比如大肆鼓吹北京某高校法律专业研究生放弃专业卖牛肉粉创业得以在京立足。媒体宣传大学生完全脱离自己专业，做一些可替代性非常强、技术含量非常低的生意，其目的就是刺激大学在校生，获取新闻关注度，客观上使得在校大学生误以为人人都适合创业，创业门槛低，是否能利用所学专业造福社会，致富人生不重要，只要能发财，而且立即能赚到钱就是正确的。其实，即便那些被媒体报道的成功的创业典型，并没有多少是经过理性、系统的构想然后一步步地实现这个构想，有的甚至就是一个巧合，碰巧收获了人生的第一桶金。

综上，以金钱为中心的创业教育和创业实践与大学精神显然是背道而驰的，真正的创业教育可以借鉴美国大学的教育创新的理念，坚持一个"中心"、三个"结合"，即以学生为中心，课内与课外结合，科学与人文结合，教学与研究相结合，逐步培养能够探究知识，然后能在工业、商业、政府和自身中起领导作用的一流学生[4]。

二、大学生创业理论研究的建构主义观点

在其他学科研究领域,诸多学者认为,取代本质主义最好的方法是社会建构主义的观点,在本体论上,建构主义认为世界固然是客观存在的,但对世界的理解和赋予的意义却是由每个人自己决定的。因此,在不同的社会阶段可以得出不同的现实结果——这个过程是行为主体通过语言、沟通,在对社会关系的诠释和解构中实现的,因此,建构主义研究的目标不在于特定的结构或结果,而在于过程本身[5]。

就大学生创业问题研究者而言,建构主义理论否定大学生创业有一劳永逸的模型、路线存在,强调相关的理论均是一种语言文化的建构,强调这种建构是一个具体的文化事件而不是抽象的理论演绎。作为一个具体的文化事件,必然要受到建构者个体因素、社会、文化和历史因素的制约,因此,建构主义视角下的"大学生创业"不同于"创业",它是一个内涵逐步稳定起来的概念,也就是说,使得"大学生创业"内涵逐步取得共识的前提条件是转型期的中国逐步趋于稳定的文化规范和社会制度。具体而言,建构主义视域下的大学生创业问题研究有如下几点建议:

首先,以过程论成败。一个在校大学生即便没有自己的公司、实体,但是他可以利用自己的专业特长为相关企业设计模具、为相关单位开发网站设计软件;或者只要在学有余力的情况下,利用业余时间去一个真正的创业公司实习,参与他们的日常运营,并成功帮助这个企业进行发展预测分析,对其商业发展模式创新做出战略规划,那么他就是成功的;又或者一个学生利用课余时间点点滴滴地接触用户,设身处地和用户做一对一的交流,日积月累,融入了各种不同的圈子,受益于各种圈子,及时修正、梳理自己的商业模式,或借助圈子融资。

行文至此,笔者姑且给"大学生创业"下个颇为冗长,且具有描述性、务虚性的"非典型性"定义:"大学生创业"简单地说就是在校创业,区别于大学毕业生创业,区别于单纯以谋生致富为目的的商业行为,同其他人类社会文化现象一样随着时代的变化而变化,不存在万古不变的本质,因而也不存在万古不变的理论,

只是在一定的时代与社会中，"大学生创业"内涵可能呈现出相对稳定的特征，意即各种言说也可能出现大体上的一致性，同时，在知识界、学术界和理论界获得相当程度的支配性，得到广泛的认同。现阶段大学生创业的主要特征就是强调不以结果论成败，讲求阶段性成功，追求金钱但不唯金钱，以能逐步提升"调和有潜在冲突的东西"的能力为成功的最高标准，其最终目的是在创业过程中建立自己的思维方式，提升思考力、表达力，能最大程度控制自己的人生。

对照以上定义，大学生放弃学业，或者敷衍学业去创业不是真正的创业，因为调和专业课程和创业之间的各种冲突本身就是创业的重要内容，或者说是重要过程，如果这个过程缺失了，还能叫大学生创业吗？如果再导致专业课程的全面崩溃，那就只能叫不务正业了。

其次，受本质主义研究范式的影响，以及中国历来的理论知识生产与体系的惯性使然，学者习惯把包括大学生创业这个短语在内的诸多知识、理论和主张甚至现象视作一种具有固定本质性、普遍规律性的实体，不习惯在特定的语境中提出并讨论其他领域的理论的具体问题，而是先验地假定了"问题"及其"答案"，并相信只要掌握了正确的、科学的方法——这种正确科学的方法往往被认为只有一种，就可以一劳永逸地把握这种普遍规律和固有本质，从而生产出普遍有效的绝对真理。大学生创业问题研究需要学者，特别是那些根本就没有自主创业经历的学者，抛弃教师的优越感，抛弃自己是外来人的旁观感，"用脚做学问"——注重田野调查，不蜗居在研究室构造模型，而应完全融入学生创业的真实场景或持续跟踪创业学生成长经历，唯其如此，才能获得丰富而多元的田野体验，在理论研究中更多了一份学术直觉与敏感性。

对大学生创业理论的建构不仅依赖于成功的田野调查，有赖于学者对问题的梳理，也当重视正确处理已有理论与大学生实践之间的关系，如果发现已有理论已经不能解释，指导或者解决真实境况存在的矛盾、隔阂，就有必要对现有理论进行反思式梳理了，同时相信这也许是新的理论创新的开端，不要一味怀疑现实逻辑错了，现实自有一套自治的逻辑，作为研究这个问题的学者应该反省既有的理论，不断突破惯例，在把大学生创业理解为一种活动、实践的基础上，从文化、制度多角度界定大学生创业及其性质，体现问题本身的开放性。

三、建构主义范式在大学生创业理论研究的未来展望

建构主义范式在创业研究中的应用，实质上也是对创业环境深刻变化的回应，有利于在动态、多变的社会情景下展开理论研究，具有显而易见的应用价值。

首先，从创业者个体而言，建构式引导更符合创业认知规律。既往的研究更注重在曾经发生过的事件、经历基础上收集数据、引导信息加工、提出假设模型以及解释和应对正在发生的案例，但影响大学生创业的因素非常多，在极其复杂的影响因素面前，针对过往经历的数据分析显得静止、抽象或者说空洞。相对而言，建构主义经常采用的案例分析、叙事分析、民族志等定性方法，能灵活地反映出创业者个体与变动不居的社会情境的互动关系，更适合锻炼、释放创业个体的信息加工能力，以及把个人想法与外部环境良好融合的能力，即在复杂环境中调动创业个体认知的灵活性、动态性和自我调节机制，符合创业认知领域未来的发展方向。

其次，建构式引导更有利于创业者身份的构建。在校生作为创业个体一般不可能立刻就脱离学生身份，而是伴随创业进程的推进，在与环境的互动中逐步实现个人身份角色的转变。建构主义创业观认为：身份不是一个相对静止的概念，而是在持续探索中，在实践与社会情景互动的基础上反复修订、提高的，即创业个体在与文化、体制和各种社会关系逐步融入的过程中实现身份的品质化提高。建构主义视域下的大学生创业问题研究对大学生创业者身份的期待，反映了建构主义观本身的社会合法性——建构主义期待大学生创业者可以慢慢摆脱利益追逐，而逐步进入意义追求的过程，其个体的身份特征具有高感性力和高体会力。高感性力的内涵是有创造力、具同理心、能观察趋势，以及为事物赋予意义；高体会力的内涵是体察他人情感，熟悉人与人之间微妙互动，懂得为自己与他人寻找喜乐，以及在烦琐俗务间发掘意义与目的的能力。

再者，因为建构主义比本质主义更偏重意义的建构，意义的建构最主要的实现渠道就是叙述，就是要善于"讲故事"，要将有意义的事情通过有意思的故事讲

出来,一方面便于团队内部成员的沟通,从而传达企业的愿景;另一方面向利益相关者传达产品信息或者服务理念,以便更好地协调社会关系。

最后,建构主义比本质主义更充分地考虑与社会情境的互动,其中既包括利益相关者的重要地位,也包括与所在集体、组织的互动与融合关系,注重如何把个人的直觉创意,上升到团队层面的分享整合,进而内化为组织机制。这个过程,不仅提升了个人身份品质,组织集体的身份也不断被重塑和建构,这意味着有更多利于创业者个人、组织和集体的变量被引入,获得更多的创业机会。

总之,建构主义思维、范式被利用在大学生创业问题的研究中,有利于在不确定环境下较为客观地指出理论与现实的矛盾之处,为研究提供新的方向,当然,它提出的思想性指导还需要借助田野调查等实证研究的传统,以及更多样化的组织管理视角才能被具体化。毕竟,建构视角下的大学生创业问题研究还处在概念研究阶段,还有大量的理论梳理和实证验证过程等待完成。

原文载《中国青年研究》,2014 年第 12 期:79-82+103

参考文献

[1] 汪仲启. 中国的本科教育"过剩"了吗? [N]. 中国社会科学报,2014-6-1(10).

[2] 曹扬,邹云龙. 创业教育与就业教育、创新教育的关系辨析[J]. 东北师大学报,2014,2.

[3] 罗蒂. 后哲学文化[M]. 上海:上海译文出版社,1992.140.

[4] 张晓鹏. 美国大学创新人才培养模式探析[J]. 中国大学教育,2006(3):7.

[5] 杜晶晶,等. 建构主义视角下的创业机会研究前沿探析与未来展望[J]. 科技进步与对策, 2014(1):23.